Architekturtechnologie | Basiswissen

Pete Silver
Will McLean

Architekturtechnologie | Basiswissen

Pete Silver
Will McLean

Deutsche Verlags-Anstalt

Aus dem Englischen übersetzt von Cornelius Brand, Wolfgang Himmelberg und Norma Keßler

1. Auflage

Deutsche Verlags-Anstalt, München,
in der Verlagsgruppe Random House GmbH
www.dva.de

Titel der englischen Originalausgabe:
Introduction to Architectural Technology

This book was produced and published in 2008 by Laurence King Publishing Ltd., London.

Grafische Gestaltung: Hamish Muir
Umschlaggestaltung: Laurence King Publishing; Susanne Ebersberger/DVA
Bildredaktion: Annalaura Palma
Satz der deutschen Ausgabe: Boer Verlagsservice, München
Printed and bound in China
ISBN 978-3-421-03724-4

Zum Gedenken an James Madge

Rechts
Nationales Wassersportzentrum in Peking (Detail) von CSCEC (China State Construction Engineering Corporation) International Design und Peddle Thorp Walker Architects in Zusammenarbeit mit Arup Engineers und Vector Foiltec

Inhalt

Vorwort

Im Lauf meiner Praxis als Bauingenieur und Gastdozent an verschiedenen Hochschulen für Architektur und Ingenieurwesen bin ich vielen Diskussionen, Debatten, Informationen und Fehlinformationen über die Rolle der »Technologie« in der Architektur begegnet. Oft werden unter diesem Stichwort die verschiedenen Konstruktionsmethoden zusammengefasst, dann wieder wird es auf den Bereich des Digitalen bezogen, wo mit Prozessen, Netzwerken und Flussdiagrammen gearbeitet wird – Entwurfswerkzeugen, die der rasanten Entwicklung in der Computertechnologie zu verdanken sind.

Die besten Ergebnisse werden erreicht, wenn beide Bereiche in die Entwurfsentwicklung integriert werden – als intellektuelle Aktivitäten, die Fertigung, Montage und Gestaltung miteinander verbinden, um quantitativ und qualitativ befriedigende bauliche Lösungen zu finden.

Es gibt nur wenige Publikationen, die die grundlegenden Konstruktionssysteme und Materialeigenschaften praktisch beleuchten. Zugleich ist es an der Tagesordnung, dass Studenten am Computer erstaunliche Grafiken, Belastungsanalysen und dann schließlich noch erstaunlichere »Architektur« produzieren.

Was wir brauchen, ist ein Mittelweg zwischen diesen Bereichen. Dieses Buch bietet Studienanfängern der Architektur einen leichten Zugang zu praktischen Informationen. Anhand einer Auswahl zeitgenössischer und historischer Architekturprojekte führt es die Studenten in verschiedene Konstruktionsmathoden und die richtige Verwendung alter und neuer Materialien ein und bringt ihnen Techniken und Hilfsmittel näher.

Mit großer Sorgfalt haben die Autoren die wichtigsten Informationen zusammengestellt, die der Architekturstudent kennen muss. Dieses Buch macht ihm deutlich, dass er in seinem Beruf mit Experten aus verschiedenen Disziplinen zusammenarbeiten wird und dass er aus Beispielen der Vergangenheit vieles lernen kann. So kann er eigenständige und innovative Gebäude entwerfen, ohne selbst Ingenieur oder Computerwissenschaftler zu sein. Er wird lernen, dass der Architekt den Dialog mit Fachleuten, Herstellern und Politikern suchen muss.

An Informationen fehlt es uns heute nicht. Was wir jedoch benötigen, ist die sinnvolle Aufarbeitung der Informationen, und diese wichtige Aufgabe erfüllt das vorliegende Buch.

Hanif Kara, F.I. StructE, FRIBA (hon)
Adams Kara Taylor
November 2007

Links
Richard Buckminster Fuller und Shoji Sadao, Amerikanischer Pavillon auf der Weltausstellung Montreal, Kanada (Detail)

Einführung

»Aerodynamik ist etwas für Leute, die keine Motoren bauen können.« Enzo Ferrari

Der Architekt gestaltet die gebaute Umgebung, sowohl in konstruktions- als auch in umwelttechnischer Hinsicht. Zusammen mit der »Kunst« – den gesellschaftlichen, kulturellen, philosophischen und politischen Faktoren, die in den Entwurf eingehen – sind es die Werkzeuge und Techniken des Ingenieurs – die Technologie –, die dem Gebäude seine Form und seine Eigenschaften geben.

Von entscheidender Bedeutung für das Verständnis von Architektur ist die Kenntnis der Beziehung zwischen Gestaltung und Technologie. Ziel des vorliegenden Buches ist es, diese Beziehung denen zu verdeutlichen, die eine Laufbahn als Architekt in Erwägung ziehen, sowie Studenten der Architektur geeignete technische Hilfsmittel zur Umsetzung ihrer architektonischen Vorstellungen anzubieten.

Zunächst erklärt der Text anhand einfacher Klassifikationssysteme und realer Beispiele die Beziehungen zwischen physikalischen Phänomenen, Materialien, Bauelementen und Konstruktionstypen. Mit Hilfe zahlreicher Abbildungen wird der Leser mit den gängigen Konstruktionstechniken vertraut gemacht, und anhand historischer Beispiele werden signifikante Momente in der Geschichte der Bautechnik illustriert.

Das Buch bietet also eine Einführung in das technische Grundlagenwissen der Architektur. Es geht zwar nicht auf physikalische Berechnungen ein, verweist jedoch auf moderne Computertechniken, die dem Architekten helfen, das Verhalten eines geplanten Gebäudes vorherzusagen. Gleichzeitig greift es auf aussagekräftige historische Beispiele zurück, um dem Leser zu verdeutlichen, dass das Maß für den Erfolg einer Technologie unmittelbar vom kulturellen Kontext abhängig ist. Man könnte sagen, dass angesichts der Werkzeuge, Materialien und Techniken der damaligen Zeit die gotische Kathedrale für den Höhepunkt der Bautechnik in der Vergangenheit steht. Zurzeit hingegen nimmt die saubere und effiziente Nutzung der Ressourcen unseres Planeten einen sehr viel breiteren Raum im Bewusstsein der Menschen ein als je zuvor, und deshalb wird die Leistung einer Technologie heute daran gemessen.

Technologie und Fortschritt sind nicht voneinander zu trennen, und technologische Entwicklungen lassen sich immer nur schnappschussartig erfassen. Von der Baustofftechnologie bis hin zu Baustellenverfahren – Fortschritt und Innovation sind ständige Begleiter der Architekturtechnologie, und es ist zu hoffen, dass ein Kompendium wie dieses den Studenten nicht nur zu einem Verständnis der Reichweite und des historischen Kontextes der Architekturtechnologie verhilft, sondern dass es sie auch zu neuen Lösungen für die Zukunft inspiriert.

Zum Aufbau des Buches

Die Architekturtechnologie wird in diesem Buch in zwei große Themenbereiche eingeteilt: **Konstruktion und Form** sowie **Klima und Schutz**. Während bei allerersten primitiven Behausungen wie Lehmhütten und Iglus für die Form der Konstruktion und für den Schutz gegen die Elemente dieselben Materialien und Baukomponenten verwendet wurden, setzte man selbst in einem einfachen Zelt wie dem nordamerikanischen Tipi für Form und Wetterschutz jeweils andere Materialien und Bauelemente ein (Holzstangen und Tierhäute).

Konstruktion und Form

Dieser Teil des Buches ist in drei Kapitel unterteilt: **Konstruktive Grundlagen**, **Konstruktive Elemente** und **Konstruktive Logik** – ein lineares Fortschreiten von den grundlegenden Prinzipien der Konstruktion (Festigkeitslehre, Baustofftechnologie und konstruktive Integrität) über Erläuterungen der gebräuchlichen Bauelemente wie Wände, Stützen, Decken und Dächer bis hin zu der Frage, wie diese Elemente zu verschiedenen Gebäudetypen zusammengesetzt werden; von einfachen Träger-und-Stütze-Konstruktionen über gotische Gewölbe bis hin zu Schalenkonstruktionen und Seilnetzen.

Klima und Schutz

Die zwei Kapitel dieses Teils befassen sich mit **Menschlichem Wohlbefinden** und **Gebäudeeigenschaften**. Um ein Gebäude in Bezug auf die lokalen Gegebenheiten passend konstruieren zu können, ist es wichtig zu wissen, unter welchen Bedingungen der menschliche Körper bei guter Gesundheit gehalten werden kann. Das erste Kapitel befasst sich mit den Prinzipien der thermischen Behaglichkeit und der dafür zuständigen Energiequelle, der Sonne.

Das zweite Kapitel beschäftigt sich damit, wie ein Gebäude so gestaltet werden kann, dass das Wohlbefinden gewahrt bleibt; wie die Konstruktion und Fassade eines Gebäudes – die »klimatische Hülle« – die Gegebenheiten der Umgebung nutzen und mit ihr interagieren kann. Außerdem wird das Thema Behaglichkeit hinsichtlich Akustik und Licht betrachtet.

Das Buch umfasst drei weitere Kapitel:

Computer, Programme, Modelle

Die Arbeit des Architekten wird heute stark vom Computer beeinflusst. Dieser dient nicht nur als Zeichen- und Illustrationswerkzeug, sondern kann helfen, durch Modelle und Analysen das Verhalten eines Gebäudes vorherzusagen. Mit Hilfe der geeigneten Software lassen sich Datenbanken für Materialien, Bauelemente und Systeme erstellen oder ein virtuelles Modell, das alle für ein Bauprojekt benötigten Informationen enthält. Dieses Kapitel befasst sich mit der Nutzung des Computers als Analyse- und Organisationsinstrument.

Fallbeispiele

Anhand einer Reihe von Fallbeispielen werden die Ursprünge der verschiedenen Konstruktionssysteme untersucht und die Beziehungen zwischen Gestaltung und Technologie in der Geschichte der Architektur und Bautechnik illustriert. Die Beispiele sind chronologisch angeordnet und werden mit Bezug auf die in den ersten beiden Buchteilen beschriebenen Klassifikationen untersucht.

Regelwerke zum Bauen

Überall in der Welt sind Regeln und Vorschriften zu beachten, die den Gesundheitsschutz und die Sicherheit der in der Bauindustrie beschäftigten Menschen sowie der Endnutzer gewährleisten sollen. Die Bauvorschriften decken alle Aspekte des Planens und Bauens ab und werden in zunehmendem Maße auch auf Gesichtspunkte wie Energiesparsamkeit und Nachhaltigkeit ausgedehnt. Die wichtigsten in Deutschland und in der Europäischen Union geltenden Richtlinien werden hier umrissen.

Inhaltsverzeichnis und Orientierung im Buch

Das Inhaltsverzeichnis ist als ein Zweigsystem angelegt, das jedes im Buch behandelte Thema in seinen Gesamtzusammenhang einordnet. Entsprechend finden sich auf jeder Doppelseite innerhalb des Buches die Hauptüberschrift des Kapitels sowie die Titel der einzelnen Abschnitte, sodass eine leichte Orientierung möglich ist.

Bildunterschriften

In jedem Kapitel finden sich Abbildungen – Fotografien, Zeichnungen und Diagramme. Die Bildunterschriften bieten zusätzliche, den Haupttext ergänzende Informationen.

Übersichtstafeln

Im Buchteil **Konstruktion und Form** sind zwei Übersichtstafeln integriert, eine für das Kapitel **Konstruktive Elemente** und eine für das Kapitel **Konstruktive Logik**. Die Tafeln beziehen sich direkt auf die folgenden Seiten, und die einzelnen Symbole dienen auf diesen Seiten als »Wegweiser«. Auch in den **Fallbeispielen** werden diese Symbole als Querverweise auf die entsprechenden Seiten dieser beiden Kapitel eingesetzt.

Weiterführende Literatur

Im Anhang sind Literaturhinweise unter dem Titel des jeweiligen Kapitels aufgelistet, außerdem finden sich dort hilfreiche Internetseiten.

Konstruktion und Form

Konstruktive Grundlagen

Festigkeitslehre

Um zu verstehen, wie die Konstruktion eines Gebäudes funktioniert, muss man die Naturgesetze kennen, die die Bauform bestimmen. Dazu gehören die Kräfte, die auf die Bauelemente einwirken, und die – von den grundlegenden Eigenschaften der Materialien abhängigen – Reaktionen auf diese Kräfte. Die Festigkeitslehre behandelt: Kräfte – wie Materialien durch die Schwerkraft Spannungen und Belastungen unterworfen sind –, Materialeigenschaften – wie Materialien untersucht und wie ihre Festigkeit und Härte beeinflusst werden können – und Reaktionen – wie sich Bauelemente verhalten, wenn sie durch Biegung und Schub Kräften unterworfen werden.

Baustofftechnologie

Während die Festigkeitslehre die Wechselwirkungen zwischen den Eigenschaften, Strukturen und Änderungen in Festkörpern betrachtet, nutzt die Baustofftechnologie die Erkenntnisse der Festigkeitslehre bei der Produktion von Baumaterialien und Bauelementen. Die meisten Herstellungsprozesse beinhalten mechanische Verarbeitungsschritte wie Schneiden, Sägen, Biegen oder Schweißen, die von den Eigenschaften des jeweiligen Materials abhängig sind. Im Allgemeinen unterliegen Größe, Form und Gewicht von Rohmaterialien und vorgefertigten Bauelementen gewissen Beschränkungen, da sie in den Fabriken, auf den Baustellen und von Ort zu Ort transportiert werden müssen. Die Baustofftechnologie befasst sich mit einer Reihe gebräuchlicher Baumaterialien: Stein, Holz, Stahl, Stahlbeton, Glas, Gewebe, faserverstärkte Kunststoffe und Blechmaterialien.

Konstruktive Integrität

Um die Materialien und Elemente, aus denen sich ein Gebäude zusammensetzen soll, so einsetzen zu können, dass unter Belastung die Steifigkeit und Stabilität des ganzen Gebäudes gewährleistet ist, muss der Architekt das Verhalten der einzelnen Materialien und Elemente kennen. Das Kapitel Konstruktive Integrität befasst sich mit den Belastungsarten, denen ein Gebäude ausgesetzt ist – ständige und nichtständige Lasten, Horizontallasten und Torsion –, und mit der Frage, wie ein Gebäude so konstruiert werden kann, dass es diesen Belastungen durch die richtige Aussteifung standhält.

Links
Der Schiefe Turm von Pisa, Italien, 1173.
Der Turm ist 55,80 m hoch und neigt sich in einem Winkel von 5,5 Grad.

Festigkeitslehre / Kräfte: Spannung, Verformung

Newtons zweites Bewegungsgesetz

Die Baustatik befasst sich mit der Berechnung der Fähigkeit von Gebäuden und Materialien, Kräften standzuhalten. Spricht man vom Gewicht eines Objekts, beschreibt man tatsächlich die Kraft, die das Objekt als Ergebnis der auf seine Masse einwirkenden Schwerkraft ausübt. Die Schwerkraft bewirkt, dass alle Objekte zum Mittelpunkt der Erde hingezogen werden. Vor über 300 Jahren entdeckte Isaac Newton, dass dieser »Gravitationszug« (wie tatsächlich alle Kräfte) eine Beschleunigung des Systems oder Objekts bewirkt, auf das er einwirkt:

KRAFT = MASSE (kg) x
BESCHLEUNIGUNG (m/sec^2)

Kraft wird in Newton gemessen:
1 Newton (N) = 1 kg x 1 m/sec^2

Die Schwerkraft oder Gravitation wird mit der Gravitationskonstanten g berechnet:
$g = 9{,}81\ m/sec^2$

Konstruktionsform

Jedem Objekt liegt eine bestimmte Konstruktion zugrunde, die die Form des Objekts bewahrt, wenn es Kräften unterworfen wird. Die Kräfte wirken auf das Objekt ein, und seine Reaktion hängt von den Eigenschaften des Materials ab, aus dem es gefertigt ist, und von der Art und Weise, wie es geformt und zusammengefügt wurde.

Spannung

Kräfte können auf zwei verschiedene Weisen auf Materialien einwirken: entweder sie drücken – dann spricht man von Druckkraft, oder sie ziehen – dann spricht man von Zugkraft. Die Auswirkung dieser Kräfte wird in der Physik als mechanische Spannung bezeichnet. Gemessen wird die Spannung als die Kraft pro Flächeneinheit auf jedem beliebigen Querschnitt des Materials:

P (SPANNUNG) = F (KRAFT) / A (FLÄCHE)

Verformung

Materialien nutzen ihre inneren Strukturen, um Kräften standzuhalten. Jedes Material reagiert auf einwirkende Kräfte, indem es diese Belastung so verteilt, dass sich ein Gleichgewicht innerer Kräfte ergibt. Das Ergebnis ist eine Verformung infolge von Druck oder Zug. Die Druckspannung kann als eine Kraft beschrieben werden, die ein Objekt kürzer, und die Zugspannung als eine Kraft, die es länger werden lässt.

1 Druckspannung
Der Körper des bulgarischen Gewichthebers Blagoi Blagoev wird durch die gestemmten Gewichte (ungefähr 195,5 kg oder das Zweifache seines eigenen Körpergewichts) unter Druck gesetzt.

2 Druckspannung
Wenn eine Kraft, wie durch den Pfeil angezeigt, von oben auf ein Objekt einwirkt, werden die Seiten des Objekts in Zugspannung gebracht (Z), sodass der Querschnitt sich ausdehnt.

3 Zugspannung
Beim Tauziehen wird das Seil der Länge nach in Zugspannung gebracht, sodass die Seiten des Seils in Druckspannung gezwungen werden und der Querschnitt des Seils sich reduziert.

4 Zugspannung
Wenn Materialien in Zugspannung gebracht werden, gerät ihre Querschnittsfläche in den meisten Fällen unter Druckspannung (D), sodass sich der Querschnitt reduziert.

1

2

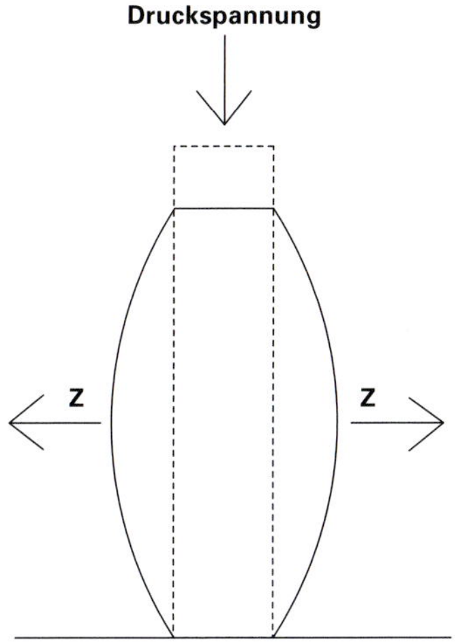

3

4

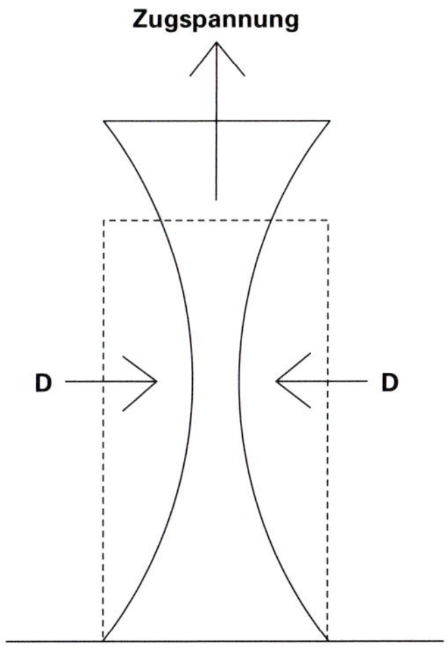

Festigkeitslehre / Baustoffeigenschaften: Festigkeit, Steifigkeit und Flexibilität

Eigenschaften
Jedes Material hat seine eigene innere Struktur, aufgrund derer es Kräften in unterschiedlichem Maße widersteht und auf verschiedene Weise auf sie reagiert. Diese Reaktion auf Kräfte verleiht einem Material seine spezifischen bautechnischen Eigenschaften. Einige Materialien reißen zum Beispiel leicht, können aber gezogen werden (z.B. Papier), und einige können gezogen, aber nicht zusammengedrückt werden (z. B. Seil). Einige, wie Beton, halten eine hohe Belastung durch Druck, aber nur wenig Belastung durch Zug aus; andere Materialien, wie Stahl, halten Druck- und Zugbelastungen gleichermaßen gut stand.

Plastisches und elastisches Verhalten
Wenn ein Material der Einwirkung von Kräften ausgesetzt ist, reagiert es, indem es seine innere Struktur verändert. Plastische Materialien verändern ihre inneren Strukturen leicht und nehmen unter Belastung eine neue Form an, brechen jedoch nicht (z. B. Blei). Elastische Materialien ändern ihre innere Struktur nicht, können aber gebogen oder gezogen werden; sie sind immer bestrebt, zu ihrer ursprünglichen Form zurückkehren. Wird die Belastung genommen, kehrt ein elastisches Material zu seiner ursprünglichen Länge oder Form zurück (z. B. Bambus). Materialien mit geringer Plastizität brechen unter Spannung leicht – sind spröde –, und ihre Bruchanfälligkeit nimmt für gewöhnlich bei sinkenden Temperaturen zu. Plastische Materialien verformen sich ohne zu brechen – sind dehnbar –, und ihre Dehnbarkeit nimmt für gewöhnlich bei steigenden Temperaturen zu. Werden Metalle erhitzt, steigert sich ihre Plastizität.

Festigkeit
Eine Angelrute hat zwar keine hohe Festigkeit, ist aber sehr elastisch – sie biegt sich weit durch, bevor sie bricht. Die Festigkeit eines elastischen Materials wird durch seine Fähigkeit bestimmt, der Biegung (elastischen Deformation) standzuhalten. Jedes Material hat eine Elastizitätsgrenze – wird es weit genug gedehnt, verzieht oder verbiegt es sich, bricht oder reißt. Stahl erreicht seine Bruchdehnungsgrenze bei etwa 250 N/mm², Beton bei 30 N/mm².

Steifigkeit und Flexibilität
Ein steifes Material muss mit einer großen Kraft belastet werden, um eine geringe Verformung hervorzubringen – seine Form lässt sich schwer ändern. Bei einem flexiblen Material genügt eine kleine Belastung, um eine große Verformung hervorzubringen – seine Form lässt sich leicht ändern.

1 Die durch seine Widerstandsfähigkeit gegen Deformation bestimmte Festigkeit und Steifigkeit/Flexibilität eines Materials kann als das Verhältnis von Spannung zu Verformung unter Belastung gemessen werden. Dieser Wert wird als Elastizitätsmodul (E-Modul oder Youngscher Modul) bezeichnet. Mit dem E-Modul wird die Zunahme der Länge eines unter Belastung gesetzten Materials gemessen oder die Knick-, Fließ- oder Streckgrenze berechnet. Im Allgemeinen wächst der E-Modul mit der Dichte an, doch gibt es Ausnahmen. Der Wert des E-Moduls ist umso höher, je mehr Widerstand ein Material seiner Verformung entgegensetzt. Ein hoher E-Modul steht also für ein steifes Material, ein niedriger für ein weiches.

2 Das Schaubild zeigt die Beziehung verschiedener Materialgruppen in Bezug auf den E-Modul und der Dichte des Materials. Mit Hilfe dieser Diagramme können große Mengen analytischer Daten in einem grafisch lesbaren Format komprimiert und klar beurteilt werden. Diagramme dieser Art wurden von Professor Mike Ashby am Cambridge University Department of Engineering entwickelt und von Granta Design veröffentlicht.

1

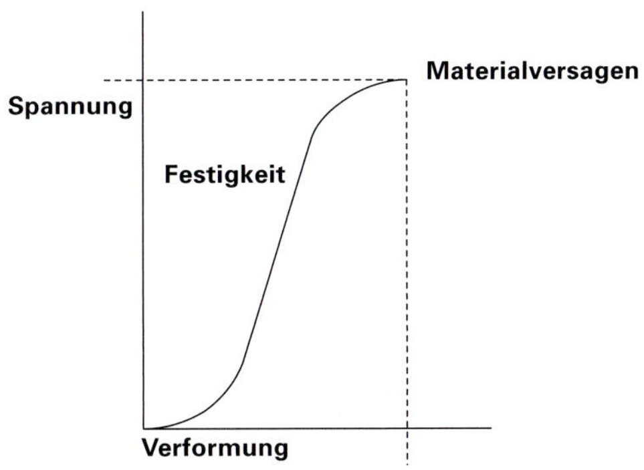
Materialversagen
Spannung
Festigkeit
Verformung

2

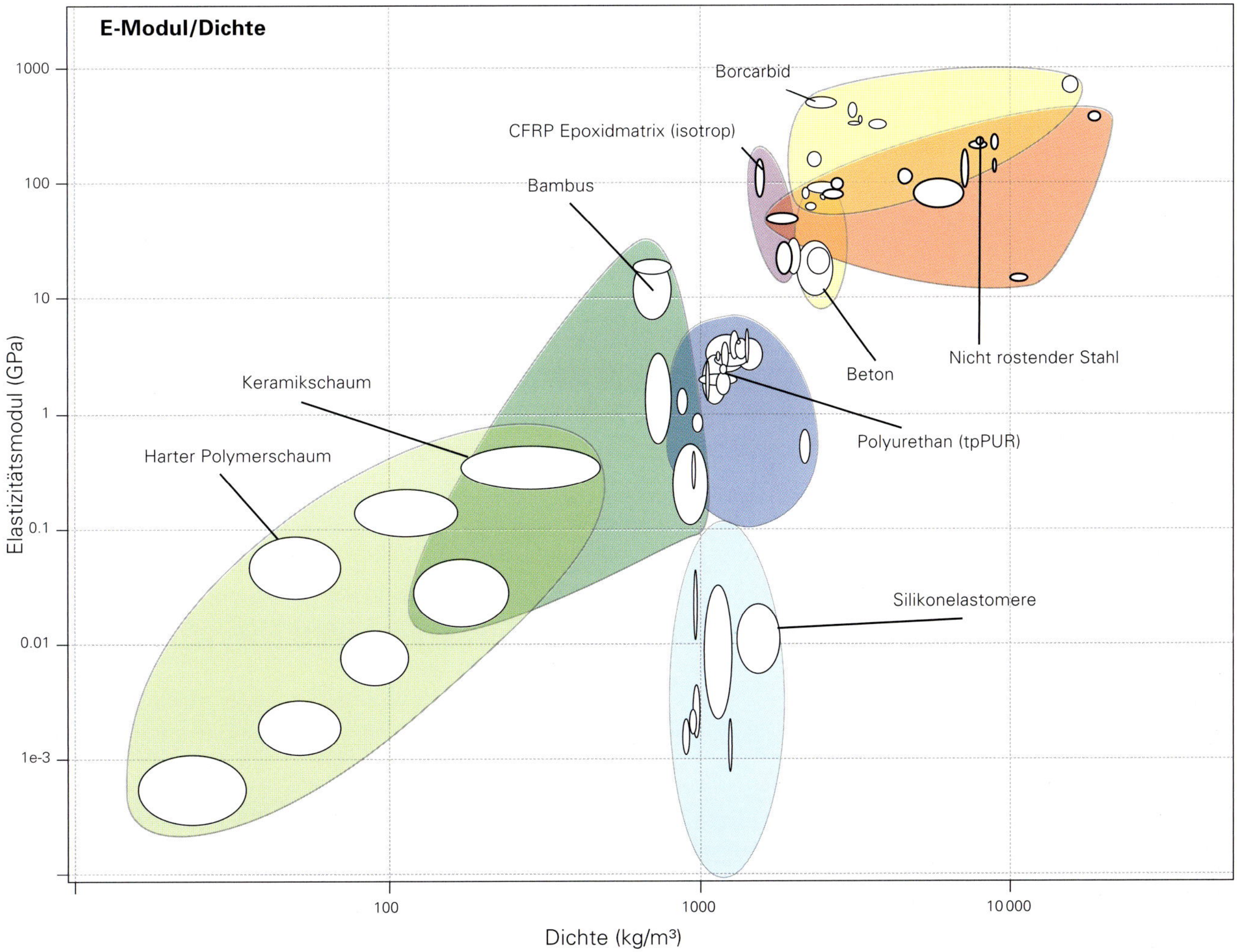
E-Modul/Dichte
1000
100
10
1
0.1
0.01
1e-3
Elastizitätsmodul (GPa)
100
1000
10000
Dichte (kg/m³)
Borcarbid
CFRP Epoxidmatrix (isotrop)
Bambus
Keramikschaum
Harter Polymerschaum
Nicht rostender Stahl
Beton
Polyurethan (tpPUR)
Silikonelastomere

Festigkeitslehre / Reaktionen: Biegung, Schub

Biegung

Biegung entsteht, wenn ein Objekt unter Belastung seine Form verändert. In Diagramm **1** wird der Balken einer äußeren Druckkraft ausgesetzt, die wiederum eine (im Diagramm überzogen dargestellte) innere Spannungsänderung bewirkt: die Oberseite wird zusammengepresst – verkürzt –, und die Unterseite gespannt – verlängert. Das untere Diagramm demonstriert das gleiche Prinzip bei einem Fachwerkträger und zeigt die Reaktionen der einzelnen Komponenten: die roten befinden sich in Zugspannung, die blauen in Druckspannung.

In Diagramm **2** wird die Biegung durch die Einfügung von Schnitten und Keilen in den Balken verdeutlicht. Ist der Balken belastet, werden die Keile in der Oberseite zusammengepresst und schließen sich, die Schnitte in der Unterseite werden auseinandergezogen und bilden Keile. Eine übermäßige Biegung führt zum Bruch des Balkens.

Gestalt und Form

Wenn Materialien zu Bauteilen verarbeitet werden, wird die Verteilung der Spannungen durch die Form verändert – je größer der Querschnitt eines Balkens, desto weiter sind diese inneren Kräfte verteilt und desto gleichmäßiger sind die Spannungen verteilt. Diagramm **3** veranschaulicht die Wirkung der Querschnittsform auf die Biegung.

Schub

Während sich bei der Zug- und Druckspannung Oberflächen aufeinander zu oder voneinander weg bewegen, bezeichnet »Schub« die Deformation, in der, wie in Diagramm **4**, parallele Oberflächen aneinander vorbeigleiten. Die Schubspannung ist ein Spannungszustand mit einer Belastung parallel oder tangential zu einer Seitenfläche des Materials, während wir es bei »normaler« Spannung mit einer Spannung senkrecht zur Seitenfläche zu tun haben. In der Bau- und Maschinenbautechnik ist die Schubfestigkeit eines Bauteils wichtig für die Bestimmung seiner Dimensionen und Materialien.

Bei einem I-Träger nimmt zum Beispiel der Flansch die Biegung, der Steg die Schubspannung auf. (Siehe Träger: Querschnitte, Seite 44)

1 Biegungseffekte in einem Balken und in einem Fachwerkträger. Die Pfeile zeigen die Richtung der Kräfte an: Der obere Bereich steht unter Druck-, der untere unter Zugbelastung. Entsprechend sind Obergurt und die vertikalen Glieder des Fachwerkträgers in Druckspannung versetzt (blau dargestellt), während der Untergurt und die diagonalen Glieder auf Zugspannung belastet sind (rot).

2 Biegungseffekte in einem Balken. Ein »gekerbter« Balken veranschaulicht die Expansion und Kontraktion oder Druck- und Zugspannung unter Belastung.

3 Auswirkungen der Querschnittsform auf die Biegung. Die Ausrichtung der Bauelemente und ihre Querschnittsform üben einen großen Einfluss auf deren Verhalten unter Belastung aus. Die beiden Zeichnungen links zeigen, wie sich die Ausrichtung eines einfachen Bauelementes auf seine Tragfähigkeit auswirken kann. Die größere Höhe des Balkens in der unteren Zeichnung steigert die Tragfähigkeit erheblich. Die Zeichnungen rechts zeigen, wie eine Vergrößerung des Querschnitts ein vertikales Glied unter Belastung versteift.

4 Schubkräfte wirken nicht senkrecht, sondern tangential oder parallel auf eine Seitenfläche ein.

1

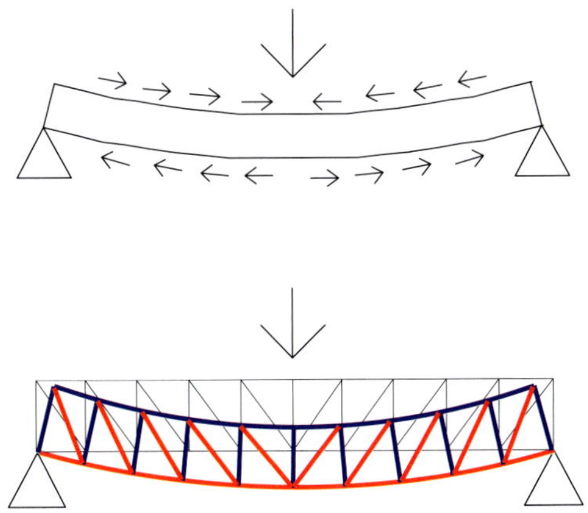

2

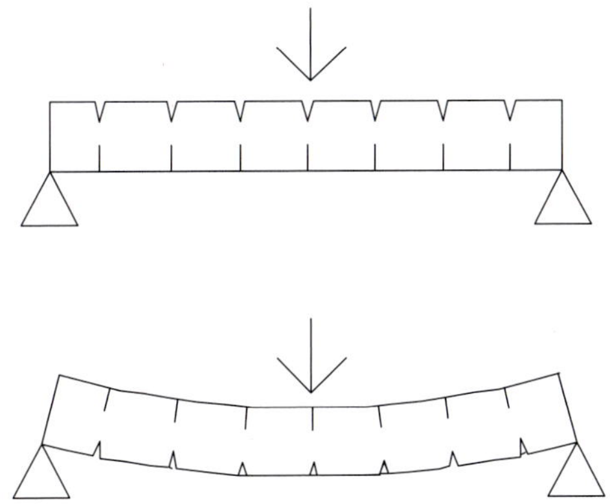

3

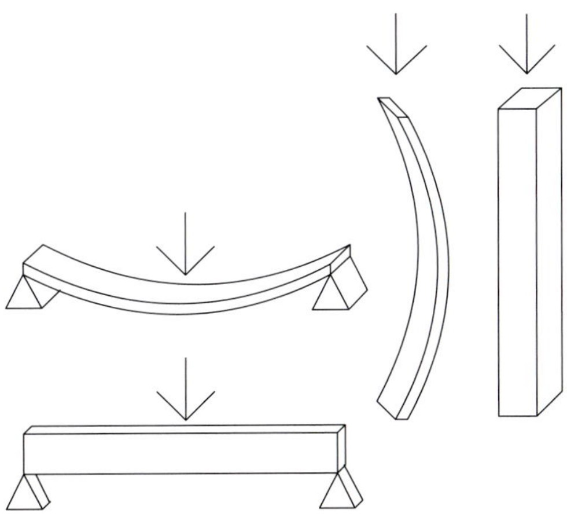

4

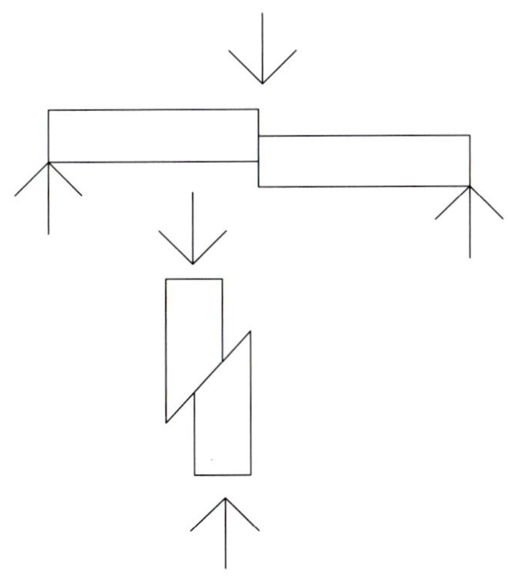

Baustofftechnologie / Stein

Stein ist ein Material mit geringer Zugfestigkeit, kann also hohe Druckspannungen, aber nur wenig Zugspannung aufnehmen. Stein wird traditionell für tragende Wände, Stützen und Bögen verwendet, kann jedoch auch zu Trägern oder Stürzen (Tragbalken über Fenstern und Türen) verarbeitet werden. Aufgrund der geringen Zugfestigkeit und der Dichte und Massivität dieses Materials ist die Größe dieser Bauelemente jedoch meist begrenzt.

Stein, der älteste bekannte Baustoff überhaupt, zählt noch heute zu den wenigen Materialien, die unmittelbar an ihrem Fundort in ein Produkt umgesetzt werden. Er wird sowohl in unterirdischen Steinbrüchen gewonnen als auch im Tagebau mit Hilfe von Baggern aus der Bruchwand gehauen. Verschiedene Gesteinsschichten (Flöze) liefern verschiedene Steinsorten in unterschiedlichen Größen und Qualitäten, die die Bearbeitungsmöglichkeiten des Materials bestimmen. Stein kann gesägt, geschnitten, gespalten oder gemeißelt werden, um die gewünschte Form zu erhalten. Allerdings weist das Material oft ein bestimmtes Gefüge auf, das bei der Bestimmung seiner Einsatzmöglichkeiten berücksichtigt werden muss.

Unmittelbar aus dem Steinbruch gehauene Steinblöcke werden in die gewünschte Form und Größe gebracht. Eine mehrschneidige Gattersäge schneidet einen Steinblock in ungefähr sechs Stunden in Platten. Eine CAD-gesteuerte Kreissäge mit Diamantsägeblatt gestattet Präzisionsarbeit: Das Blatt folgt einer Laserlinie, kann sich in verschiedenen Achsen bewegen und exakte Einschnitte in die Steinoberfläche fräsen.

1

2

1 Ein Steinblock wird mittels einer Kreissäge mit Diamantsägeblatt geschnitten.
2 Kalksteinbruch, Dorset, Großbritannien

Baustofftechnologie / Holz

Holz, das unmittelbar aus dem Sägewerk geliefert wird und sägerau bleibt, wird für gewöhnlich nur für Konstruktionszwecke benutzt und bleibt dem menschlichen Auge verborgen. Im Gebäude sichtbar belassenes Holz hat meist eine glatte, gehobelte Oberfläche und bearbeitete Kanten.

Hartholz und Weichholz

Grob gesagt stehen diese Begriffe für die Baumarten: Laubbäume liefern im Allgemeinen Hartholz, Nadelbäume Weichholz. Für gewöhnlich weisen Harthölzer eine höhere Dichte und Härte auf als Weichhölzer, doch einige Sorten, zum Beispiel Balsaholz, sind weicher. Für Konstruktionszwecke verwendetes Weichholz wird normalerweise nach seinem Querschnitt bezeichnet, zum Beispiel 50 x 100 mm.

Die Spannungen innerhalb eines Brettes oder Balkens aus Konstruktionsholz müssen ausgewogen sein. Ist ein Baum beispielsweise in einer Hanglage gewachsen, wird er auf einer Seite stärker sein und die eingeschlossenen Spannungen lassen ein härteres Holz entstehen, was ein Verbiegen oder Verdrehen des Brettes zur Folge hat.

Holzschutz

Beim Bauen mit Holz ist immer auf den sogenannten konstruktiven Holzschutz zu achten: Wasser muss von der Oberfläche abfließen, entstehende Feuchtigkeit abtrocknen können, da das Holz sonst für Pilz- oder Insektenbefall anfällig wird und verfault. Wo der konstruktive Schutz nicht möglich ist, kann das Holz durch eine Beschichtung der Oberfläche (z.B. einen Anstrich) oder durch eine Imprägnierung gegen Umwelteinflüsse teilweise geschützt werden. Die verwendeten Holzschutzmittel können die Lebensdauer des Holzes beträchtlich steigern. Chemische Holzschutzmittel werden für gewöhnlich unter Vakuum/Druck oder mittels Kesseldrucktränkung aufgebracht. Die Chemikalien müssen tief in das Holz eindringen und können nicht mehr entfernt werden.

1 Unbearbeitetes, »sägeraues« Holz aus dem Sägewerk

Baustofftechnologie / Stahl

Stahl wird in mehreren Produktionsstufen aus Eisenerz unter Zugabe von Kohle und Kalkstein hergestellt. Die Kohle wird von ihren Verunreinigungen befreit – in Koks umgewandelt – und in einem Blashochofen mit Eisenerz und Kalkstein vermischt, um flüssiges Eisen entstehen zu lassen. Dieses Roheisen ist nach dem Erstarren fest, aber sehr brüchig. Um es in festen und flexiblen Stahl umzuwandeln, muss der Kohlenstoffanteil in der Mischung entsprechend eingestellt werden, indem heiße Luft oder reiner Sauerstoff in das geschmolzene Eisen geblasen wird. Der flüssige Stahl wird dann in Formen gegossen, die neu erhitzt und zu flachen Platten gewalzt oder zu Profilen gepresst werden. Die meisten Stahlprodukte werden im erkalteten Zustand weiter verarbeitet. Für die Konstruktion von Gebäuden wird Baustahl mit einem Kohlenstoffanteil von 0,2 % verwendet.

Profilstahl

Der größte Teil des in der Bauindustrie verwendeten stranggepressten Stahls wird zu verschiedenen Profilen geformt, die in jede gewünschte Länge gebracht werden können. Stahlprofile können gewalzt werden, um sie zu biegen, sie können gebohrt und verschraubt werden, um sie aneinanderzufügen oder sie können durch Hartlöten, Metallkleben oder Schweißen dauerhaft aneinandergefügt werden. Das Schweißen ist die einzige Methode, zwei oder mehrere Metallteile so zusammenzufügen, dass sie wie ein Bauelement behandelt werden können. Stahlträger werden nach Profilform, Querschnittsgröße, Flansch- und Stegdicke eingeteilt.

Korrosion

Korrosion bewirkt eine auf Umwelteinflüsse zurückzuführende Verschlechterung der wesentlichen Eigenschaften eines Materials. Normalerweise bezieht sich der Begriff auf die elektrochemische Reaktion von Metallen mit Wasser und Sauerstoff wie etwa die Oxidation von Eisenatomen, die zur Rostbildung führt. Es gibt verschiedene Möglichkeiten, Eisen oder Stahl vor Rost zu schützen: durch Oberflächenbehandlungen wie Überzug, Anstrich, Emailleauftrag oder reaktive Beschichtungen. Eine andere Möglichkeit ist die Verzinkung – dabei wird der Stahl mit einer dünnen Zinkschicht überzogen. Der Stahl wird entweder durch geschmolzenes Zink geführt (Feuerverzinkung), das durch Oxidation eine Oberflächenschicht bildet, oder das Zink wird durch Elektroplattierung (galvanische Verzinkung) auf die Oberfläche aufgebracht. Das Verzinken kann jedoch zu einer Verformung des Stahls führen.

1

2

1 Verschiedene Stahlprofile
2 Aus Stahlprofilen und flachen Stahlstreifen gefertigte Treppe

Baustofftechnologie / Stahlbeton

Schalung
Mit Schalung wird die Form bezeichnet, in der Beton gegossen wird. Sie wird meist aus Holz oder Holzwerkstoffen gefertigt. Auf die Oberfläche der Schalung wird ein Entschalungsmittel aufgetragen, bevor der flüssige Beton eingefüllt wird. Anschließend muss der Beton gerüttelt werden, um das Gefüge zu verdichten und Luftblasen an die Oberfläche zu treiben.

Bewehrung
Beton kann entweder auf der Baustelle gegossen (Ortbeton) oder in einer Fabrik zu Fertigteilen verarbeitet werden. Obwohl Beton eine hohe Druckfestigkeit hat, ist die Zugfestigkeit gering. Er muss mit Stahlstäben verstärkt (bewehrt) werden, um auch Zugspannungen aufnehmen können. Die Bewehrung modifiziert die Stärke und die Verteilung der Spannungen im Beton. Die meiste Bewehrung liegt im unteren Bereich eines Bauteils, wo die Zugbelastung am größten ist.

Spannbeton
Bei Spannweiten über 8 m ist es notwendig, die Bewehrungsstäbe in Spannung zu versetzen. Das dem Vorspannen zugrunde liegende Prinzip ist der horizontalen Anhebung einer Ziegelreihe durch Druckausübung auf die Ziegel am Ende der Reihe vergleichbar. Wenn genügend Druck angewandt wird, werden in der ganzen Reihe Druckspannungen induziert, und die Reihe kann angehoben und horizontal transportiert werden. Beim Beton wird dazu die Stahlbewehrung vor- oder nachgespannt.
Beim Vorspannen wird der Stahl gedehnt, bevor der Beton gegossen wird. Hat der Beton eine bestimmte Festigkeit erreicht, werden die Spannkräfte freigesetzt. Der Stahl reagiert darauf, um seine ursprüngliche Länge wiederzuerlangen, und die Zugspannungen werden in Druckspannung im Beton umgesetzt. Beim Nachspannen wird der Stahl gedehnt, nachdem der Beton erhärtet ist. Der Beton wird um Kanäle oder Rohre herum gegossen, und sobald der erhärtende Beton die benötigte Festigkeit erreicht hat, werden Stahlkabel in die Röhren eingelegt, nach außen gezogen und extern verankert, sodass der Beton in Druckspannung versetzt wird.

Selbstverdichtender Beton
Selbstverdichtender Beton ist Beton, der in Formen und um Stahlbewehrungen herum gegossen werden kann und sich vollständig verdichtet, ohne gerüttelt werden zu müssen. Er ist mit Fließmitteln versetzt, die ähnlich wie ein Spülmittel wirken: Sie bewirken, dass der Betonmischung weniger Wasser hinzugesetzt werden muss, lassen sie fester werden und gewährleisten eine gleichmäßige Verteilung des Bindemittels und der Gesteinskörnung. Außerdem wird eine äußerst glatte Oberfläche erreicht.

Beton ist zusammengesetzt aus einem Bindemittel und Gesteinskörnungen, die mit Wasser zu einer formbaren Masse vermischt werden. Das Bindemittel besteht aus Zement, granulierter Hochofenschlacke oder pulverisierter Brennstoffasche; die Gesteinskörnung aus natürlichen Materialien wie Kies, Sand und Steinsplittern.

Die gebräuchlichen Mengenanteile sind:
6 Teile feine Gesteinskörnung (z. B. Sand)
1 Teil grobe Gesteinskörnung (z. B. Steine)
1 Teil Bindemittel (z. B. Portlandzement)

1 Frischbeton in einer Mischmaschine
2 Betonfertigteil: farbiger Beton in einer Schalungsform

1

2

Baustofftechnologie / Glas

Floatglas
Floatglas ist ein Flachglas, das hergestellt wird, indem man geschmolzenes Glas auf flüssigem Zinn schwimmen lässt. Diese Methode verleiht dem Glas eine gleichmäßige Dicke und eine sehr ebene Oberfläche. Modernes Fensterglas ist Floatglas. Zur Fertigung von Floatglas werden die Rohstoffe – Sand, Kalkstein, Pottasche, Dolomit, Eisenoxid und Natriumsulfat – geschmolzen und in einer großen Wanne zu Glasschmelze vermengt. Standard-Floatglas wird in Stärken von 1,5 bis 12 mm geliefert; die maximale Größe der Scheiben beträgt 3,20 x 6 m.
Für Konstruktionszwecke verwendetes Glas wird nach einer oder mehreren der folgenden Methoden behandelt:

Kühlung
Durch ein Steuern der Abkühlungsgeschwindigkeit der Glasschmelze können die Spannungen aus dem Glas entfernt werden, die sonst aufgrund der ungleichmäßigen Schrumpfung während dieses Prozesses auftreten würden.

Thermische Behandlung
Das Glas wird neu erhitzt, und danach werden die Oberflächen mit Luftstrahlen schnell gekühlt. Der Innenkern des Glases kühlt sich weiter ab und zieht sich zusammen, dabei geraten die Oberflächen in Druckspannung, und der Kern in Zugspannung. Die Zugfestigkeit wird so verbessert, Sprödigkeit und Rissverhalten werden verringert. Bricht das Glas, entstehen keine scharfkantigen, sondern stumpfe, kleine Glassplitter. So behandeltes Glas heißt Einscheibensicherheitsglas (ESG).

Verbundglas
Mehrere Glasschichten werden mit einer Folie zu einer Verbundplatte zusammengefügt. Bricht eine äußere Schicht, wird sie durch die Folie zusammengehalten. Glasträger setzen sich aus Sicherheitsgründen normalerweise aus drei Schichten zusammen. Mittels Bolzen und/oder Silikon können Glasträger zu Stützen zusammengefügt werden. Solche Glasträger werden auch als senkrecht an Scheiben befestigte Rippen verwendet, die bei Glasfassaden zur Aufnahme der Windlast eingesetzt werden.

1 Eine Floatglasscheibe wird in einer Fabrik transportiert.

Baustofftechnologie / Membrangewebe

Polyvinylchlorid (PVC) ist ein thermoplastischer Kunststoff und wird in Form eines weißen Pulvers produziert, das mit anderen Bestandteilen zu vielen verschiedenen synthetischen Produkten vermengt wird. Als Additive werden zum Beispiel Hitzestabilisatoren und Gleitmittel sowie Stoffe verwendet, die mechanische Eigenschaften wie die Flexibilität bestimmen.

Membrangewebe können beispielsweise aus PVC-beschichtetem Polyester bestehen. Diese synthetischen Gewebe können Zugspannungen aufnehmen. Sie werden in etwa 20 Standardfarben geliefert. Sie sind leicht, schwer entflammbar und haben eine maximale Stärke von etwa 1,2 mm. Über einen Zeitraum von 10 bis 20 Jahren – je nach den klimatischen Bedingungen – führen ultraviolettes Licht und Verwitterungsprozesse zu Zersetzungen im Gewebe. Membrangewebe können für Dachkonstruktionen verwendet werden (siehe Zugbeanspruchte Konstruktionen, Seite 66) oder, mit Luft unter Druck gesetzt, zu Konstruktionselementen wie Luftkissen, sogenannten Pneus, geformt werden.

Neben Luft können auch andere Gase verwendet werden, um Kissen aus Membrangeweben zu bilden. Wird ein gasdichtes Gewebe mit Wasserstoff oder Helium – Gase, die leichter als Luft sind – gefüllt, bildet es einen »Auftriebskörper« wie etwa ein Luftschiff. Der Fertigungsprozess von Membrankonstruktionen ist dem Schneidern vergleichbar.

Das Gewebe wird in bis zu 2,40 m breiten Rollen geliefert und mit Hilfe von CAD-gesteuerten automatischen Schneidemaschinen zugeschnitten. Diese CNC-Schneider (Computer Numerically Controlled) verfügen über ein Sortiment an austauschbaren Köpfen; die 21 m langen Bänke, die sie befahren, sind mit Vakuumpumpen ausgerüstet, die das Gewebe auf die Schneidoberfläche saugen, um ein präzises Schneiden zu gewährleisten.

1

2

1 Membranen werden mit Hilfe spezieller Schneidemaschinen zugeschnitten. Ähnliche Verfahren werden in der Textilindustrie verwendet.

2 Diese Polyester-Luftkissen sind zu einer durchgehenden Oberfläche zusammengenäht und -geschweißt.

Baustofftechnologie / Faserverstärkter Kunststoff

Gieß- oder Formprozesse, in denen flüssige Materialien verarbeitet werden, haben den Vorteil, dass komplexe, gekrümmte Oberflächen erreicht werden können. Große Bauteile werden heute häufig aus mit Fasermaterialien verstärkten Harzen hergestellt. Das Material wird im flüssigen Zustand in Schichten aufgebaut – ein als »Laminierung« bekannter Prozess. Oft werden solche Produkte zusätzlich mit Schaum- oder Karbonfaserschichten verstärkt.
Das Fasermaterial gibt es in Form von Vliesen, Matten, Geweben und Rovings. Es besteht meist aus äußerst dünnen Glasfasern. Im Verbund mit Kunststoffprodukten eingesetzt, spricht man von glasfaserverstärktem Kunststoff (GFK).
Harz ist ein plastisches Material, das unter bestimmten Bedingungen, zum Beispiel durch den Zusatz eines Katalysators oder Härters oder durch Temperaturänderung, vom flüssigen in den festen Zustand wechseln kann. Für GFK werden häufig Epoxidharze verwendet, wasserfeste und gegen Umwelteinflüsse resistente Hochleistungsharze. Im Gegensatz zu Harzen, die mit Hilfe eines Katalysators ausgehärtet werden, bestehen Epoxidharze aus zwei Komponenten, aus Harz und einem Härter.

Herstellung von GFK

Die aus einer »Urform« gegossene Gussform wird zur Negativform (»Matrize«) für das Endprodukt. Je nach Produkt und Kostenaufwand sind die Gussformen offen oder geschlossen. Auf die Oberfläche der Gussform wird ein Trennmittel aufgetragen, damit der GFK leicht aus der Form gelöst werden kann.
Zu Beginn des Gießprozesses wird eine Gelcoat genannte Harzschicht aufgetragen, eine Trennschicht, die zu einer Hochglanzoberfläche führt, und die ihre Farb- und Oberflächeneigenschaften auch dann bewahrt, wenn sie jahrelang Umwelteinflüssen ausgesetzt ist. Sobald das Gelcoat zu härten begonnen hat (um die Form vor den Glasfasern zu schützen), beginnt der Laminierungsprozess: Die zugeschnittene Fasermatte wird fest in die Form gepresst und mit einem Pinsel oder Roller mit flüssigem Harz überzogen. Dieser Prozess wird so lange wiederholt, bis die erforderliche Anzahl an Schichten erreicht ist. In diesem Stadium kann das Material durch eine Schaumschicht mit anderen GFK-Schichten zu einem steifen Verbundmaterial gefügt werden. Solche Schaumkerne werden entweder aus festen Tafeln herausgeschnitten oder in Form poriger, flexibler dünner Platten geliefert.

1

2

1 Glasfasermatte
2 Produkte aus glasfaserverstärktem Kunststoff (GFK) für die Bauindustrie

Materialtechnologie / Platten- und Bahnenmaterial

Die Tischsägen, die früher für das Schneiden von Blechen verwendet wurden, werden heute weitgehend durch äußerst präzise Laserstrahl-, Wasserstrahl- oder Plasmaschneidemaschinen ersetzt. Das »Computerized Numerical Control« (CNC)-Schneiden ist ein Prozess, bei dem ein starker Laserstrahl das Material zum Schmelzen bringt und damit schneidet. Geeignete Materialien sind dünne Platten oder Bahnen aus Holz, Kunststoff, Aluminium oder Baustahl.
CNC-Laser arbeiten meist in der x-, y- und z-Achse. In jeder Richtung können die sogenannten Portale (wie Stifte eines großen Plotters) mit Hilfe eines CAD-Programms gesteuert werden. Ein Laserstrahl kann in etwa 30 Sekunden ein 1 m langes und 10 mm dickes Stahlblech durchschneiden. Laserstrahlen schneiden innerhalb einer Toleranz von 50 Mikrometer, und die geschnittenen Teile bleiben eben.
Nachdem formbare Materialien (z. B. Bleche) zugeschnitten worden sind, können sie mit Hilfe mehrachsiger Falzmaschinen in komplexe dreidimensionale Formen gebracht werden. Eine 80-Tonnen-Abkantpresse kann etwa bis zu 10 mm dicke Bleche falzen. Die Bahnen werden dabei über austauschbare Werkzeugköpfe gedrückt. Die Hersteller setzen umfangreiche »Bearbeitungsbibliotheken« ein, um Mehrkopfsysteme für jedes Produkt zu konstruieren. CNC-Maschinen können für Falzvorgänge in bis zu acht Achsen programmiert werden, und je nach Stärke des Materials können die Programme bei der Berechnung der Toleranzen für die sich an den Kanten bildenden natürlichen Krümmungen helfen.
Nachdem sie ihre Form erhalten haben, werden die einzelnen Elemente oft von Hand zusammengesetzt und endbearbeitet. Sie können zusammengeschweißt, -genietet oder -geschraubt und dann verschiedenen Oberflächenbehandlungen unterzogen werden, beispielsweise verzinkt, graviert oder bedruckt.

1
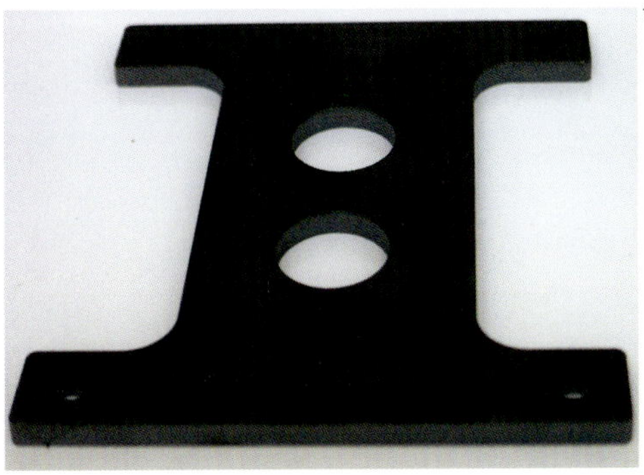

2

1 Lasergeschnittenes 10 mm starkes Stahlblech
2 Mit Hilfe eines Laserstrahls werden Profile aus einer Acrylplatte geschnitten.

Konstruktive Integrität / Lasten: Ständige und nichtständige Lasten, Horizontallasten, Aussteifung, Torsion

Ständige und nichtständige Lasten

Um eine Konstruktionsform zu schaffen, werden die einzelnen Bauteile so dimensioniert, gestaltet und angeordnet, dass das Gebäude als Ganzes den einwirkenden Kräften standhalten kann. Zu unterscheiden ist hier zwischen den Kräften, die sich aus der Masse des Gebäudes selbst ergeben – eine als ständige Last oder Nutzlast bezeichnete Kraft – und den veränderlichen Kräften, die als nichtständige Last oder Verkehrslast bekannt sind. Bei Gebäuden setzen sich die Verkehrslasten aus Möbeln, Maschinen, Personen, Eis und Schnee und vor allem aus den Windlasten zusammen.

Horizontallasten

Ein Stuhl muss stark genug sein, um der vertikal einwirkenden Last der auf ihm sitzenden Person standzuhalten. Der Stuhl bleibt jedoch auch dann stabil, wenn diese Person ihre Last verlagert – sich anlehnt oder wackelt – und damit auch horizontale Kräfte wirken. Er bleibt deshalb stabil, weil er diesen Kräften standhalten kann, zum einen durch die Stabilität seiner Einzelelemente, zum anderen durch die Festigkeit der Gesamtkonstruktion. Diese Festigkeit entsteht, da die einwirkenden vertikalen und horizontalen Kräfte mittels diagonalen Verbindungen ausgeglichen werden können – beispielsweise durch eine Verstärkung der Ecken.

Aussteifung

Man nehme einen einfachen quadratischen Rahmen. Lässt man auf einer Seite eine Kraft einwirken, verschiebt er sich. Steckt man jedoch einen Stab diagonal von einer Ecke in die andere, bleibt das Quadrat stabil. Drückt man nun auf die andere Seite des Quadrats, erfüllt der Stab noch immer seine Aufgabe, aber nur, wenn er an beiden Enden mit dem Quadrat verbunden ist, da er die Last überträgt, indem er gezogen wird. Im ersten Fall wird der Stab als Druckelement verwendet, im zweiten befindet er sich in Spannung, wird also auf Zug belastet, und könnte durch ein Seil oder einen Draht ersetzt werden.

Torsion

Auch einzelne Bauelemente müssen häufig ausgesteift werden, damit sie sich nicht verdrehen. Zwar wird die Torsion oder Drehung gelegentlich als eine Kraft an sich bezeichnet, doch in Wirklichkeit ist sie das Ergebnis entgegengesetzter (Zug- oder Druck-)Kräfte.

1 Mit Diagonalen ausgesteifte Stahlskelettkonstruktion

2 Das Prinzip der Aussteifung mittels Diagonalen. Ein quadratischer Rahmen ist eine an sich instabile Konstruktion. Eine auf den Rahmen einwirkende Kraft (durch den Pfeil markiert) verschiebt in zu einer Trapezform. Verhindern lässt sich diese Verformung durch das Einsetzen eines diagonalen starren (Druck-) oder eines beweglichen (Zug-)Elements.

3 Der Schlüssel einer stabilen Konstruktion ist die Aussteifung; selbst in einem einfachen Tisch gibt es kleine, »unsichtbare« Dreiecke an den Eckverbindungen, die die Konstruktion stabilisieren.

4 Das »Windmühlenprinzip«. Hier ist eine idealisierte Konstruktion zu sehen: Alle »Stützen« sind verbreitert, um die Gesamtkonstruktion auszusteifen; so können sie aus jeder beliebigen Richtung auf sie einwirkenden Kräften standhalten.

5 Das Prinzip der Torsion oder Verdrehung, die durch eine Aussteifung des Querschnittsprofils verhindert werden kann.

1

2

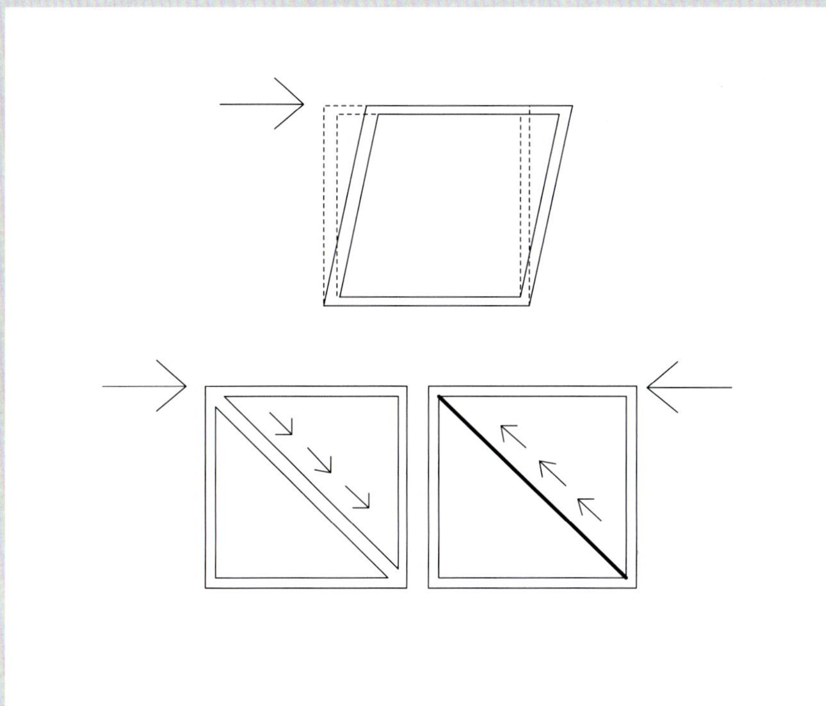

3

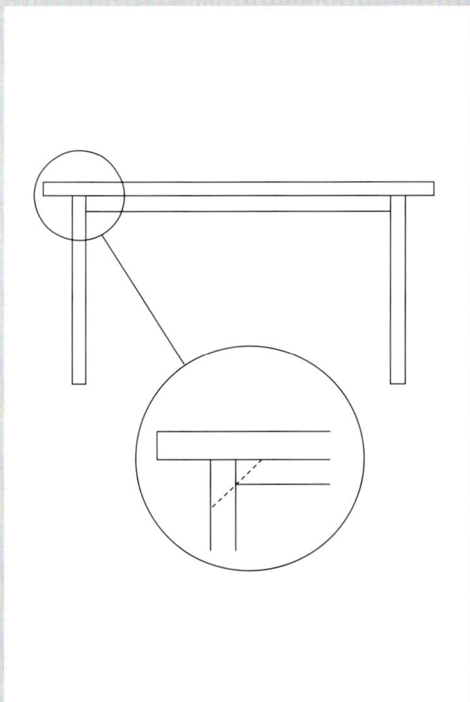

4

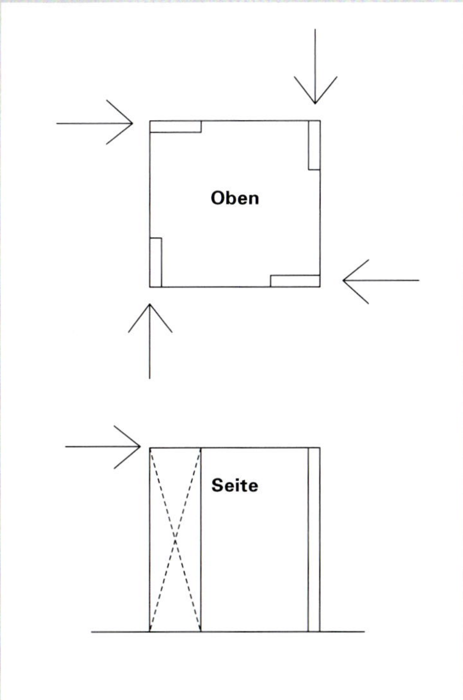

5

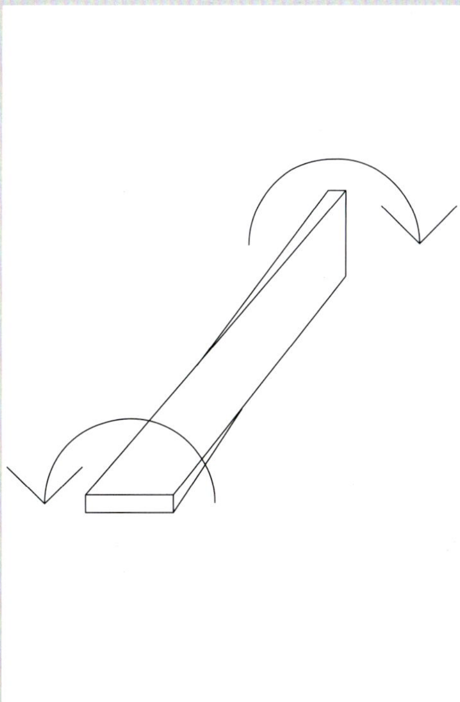

Konstruktive Integrität / Stabilität: Verankerung, Höhe, Schwerpunkt, Auskragung

Verankerung
Gebäude müssen im Untergrund verankert werden, um Windlasten und extremeren Umständen, wie etwa einem Erdstoß, Sturm oder einer hohen Welle standhalten zu können. Ein Gebäude darf sich weder unter Horizontallast deformieren, noch sich als Ganzes bewegen. Gebäude sind mit Fundamenten im Boden verankert, die auch eine Lagerung in einem instabilen oder weichen Grund gewährleisten.
Wind wirkt auf die Außenflächen eines Gebäudes nicht nur als Druck, sondern auch als Sog. Um ein Abheben zu verhindern, müssen Dächer daher fest an den übrigen Elementen des Tragwerks verankert werden.

Höhe
Hohe Gebäude müssen nicht nur schnellen Windböen standhalten, sondern auch den (denen einer Stimmgabel ähnlichen) Schwingungen, die der Wind herbeiführen kann. Um diesen Kräften widerstehen zu können, haben hohe Gebäude einen starren, zentralen Kern mit Geschossplatten, die von Außenstützen getragen und an den Kern rückgebunden sind. Der Kern enthält Aufzüge, Treppen und Versorgungsrohre. Hohe Gebäude können auch durch kreuzweise um die Außenseite des Gebäudes herum gewickelte diagonale Streben stabilisiert werden; werden sie ohne einen Zentralkern eingesetzt, werden diese Streben als Röhrentragwerke bezeichnet.
Auch durch eine dichte, wabenartige Anordnung der Innenwände wird die Stabilität der Konstruktion gesteigert.

Schwerpunkt
Versuchen Sie, sich aus den Hüften nach vorn zu neigen. An einer bestimmten Stelle geht Ihr Schwerpunkt »aus Ihnen heraus«, und ein Bein bewegt sich nach vorn, um ein Dreieck zu bilden, das Ihnen Halt gibt. Wenn Sie sich noch weiter nach vorn neigen, erreichen Sie einen Punkt, an dem Sie Ihren Schwerpunkt nur noch halten können, indem Sie Ihr anderes Bein nach hinten ausstrecken. Dieses Bein könnte man als Auskragung bezeichnen.

Auskragung
Mit Auskragung wird ein Element bezeichnet, das seitlich aus der Vertikalen herausragt. Es braucht ein Gegengewicht, um Stabilität zu erhalten, und eine Aussteifung, um den Biegebewegungen und den durch den Hebelarm entstehenden Schubkräften standhalten zu können.

1, 2 Stahlbetonkerne geben Skelettkonstruktionen Stabilität.

3 Die Konstrukteure der Eisenbahnbrücke über den Firth of Forth in Schottland demonstrierten mit Hilfe ihrer eigenen Körper, wie das das Prinzip der Auskragung für die Spannweite der Brücke genutzt wurde. Die Körper der beiden Männer auf Bodenhöhe fungieren als Pfeiler (in Druckspannung), und ihre Arme werden gezogen (in Zugspannung). Die Stäbe, die sie halten, befinden sich unter Druck und übertragen die Last zurück auf die »Pfeiler«.

4 Die Eisenbahnbrücke über den Firth of Forth in Schottland, fertiggestellt 1890. Die Spannweiten zwischen den Hauptpfeilern betragen 521 m.

5 Eine auskragende Konstruktion trägt das Dach der Tribüne der Pferderennbahn in Ascot bei Windsor in Südengland, entworfen von HOK Sport.

6 An den Auslegern der Baukräne lässt sich das Prinzip der Auskragung gut erkennen.

1

2

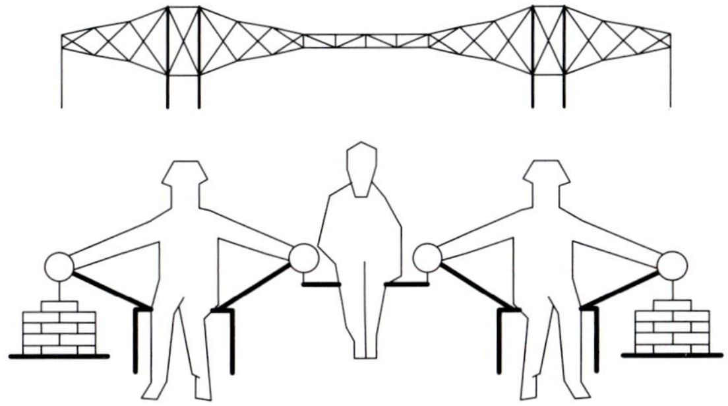
3

4

5

6

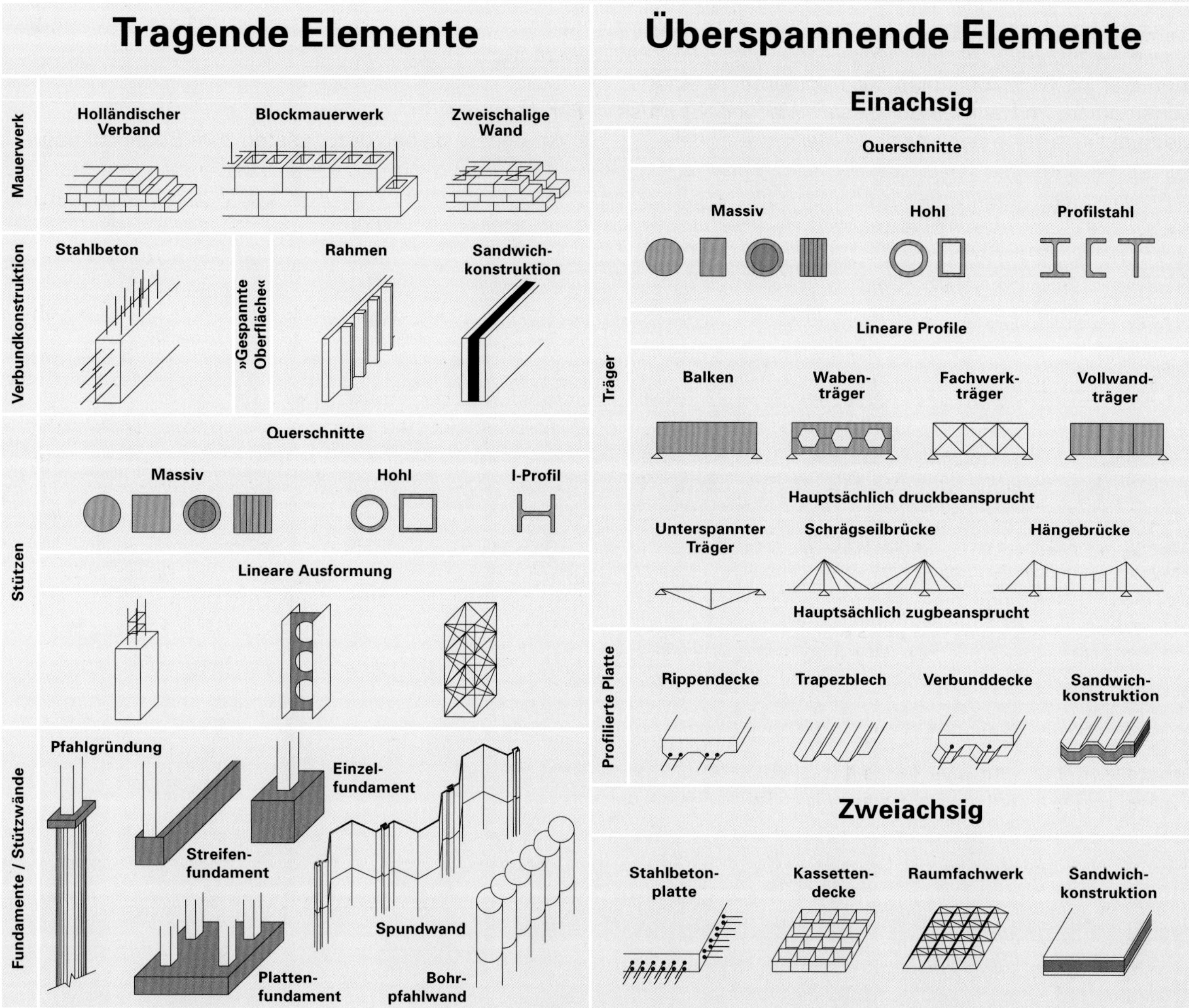

Tragende Elemente
Mauerwerk
Holländischer Verband
Blockmauerwerk
Zweischalige Wand
Verbundkonstruktion
Stahlbeton
»Gespannte Oberfläche«
Rahmen
Sandwich-konstruktion
Stützen
Querschnitte
Massiv
Hohl
I-Profil
Lineare Ausformung
Fundamente / Stützwände
Pfahlgründung
Einzel-fundament
Streifen-fundament
Spundwand
Platten-fundament
Bohr-pfahlwand
Überspannende Elemente
Einachsig
Träger
Querschnitte
Massiv
Hohl
Profilstahl
Lineare Profile
Balken
Waben-träger
Fachwerk-träger
Vollwand-träger
Hauptsächlich druckbeansprucht
Unterspannter Träger
Schrägseilbrücke
Hängebrücke
Hauptsächlich zugbeansprucht
Profilierte Platte
Rippendecke
Trapezblech
Verbunddecke
Sandwich-konstruktion
Zweiachsig
Stahlbeton-platte
Kassetten-decke
Raumfachwerk
Sandwich-konstruktion

Konstruktive Elemente

Der Architekt trifft die wichtigsten Entscheidungen über Größe, Anzahl und Anordnung der konstruktiven Elemente eines Gebäudes, also der Tragelemente einer Konstruktion, im Rahmen der Gesamtplanung. Er muss die Funktionsweise der einzelnen Elemente und ihr Zusammenwirken im Gebäude kennen und darlegen können. Es gibt Tragelemente, die als Auflager dienen und Lasten zum Boden übertragen (z.B. Wände, Stützen und Fundamente) sowie solche, die Räume oder Gebäude überbrücken: überspannende Elemente (z. B. Decken und Dächer).

Tragende Elemente

Eine Konstruktion aus massiven Wänden hat den Vorteil, dass die Wände auch das Gebäude aussteifen – man kann sie sich als die ausgedehnten Stützen einer »Windmühlenkonstruktion« vorstellen (siehe Seite 30, Abb. 4). Diese tragenden Wände stützen Decken und Dächer. Alle anderen, nicht tragenden, Wände dienen entweder, wenn sie sich im Innern befinden, dem Trennen von Räumen, oder, wenn sie sich außen befinden, dem Klima- und Wetterschutz (siehe Klimatische Hülle, Seite 78–97). Auch tragende Außenwände haben eine Klimaschutzfunktion.
Da sie über ihre ganze Länge Lasten zum Boden übertragen, benötigen sie ein durchgängiges Streifenfundament (siehe Fundamente, Seite 42). Decken und Dächer können auch von Stützen oder Pfeilern getragen werden, die jeweils ihr eigenes Einzelfundament haben. Eine tragende Wand kann durch in verschiedenen Abständen in die Wand eingebettete Stützen verstärkt werden.

Fundamente

Fundamente dienen dazu, Lasten zum Boden zu übertragen. Für gewöhnlich wird für ein Fundament der Boden ausgehoben und der Hohlraum mit schwerem Material wie Beton oder Stein gefüllt. Bei weichen Böden können alternativ Pfähle so tief in den Boden gerammt werden, bis eine ausreichende Stabilität erreicht wird – entweder durch Eindringung in tragfähige Schichten oder durch Reibung mit dem Boden.

Überspannende Elemente

Grundsätzlich gibt es zwei Möglichkeiten, Dächer und Decken zu konstruieren – entweder mittels linear einachsig spannenden – Trägern oder Platten –, oder mittels zweiachsig spannender Elemente – Platten oder räumliche Tragwerke. Dächer und Decken können als ähnliche Bauelemente betrachtet werden, da beide nichtständigen, veränderlichen Lasten ausgesetzt sind. Ein Dach muss nicht nur Menschen, Pflanzen und Maschinen tragen können, sondern auch Eis und Schnee.

Links
Übersicht der wichtigsten tragenden und überspannenden Elemente, geordnet nach Funktion und Typus

Tragende Elemente / Tragende Wände: Mauerwerk

1

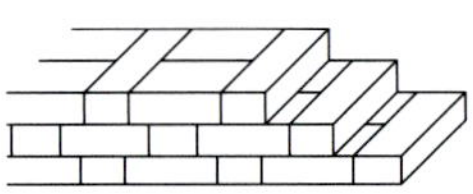

2

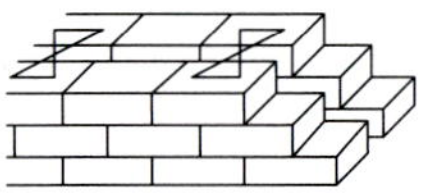

3

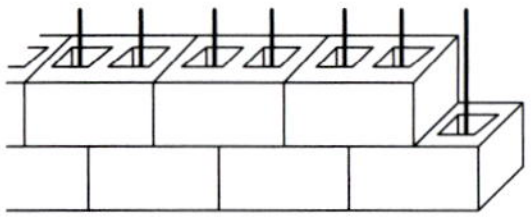

Mauerwerk

Tragende Wände werden traditionell aus Ziegeln oder Blöcken zusammengesetzt, die aus dichten, massiven Materialien wie Lehm, Stein oder Beton bestehen. Solche Wände werden als Mauerwerk bezeichnet. Die einzelnen Lagen werden so aufeinandergeschichtet, dass die Fugen zwischen den Ziegeln oder Blöcken nicht in einer vertikalen Linie durch die Mauer laufen. Die so entstehenden Muster werden als Verband bezeichnet. Steinmauern, beispielsweise Begrenzungsmauern, werden teilweise ohne Mörtel zusammengesetzt. Ein solches »Trockenmauerwerk« verdankt seine Stabilität einzig der Schwerkraft der Steine. In den meisten modernen tragenden Mauerwerkwänden sind die einzelnen Steine jedoch mittels einer 10 mm starken Mörtelschicht miteinander verbunden. Mörtel ist im Wesentlichen eine Mischung aus weichem Sand und Zement (normalerweise in einem Verhältnis von 4 zu 1) und Wasser. Wird dem Mörtel Kalk zugesetzt, bleibt die Mischung elastisch, sodass sie sich an Bewegungen in der Mauer anpassen und Risse verhindern kann.

Ziegel

Ziegel aus Ton werden zunächst in einer Form gepresst und dann in einem Brennofen gebrannt. Oft sind sie mit einer Vertiefung oder mit Löchern versehen, in die der Mörtel eindringen kann, um die Steine zu fixieren. Ein Standardziegel hat die Maße 240 x 115 x 71 mm (»Normalformat«). Ist im gemauerten Verband die Schmalseite eines Ziegels sichtbar, spricht man von Binder, sieht man die Langseite, wird er als Läufer bezeichnet.

Lehmziegel

Lehmziegel werden in der Sonne getrocknet. Dem Lehm, der Druckkräfte aufnimmt, wird zerkleinertes Stroh als »Bewehrung« beigesetzt, um auch Zugkräften widerstehen zu können. Lehmziegelwände werden für gewöhnlich mit Lehm verputzt, um die Kohäsion und den Wetterschutz zu erhöhen.

Betonsteine

Betonsteine werden häufig als Hohlblöcke verwendet, die mit vertikal durchlaufenden Stahlstangen bewehrt und mit Mörtel aneinandergefügt werden.

Mauerwerkstärke

In früheren Zeiten sollten Steinmauern oft nicht nur die Geschosse und das Dach eines Gebäudes tragen, sondern mussten auch vor feindlichen Angriffen schützen und darum möglichst dick sein. Für moderne zwei- oder dreistöckige Gebäude reicht jedoch für die tragende Funktion eine Mauer von der Stärke einer Langseite des Ziegels für gewöhnlich aus. Bei höheren Gebäuden kann sich die erforderliche Stärke um das Eineinhalb- oder Zweifache erhöhen.

1 Holländischer Verband

2 Zweischalige Wand

3 Bewehrtes Blockmauerwerk

4 **A** Alternierende Schichten im Holländischen Verband, **B** Alternierende Schichten im Blockverband, **C** Plan einer zweischaligen Wand: Zwei Steinschalen werden über eine Zwischenraum miteinander verbunden. Der Zwischenraum dient der Dämmung und soll das Eindringen von Feuchtigkeit verhindern. In gleichmäßigen Abständen werden horizontal und vertikal Metallbänder in das Mörtelbett eingelegt.

5 Tragende Wand im Holländischen Verband

6 Traditionelles tragendes Steinmauerwerk

7 Tragendes Steinmauerwerk, Machu Picchu, Anden, Peru. Die Steine sind mit großer Genauigkeit von Hand zugerichtet und ohne Mörtel als Trockenmauerwerk zusammengefügt.

8 Tragende zweischalige Wand. Die äußere Schale besteht aus Ziegeln, die innere aus Kunststeinblöcken. Einer dieser Blöcke ist so groß wie sechs Ziegel.

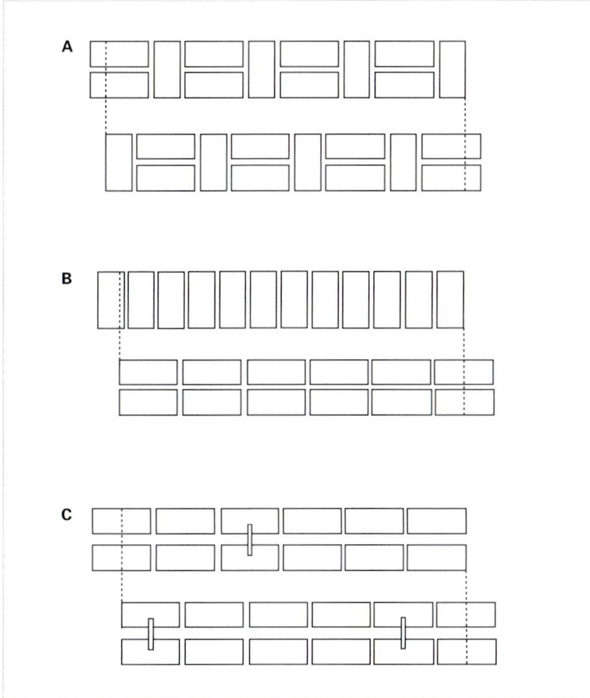

4

5

6

7

8

Tragende Elemente / Tragende Wände: Stahlbeton, Verbundkonstruktionen

1

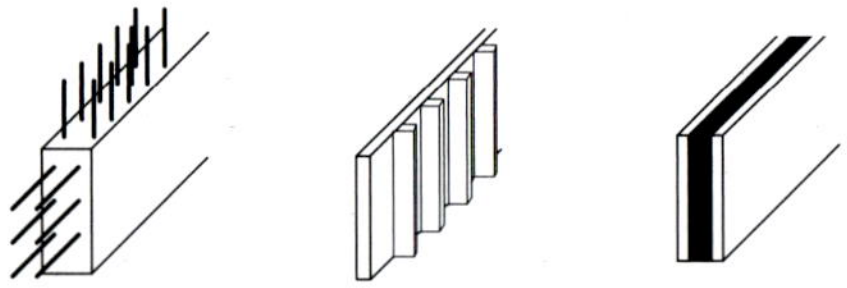

Stahlbeton

Tragende Wände können nicht nur durch das Auf- und Aneinanderschichten einzelner Ziegel, Blöcke oder Steine realisiert werden, sondern auch mittels gieß- und formfähiger Materialien. Diese Materialien werden in eine Form gegossen, wo sie durch einen chemischen Prozess verfestigen und die vorgegebene Form annehmen. Das am weitesten verbreitete dieser Materialien ist Stahlbeton: Flüssiger Beton wird dafür in eine Stahlstäbe enthaltende Schalungsform gegossen. Tragende Wände dieser Art können als große, modulare Bauelemente außerhalb der Baustelle in großen Stückzahlen vorfabriziert werden.

Verbundkonstruktionen

Tragende Wände können auch aus einem Verbund verschiedener Materialien bestehen. Wird ein innerer Kern oder Rahmen von Platten umgeben, spricht man von einer Sandwichkonstruktion. Die beiden äußeren Platten stehen unter Zug (»stressed skin«) und stabilisieren so den inneren Kern.

1 Tragende Wände als Verbundkonstruktionen: Stahlbeton, eine Rahmenkonstruktion und eine Sandwichkonstruktion

2 In diesem Beispiel wird Beton in eine Schalung gepumpt, die aus vorgefertigten hohlen Polystyrolblöcken besteht, die dauerhaft in der Konstruktion belassen werden, um das Gebäude zu dämmen. Die Außenfläche wird dann wetterfest gemacht.

3 Beton, der in eine Holzschalung gegossen wurde. Sobald der Beton gehärtet ist – für gewöhnlich nach 24 bis 48 Stunden – kann die Schalung entfernt (der Beton entschalt) werden. In diesem Aushärtungsprozess erreicht der Beton in etwa sieben Tagen 75 % seiner vollen Festigkeit; die maximale Festigkeit wird erst nach mehreren Wochen erreicht.

4 Vor Ort gegossene Wand aus Stahlbeton. Sie trägt nicht nur die Lasten der Decken, sondern nimmt auch Horizontallasten auf und stabilisiert damit die Konstruktion. Beton hat zwar eine hohe Druckfestigkeit, muss jedoch mit Stahlstäben bewehrt werden, um auch Zugkräfte aufnehmen zu können.

5 Tragende Betonwand mit Bewehrungsstäben aus Stahl

6 Tragende Betonwand. Die Löcher befinden sich dort, wo die beiden Seiten der Schalung während des Gießens und Aushärtens zusammengehalten waren, um nicht durch das Gewicht des nassen Betons nach außen gedrückt zu werden. Die Oberfläche des Betons nimmt den Abdruck des Schalungsmaterials an – in diesem Fall Holzbretter.

7 Vor Ort gegossene Stahlbetonwände, die ein Treppenhaus tragen

8 Vorgefertigte Wandbauplatte: Eine Sandwichkonstruktion aus OSB(»oriented strand board«)-Platten (Grobspanplatten), die mit einem Schaumkern verbunden sind

2

3

4

5

6

7

8

Tragende Elemente / Stützen

1

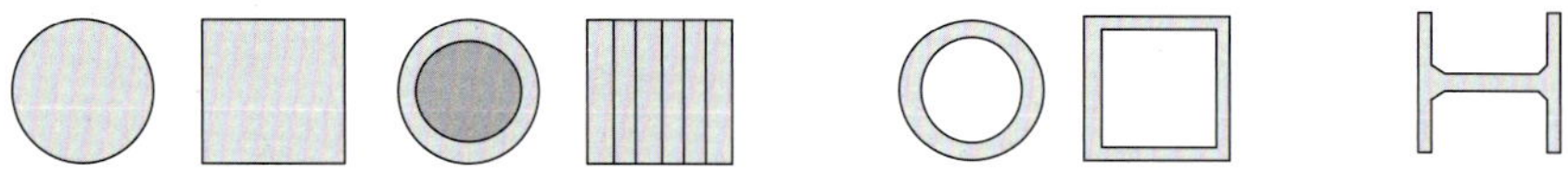

Wände und Dächer können nicht nur von Wänden, sondern auch von Säulen, Stützen oder Pfeilern getragen werden. Die Abstände zwischen den Stützen innerhalb eines Rasters hängen von der Konstruktionsart der Decken und den Querschnitten der Stützen ab – je kleiner der Querschnitt, desto enger die Abstände. Bei einem 8 x 8 m großen Raster kann der Querschnitt der Stützen eines Stahlbetongebäudes anhand der Anzahl der Geschosse geschätzt werden:

1 Geschoss	300 x 300 mm
6 Geschosse	700 x 700 mm
11 Geschosse	1000 x 1000 mm
16 Geschosse	1200 x 1200 mm

Knicken

Die Länge einer Stütze bestimmt ihr Verhalten unter Belastung. Je höher die Stütze, desto eher wird sie »knicken«, und ihre Steifigkeit wird wichtiger als ihre Tragfähigkeit. Deshalb ist eine Stütze mit einem hohlen Profil effizienter als eine mit einem massiven Querschnitt. Ein Rohr ist die wirkungsvollste Form, um Knicken zu verhindern.

Lasten

Die aufgenommenen Lasten nehmen in einer Stütze nach unten hin allmählich zu. Um das zu kompensieren, können Stützen innerhalb eines Gebäudes nach oben hin schmaler werden.

Klassische Säulenordnungen

Antike Gebäude werden anhand der Form ihrer Säulen klassifiziert. Den »klassischen Säulenordnungen« entsprechend werden Säulen in dorische, ionische und korinthische – allesamt griechischen – und in toskanische und Kompositsäulen – römischen Ursprungs – unterteilt. Eine klassische Säule hat drei Hauptelemente – Schaft, Basis und Kapitell. Die verschiedenen Säulenordnungen können nach der Ausformung und der Proportionierung dieser Elemente unterschieden werden. Die Höhe einer Säule wird anhand des Verhältnisses von Durchmesser des Schafts an der Basis zur Höhe des Schafts gemessen. Eine dorische Säule kann zum Beispiel als »sieben Durchmesser hoch« beschrieben werden, eine ionische als »acht Durchmesser hoch«, und eine korinthische als »neun Durchmesser hoch«.

1 Stützenquerschnitte. Von links nach rechts: vier Beispiele für massive Stützenformen, zwei für Hohlprofile und eine I-Profil-Stütze
2 Die Stützenabmessungen in einem zwölfstöckigen Turm mit 8 x 8 m Grundfläche werden nach oben hin kleiner.
3 Der Parthenon in Athen. Die Steinsäulen sind aus einzelnen »Trommeln« zusammengesetzt. Sie sind im dorischen Stil ausgeführt und im Verhältnis 6 zu 1 proportioniert – das entspricht ungefähr der Länge des Fußes eines Mannes im Verhältnis zu seiner Körperhöhe. Die Säulen sind 10 m hoch und haben einen Durchmesser von 1,70 m. Der Abstand von Säulenmittelpunkt zu Säulenmittelpunkt beträgt 4 m.
4 Die Stahlbetonstützen in Le Corbusiers Villa Savoye bei Paris (1928–1931) haben einen Durchmesser von 300 mm.
5 Steinpfeiler der Kirche Sagrada Familia von Antonio Gaudí in Barcelona
6 Die Abstände zwischen den in einem Raster stehenden Stützen sind direkt auf deren Querschnittsgröße bezogen. Das von Micha de Haas entworfene Aluminium Knowledge and Technology Centre (»The Aluminium Forest«) im niederländischen Utrecht wird von 368 Aluminiumrohren getragen. Die Rohre sind 6 m hoch und haben einen Durchmesser zwischen 90 und 210 mm.
7 Vorgefertigte Rohre, die als Schalung für Stützen mit rundem Querschnitt verwendet werden
8 Baumförmig ausgebildete Stützen der Pferderennbahn in Ascot bei Windsor in Südengland, entworfen von HOK Sport
9 Geneigte Betonstützen des 2006 fertiggestellten Palestra Building in London von SMC Alsop Architects. Diagonal stehende Stützen können zur Aussteifung einer Konstruktion beitragen.

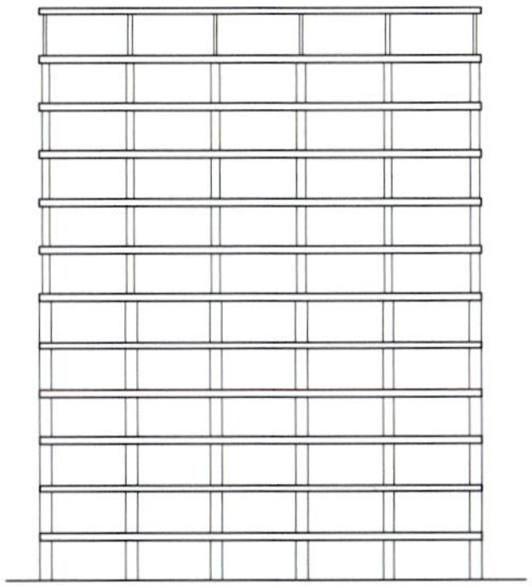

2

3

4

5

6

7

8

9

Tragende Elemente / Fundamente: Flachgründungen, Tiefgründungen, Stützwände

1

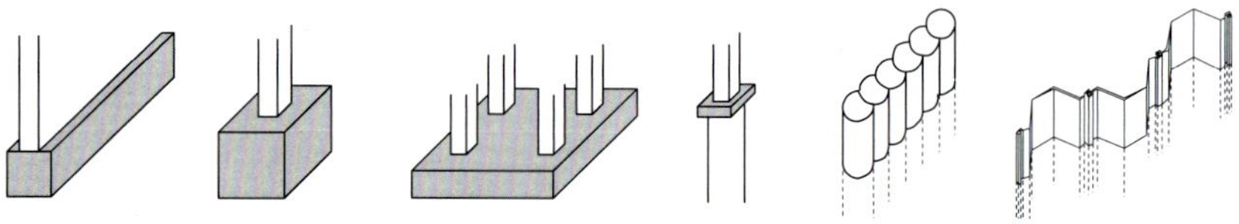

Fundamente dienen dazu, aus Wänden und Decken herabgeführte Lasten aufzunehmen. Für gewöhnlich wird für ein Fundament eine Grube ausgehoben und mit dichtem, massivem Material wie Beton oder Stein gefüllt. Bei weichen Böden können alternativ Pfähle so tief in den Boden gerammt werden, bis die erforderliche Stabilität erreicht wird – entweder durch Eindringen in tragfähige Schichten oder durch ausreichende Reibung mit dem Boden.

Fundamentarten

Die Fundamentart wird von der Tragfähigkeit und Beschaffenheit des Terrains bestimmt. Es verhindert nicht nur, dass die Konstruktion in den Boden sinkt, es gibt ihr auch eine stabilisierende Verankerung. Unter dem Begriff Flachgründungen werden Streifenfundamente, Einzelfundamente und Plattenfundamente zusammengefasst. Pfahlgründungen gehören zu den Tiefgründungen. Soll Erdreich seitlich abgestützt werden, ist eine Stützwand erforderlich.

Flachgründungen

Für tragende Wände werden meistens durchgängige Streifenfundamente verwendet, um sie in voller Länge zu unterstützen. Für einzelne Punktlasten wie etwa einer Stütze wird ein Einzelfundament oder eine Pfahlgründung benötigt. Auf instabilen Böden oder bei sehr hohen Lasten ist ein Plattenfundament erforderlich, ein festes Element, das die bebaute Grundfläche durchgängig bedeckt. Oft ist es erforderlich, verschiedene Fundamentarten miteinander zu kombinieren, zum Beispiel können Pfähle durch einen Überzug verbunden werden, um eine tragende Wand zu stützen. Der Überzug übernimmt dann die Funktion eines Streifenfundaments.

Tiefgründungen

Auf instabilem Baugrund sind Tiefgründungen erforderlich. Dazu werden Löcher in den Boden gebohrt und Pfähle oder Pfeiler aus Holz, Beton oder Stahl eingefügt. Betonpfeiler können vorgefertigt geliefert oder vor Ort gegossen werden. Stahlpfähle werden für gewöhnlich als Rohre oder als I-Profile verwendet. Für Betonpfeiler wird normalerweise entweder Beton direkt in das vorgebohrte Loch gegossen (das Bewehrung aus Stahl enthalten kann), oder es wird eine temporäre oder dauerhafte Stahlhülle in den Boden getrieben und mit Beton gefüllt.

Stützwände

Ist im Vorfeld der Bauarbeiten Boden auszuheben, kann das umgebende Terrain mit Hilfe temporärer oder dauerhafter Mauern zurückgehalten werden müssen. Dazu können Stahlbetonwände verwendet werden (wie in einem Swimmingpool), ineinandergreifende Spundwandbohlen (profilierte Stahlblechtafeln, die in den Boden getrieben werden können) oder eine aus mehreren miteinander verbundenen Pfähle zusammengesetzte Bohrpfahlwand.

1 Fundamente und Stützmauern. Von links nach rechts: Streifen-, Einzel-, Plattenfundament, Pfahlgründung, Stützwände

2 Um Zugkräfte aufzunehmen, wird entweder ein Reibungsanker (einem Hering vergleichbar) oder Masse eingesetzt.

3 Um Streifenfundamente für eine tragende Wand anzulegen, wurde der Beton in Gräben gegossen.

4 Einzelfundamente nehmen Punktlasten auf.

5 Ein mit einem Stahlgeflecht bewehrtes Betonplattenfundament. Damit werden die Lasten gleichmäßig über eine Oberfläche verteilt.

6 Bohrpfähle mit Stahlbewehrung. Der Beton wird um die Bewehrungsstäbe herum gegossen.

7 Holzschalung für eine Stahlbetonstützmauer

8 Detailausbildung der Verbindung zu einem Betonfundament zur Aufnahme von Zugkräften

9 Bohrpfahlwand. Dazu werden aneinandergereihte Löcher in den Boden gebohrt und mit Beton gefüllt. Wird danach das Erdreich ausgehoben, wird eine Reihe verbundener Betonpfeiler freigelegt. Auf die Oberfläche der Bohrpfahlwand ist ein vertikales Stahlgitter aufgelegt, auf das Beton aufgespritzt wird, um eine Stützmauer mit durchgängiger Oberfläche zu erreichen.

10 Spundwandbohlen. Ineinandergreifende Stahlblechtafeln werden mit Hilfe einer Maschine in den Boden getrieben und zu einer Stützwand verbunden.

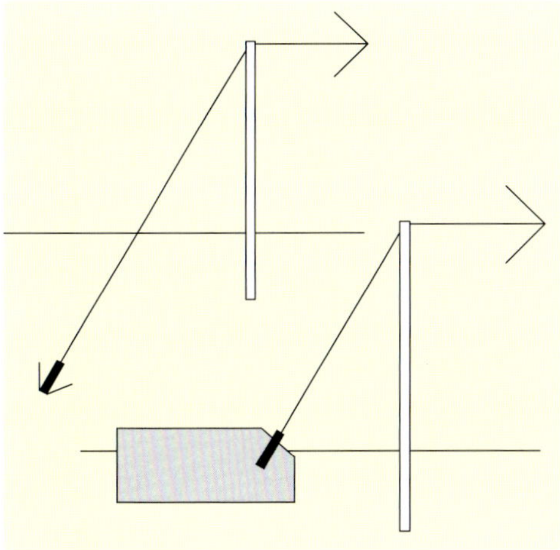
2

3

4

5

6

7

8

9

10

Einachsig spannende Elemente / Träger: Querschnitte

1

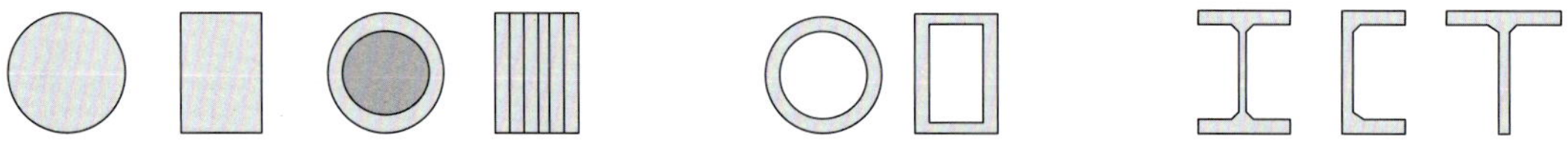

Träger sind einachsig spannende, horizontal angeordnete Elemente, die Decken- und Dachplatten tragen. Ist eine solche Platte mit den Trägern fest verbunden, wird sie zu einem starren, horizontal ausgesteiften Bauelement. Träger werden anhand ihrer Querschnittform und der linearen Ausformung beschrieben.

Querschnitte

Die einfachsten Träger weisen über ihre ganze Länge einen identischen Querschnitt auf. Das trifft auf herkömmliche Stein- und Holzbalken mit einem einfachen rechteckigen Querschnitt ebenso zu wie etwa auf einen I-Profil-Träger aus Stahl oder Aluminium.
Da sich ein Träger unter Belastung durchbiegt, ist seine Höhe immer größer als seine Breite. Je höher ein Träger, desto weiter sind die inneren Zug- und Druckkräfte voneinander entfernt und desto gleichmäßiger ist die Spannungsverteilung.

1 Trägerquerschnitte. Von links nach rechts: vier Beispiele für massive Querschnitte, zwei für Hohlprofile und drei für warmgewalzte Formstahlprofile

2 I-Profil-Träger aus Stahl. Der Steg setzt der Durchbiegung, die Flansche Scherkräften und der Torsion Widerstand entgegen. Stahlträger werden nach Querschnittsform, Stahlart und Maßen spezifiziert. **In der Regel haben Walzprofile ein Verhältnis zwischen Spannweite und Trägerhöhe von ungefähr 20 zu 1.**

3 Der Parthenon in Athen. Die Spannweite zwischen den Säulen beträgt nur 2,30 m. Dennoch sind in diesem Steinbalken Risse aufgetreten. Er musste mit Metallstiften verstärkt werden, um die Zugkräfte im unteren Teil des Balkens aufnehmen zu können. Ein Balken oder Träger, der eine Öffnung in einer Wand überspannt, wird als Sturz bezeichnet.

4 Dachträger (»Sparren«) aus Holz. Sie sind ungefähr 50 mm breit und 200 mm hoch. Der Achsabstand beträgt ungefähr 450 mm, und sie überspannen 4,50 m. **Bei einem durchschnittlichen Wohngebäude kann die Höhe eines 50 mm breiten Trägers mit einem Achsabstand von etwa 450 mm wie folgt berechnet werden: (Spannweite [mm] + 25 mm) zu 25.**

5, 6 Leimholzträger. Mehrere Holzschichten werden zusammengeleimt, um tragfähige, vielseitige, form- und biegbare Träger (»Binder«) herzustellen. **In der Regel haben solche Träger ein Verhältnis zwischen Spannweite und Gesamthöhe von ungefähr 18 zu 1.**

7 I-förmige Träger aus Holz. Der Flansch wird normalerweise aus massivem Holz, der Steg aus einer Grobspanplatte (OSB-Platte) gefertigt.

8 Diese Träger aus Bauglas setzen sich aus drei miteinander verklebten, 12 mm starken gehärteten Glasscheiben zusammen.

9 T-förmiger Träger aus Beton, zusammen mit kleineren Betonfertigteilen verwendet. **In der Regel haben Stahlbetonträger ein Verhältnis zwischen Spannweite und Gesamthöhe von ungefähr 23 zu 1.**

10 Aus vorgefertigten Profilen zusammengesetzter Kastenträger aus Beton als Konstruktion einer Brücke. Der obere »Flansch« dient als Deck.

11 Zu einem Baldachin zusammengenähte, pneumatisch aufgeblasene Luftkissen

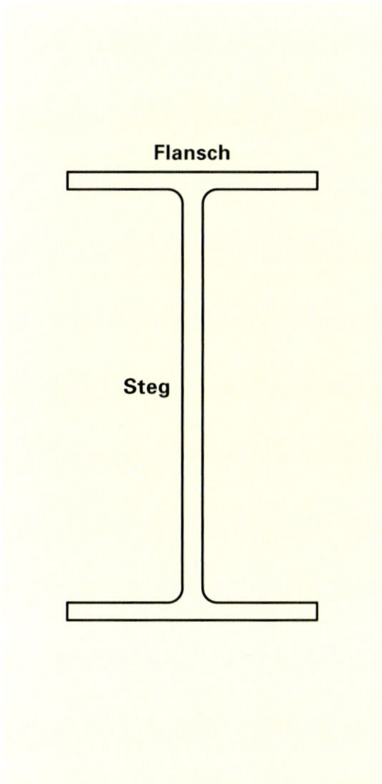

2

3

4

5

6

7

8

9

10

11

Einachsig spannende Elemente / Träger: Lineare Profile

1

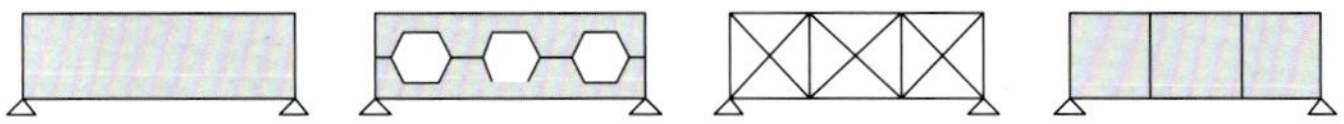

2

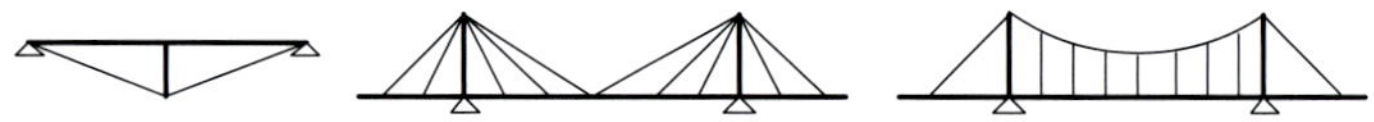

Lineare Profile

Während ein einfacher Träger über seine ganze Länge denselben Querschnitt beibehält, ist es bei größeren Spannweiten erforderlich, für die Konstruktion überflüssiges Material – Material, das keine Lasten trägt – aus dem Träger zu entfernen, um sein Eigengewicht zu reduzieren. Die Ergebnisse sind für gewöhnlich höhere Träger, die jedoch, da sie relativ leichter sind, lange Spannweiten überbrücken können. Um einen solchen Träger herzustellen, kann entweder der Steg mit Löchern versehen (Lochträger oder Wabenträger), oder aber durch vertikale und diagonale Stäbe ersetzt werden (zum Beispiel als Fachwerkträger, wie er für gewöhnlich für Spannweiten von über 15 m eingesetzt wird).

Zugelemente

Während in Konstruktionen, die Druckkräften standhalten müssen, für gewöhnlich Elemente eingesetzt werden, die sowohl Zug- als auch Druckkräfte standhalten können (siehe Kräfte: Spannung, Verformung, Seite 16), gibt es auch zugbelastete Konstruktionen, die aus Elementen bestehen, die ausschließlich Zugkräfte aufnehmen. Bei großen Spannweiten werden normalerweise in großem Umfang solche Zugelemente eingesetzt, um die Eigenlasten auf ein Minimum zu reduzieren. An beiden Enden der Konstruktion werden diese Elemente verankert.

1 Lineare Profile. Hauptsächlich druckbeansprucht: Balken, Wabenträger, Fachwerkträger und Vollwandträger

2 Lineare Profile. Hauptsächlich zugfest: Unterspannter Träger, Schrägseilbrücke, Hängebrücke

3 Herstellung von Wabenträgern. Überflüssiges Material wird aus dem Steg entfernt, und dabei die Höhe des Trägers vergrößert. Diese Träger können bis zu 20 m überspannen.

4 Fachwerkträger (oder »Fachwerkbinder«) haben diagonale Querverstrebungen zur Aussteifung. Bei Loch- und Wabenträgern übernimmt der Steg die Aussteifung.

5 Gelochte I-Träger aus Stahl

6 Aus Holz und Stahlelementen zusammengesetzter Fachwerkträger

7 Aus kaltgewalztem Stahl gefertigte Fachwerkträger

8 Ein Fachwerkbinder, der ein Satteldach trägt

9 Vollwandträger aus Stahl. Ein sehr großer I-Profilträger mit einem aus einzelnen Stahlplatten zusammengesetzten kompakten Steg und vertikalen, zusammengeschweißten, -geschraubten oder -genieteten Profilen als Flansch

10 Vierendeel-Träger: ein Träger der nicht durch diagonale Glieder, sondern mit Hilfe dreieckiger Verbindungen zwischen den vertikalen Pfosten und den oberen und unteren Horizontalen ausgesteift wird

11 Schrägseilbrücke mit Betonpylonen. Die Plattform ist an Seilen aufgehängt, die sich von beiden Seiten der Pylone aus strahlenförmig ausbreiten. Die Belastung wird somit durch den doppelten Ausleger ausgeglichen.

12 Clifton-Hängebrücke in Bristol, Großbritannien. Mit zwischen hohen Stützen hängenden Seilen können Hängebrücken lange Distanzen überspannen. Die Fahrbahn hängt an in regelmäßigen Abständen angeordneten vertikalen Seilen.

3
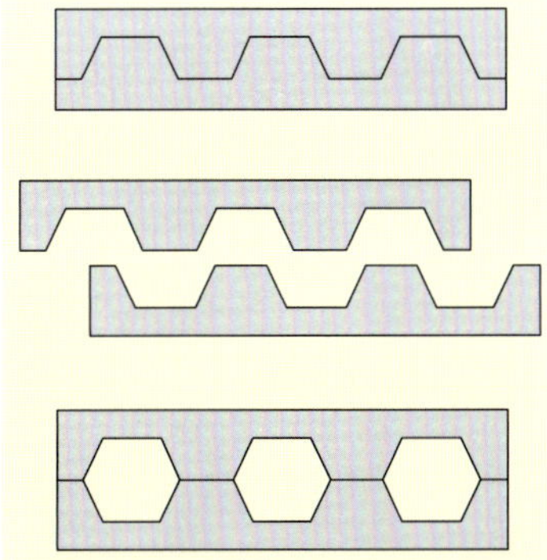

4
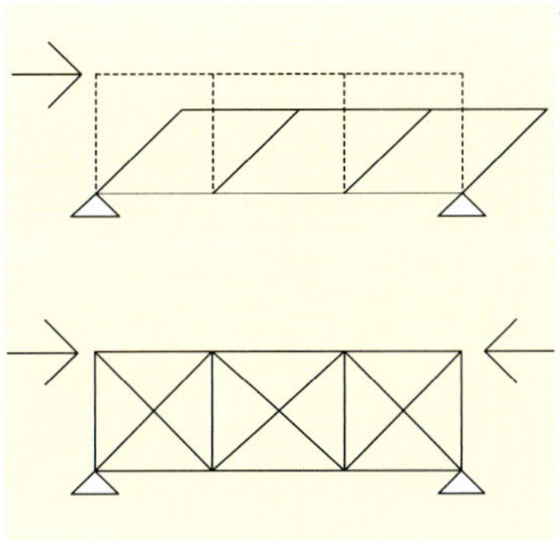

5

6

7

8

9

10

11

12

Einachsig spannende Elemente / Profilierte Platten: Rippendecke, Trapezblech, Verbunddecke, Sandwichplatte

1

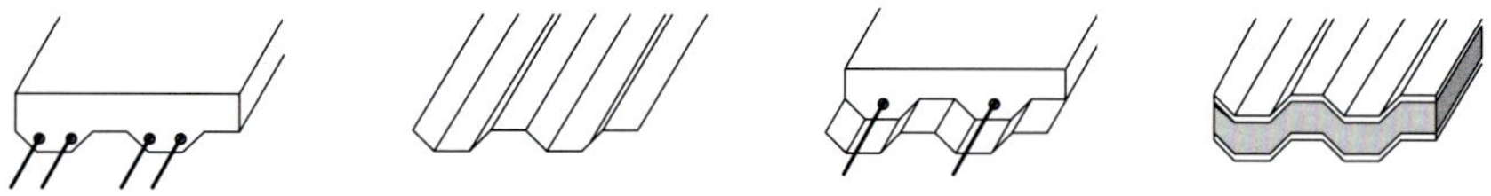

Moderne Materialien und Konstruktionsmethoden ermöglichen es, Decken als einzelne Elemente in Form einzelner, monolithischer Platten herzustellen.
Solche Platten können den Raum entweder in einer oder in mehreren Richtungen überspannen. Es gibt zwei Hauptmethoden, eine einachsig gespannte Platte zu versteifen: Unterzüge oder ein gewelltes oder gefaltetes Profil.
Eine profilierte Platte ist – wie ein Träger – ein lineares Konstruktionselement, das seinen Querschnitt über die ganze Länge beibehält. Anders als ein Träger bildet es jedoch eine durchgängige Oberfläche. Normalerweise werden profilierte Platten aus Materialien wie Beton oder Kunststoff hergestellt, sie können jedoch auch aus gefalztem Walzblech gefertigt werden – oder indem Profilblech um einen Kern geklebt wird.

Verhältnis von Spannweite zu Höhe
In der Regel beträgt das Verhältnis zwischen Spannweite und Gesamthöhe bei einer durchgängigen Stahlbetonplatte ungefähr 32 zu 1.

1 Profilierte Platten. Von links nach rechts: Rippendecke aus Stahlbeton, Trapezblech, Verbunddecke, Sandwichplatte

2 Profilstahlbleche werden hier als dauerhafte Schalung eingesetzt und fungieren zum Teil auch als Bewehrung des Ortbetons.

3 Trapezblech aus verzinktem Stahl als Profil-Deckenplatte

4 Das sonst bei Profilblechen angewandte Prinzip wird hier in größerem Maßstab auf eine durchgängige Betonplatte übertragen, wobei durch die Faltung höhere Spannweiten erreicht werden.

5 Für Überdachungen mit geringer Spannweite werden häufig Well- oder Profilbleche verwendet.

6 Betonplatte mit eingebetteten Unterzügen. Diese Unterzüge enthalten Bewehrungsstäbe, damit die Platte Zugkräften standhalten kann.

2

3

4

5

6

Zweiachsig spannende Elemente: Stahlbetonplatte, Kassettendecke, Raumfachwerk, Sandwichkonstruktion

1

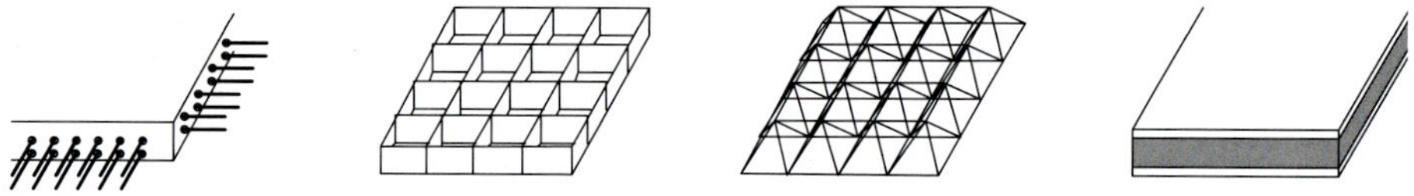

Eine zweiachsig gespannte Platte ist ein Element, das auf drei oder vier Seiten aufliegt und an vielen verschiedenen Punkten gestützt werden kann. Solche Elemente können aus Beton bestehen, zum Beispiel als massive oder kassettierte Decke. Außerdem gibt es Sandwichkonstruktionen, bei denen zwei Blechschichten um einen Kern geklebt werden, und Platten, die als sogenanntes Raumfachwerk (auch Raumgitter) aus Einheiten kleinerer Elemente zusammengesetzt werden.

Raumfachwerk

Wie ein einfaches Fachwerk als eine Folge linear miteinander verbundener Dreiecke betrachtet werden kann, so kann ein Raumfachwerk als ein Gitter miteinander verbundener Pyramiden oder Tetraeder gesehen werden. Aufgrund ihrer relativen Leichtigkeit kann diese Konstruktionsform größere Spannweiten erreichen als andere zweiachsig gespannte Elemente.

Verhältnis von Spannweite zu Höhe

In der Regel beträgt das Verhältnis zwischen Spannweite und Gesamthöhe für eine Stahlbetondecke 32 zu 1, für eine Kassettendecke ungefähr 26 zu 1. Ein Stahlraumfachwerk hat ein Verhältnis zwischen Spannweite und Höhe von ungefähr 15 zu 1.

1 Zweiachsig spannende Elemente. Von links nach rechts: Stahlbetonplatte, Kassettendecke, Raumfachwerk, Sandwichkonstruktion

2 Stahlbetonplatte. Der Beton ist mit einer inneren Stahlbewehrung versehen, um Zugkräften standhalten zu können.

3 Diese Betonbewehrung setzt sich aus lose zusammengefügten Stahlstäben zusammen, die eine Art Korb bilden.

4 Auf dieser Deckenplatte aus Ortbeton ist der Oberflächenabdruck der Holzschalung zu sehen.

5 Raumfachwerk: ein leichtes, dreidimensionales Gitter, das sich aus einer Reihe miteinander verbundener pyramidaler Formen zusammensetzt

6 Kassettierte Deckenplatte

7 Hohlkörperdecke. Durch das Einfügen hohler Kunststoffkugeln und -ellipsoidformen in die Stahlbewehrung wird das Gesamteigengewicht reduziert, um größere, effizientere Spannweiten zu erreichen.

8 Detail der Kunststoffkugeln in den Bewehrungskörben. Bei diesen Platten handelt es sich um eine Art dreidimensionale Version eines Wabenträgers. Dort, wo der Beton keine Lasten trägt, wird er durch Luft ersetzt.

9 Sandwichkonstruktion. Eine Platte kann aus miteinander verbundene Schichten bestehen. Dieses Beispiel zeigt Aluminiumplatten, die mit einer Wabenstruktur gefüllt sind. Auch aus glasfaserverstärktem Kunststoff (GFK) können Bauteile geformt werden. Dazu werden Schaumkerne mit glasfaserverstärktem Harz laminiert (Schiffskörper werden häufig auf diese Weise gefertigt).

10 Kassettiertes Dach. Ein 1,80 m hoher Rost aus geschweißten Stahlträgern bildet das Dach der Neuen Nationalgalerie in Berlin von Mies van der Rohe. Das 64,80 x 64,80 m große Dach wird von acht Säulen gestützt.

2

3

4

5

6

7

8

9

10

Anschlüsse und Verbindungen: »Trockene« Verbindung, Stein, Nagel, Schraube, Bolzen

Um zu verstehen, wie Bauteile zusammengesetzt werden können, ist es notwendig, auf die verschiedenen Methoden zur Befestigung und Fügung unterschiedlicher Materialien einzugehen.

»Trockene« Verbindung von Holz: eine Druckverbindung
Tischler und Schreiner beschäftigen sich traditionell damit, Holzstücke zu einem Ganzen zusammenzufügen. Bei Holzverbindungen kommt es einzig und allein auf die präzise Geometrie der im Holz vorgenommenen Schnitte und die Plastizität des Holzes an, um eine große Passgenauigkeit zu erreichen. Viele Verbindungsarten sind möglich. Beim sogenannten Hakenblatt ist die Verbindung zum Beispiel so gestaltet, dass zwei Holzstücke der Länge nach aneinandergefügt werden können, sodass das sich daraus ergebende Element Zugkräfte, Druckkräfte und Torsion aufnehmen kann. Um die Verbindung zu fixieren, werden Holzdübel (Stäbe mit kreisförmigem Querschnitt) in vorgebohrte Löcher eingefügt; um diese Dübel in der Position zu halten, wird ein Hartholzkeil von der Breite des Dübels zurechtgeschnitten und dann in einen Sägeschnitt auf der Dübeloberseite hineingehämmert.

Stein
Von Trockensteinmauern war in diesem Buch bereits die Rede. Steine werden so zurechtgehauen und zusammengefügt, dass die Stabilität der Konstruktion einzig auf der Schwerkraft der Steine beruht.

Nagel: eine Reibungsverbindung
Schon die alten Römer haben Nägel benutzt, um Holzteile miteinander zu verbinden. Ein Nagel besteht aus einem normalerweise aus Stahl gefertigter glattem Schaft, der an einem Ende mit einer scharfen Spitze versehen ist. Nägel werden mit Hilfe eines Hammers oder einer Druckluftnagelpistole in das Holz getrieben. Sie halten Materialien, meist Holz, in vertikaler Richtung durch Reibung und in seitlichen Richtungen durch Scherfestigkeit zusammen. Je nach ihrem Verwendungszweck sind Nägel in einer Vielfalt an Formen erhältlich. Sie können mit einem flachen Kopf versehen werden, damit sie nicht in die Holzoberfläche eindringen, oder mit einem kleinen, im Querschnitt ovalen Kopf, der in das Holz einsinkt. Normalerweise haben Nägel eine zylindrische Form; maschinell aus flachen Stahlblechen »geschnittene« Nägel haben jedoch einen rechteckigen Querschnitt. Normale Nägel sind als »Drahtnägel« bekannt.

Schraube: eine lösbare Reibungsverbindung
Eine Schraube besteht aus einem Metallstab mit einem Kopf an einem und einem durchlaufenden, spitz zulaufenden spiralförmigen Gewinde am anderen Ende. Je nach Funktion kann der Kopf verschiedene Formen haben. Alle Schrauben sind jedoch mit einem vertieften Einschnitt oder Kreuz versehen, sodass sie mit Hilfe eines Schraubenziehers gedreht werden können. Eine Schraubverbindung beruht auf der Reibung zwischen Schraube und Material, meist handelt es sich dabei um Holz.

Bolzen: eine lösbare Verbindung
Ein Bolzen (oder Schraubbolzen) besteht aus einem Metallstab mit einem Kopf an einem und einem durchlaufenden spiralförmigen Gewinde am anderen Ende. Er wird in Verbindung mit einer Mutter verwendet, die den negativen Abdruck des Gewindes enthält. Der Bolzen wird durch ein vorgebohrtes Loch in zwei oder mehr Objekten hindurchgeführt, und die Mutter wird auf dem vorstehenden Ende befestigt. Bolzenkopf und Mutter haben meist eine sechseckige Form und können mit Hilfe eines Schrauben- oder Steckschlüssels gedreht werden. Bolzen werden bei höheren Lasten beispielsweise zur Verbindung von Stahl und Holz oder mehreren Holzelementen verwendet.

1 Hakenblatt-Verbindung
2 Gewöhnlicher Drahtnagel
3 Holzschraube
4 Einfacher Bolzen mit sechseckigem Kopf
5 Schwalbenschwanzverbindung

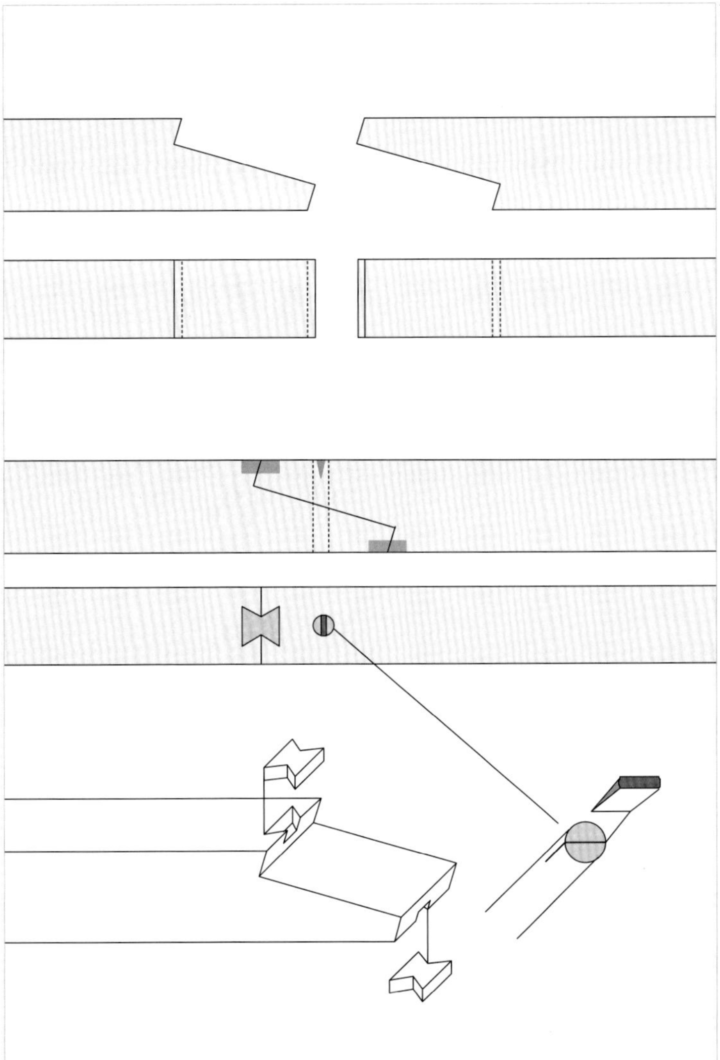
1

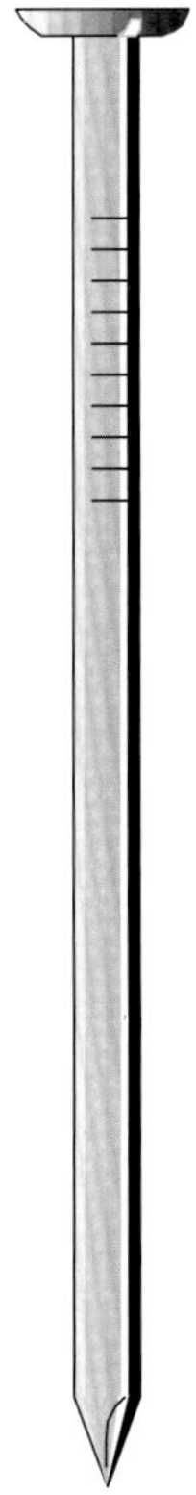
2

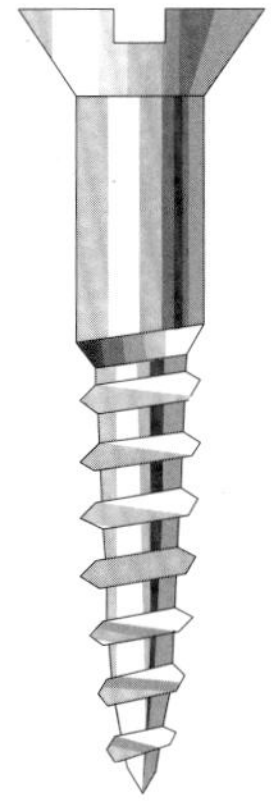
3

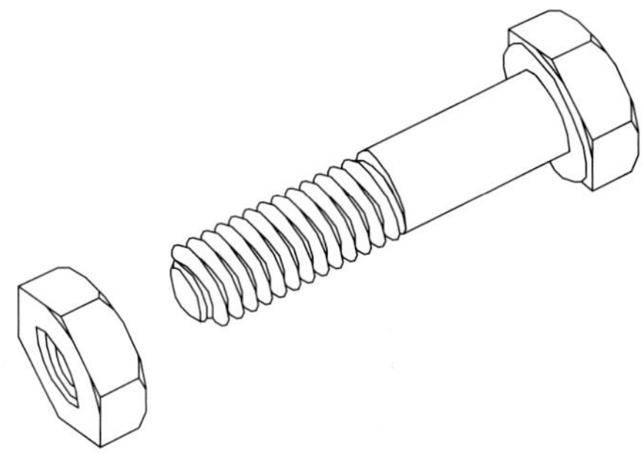
4

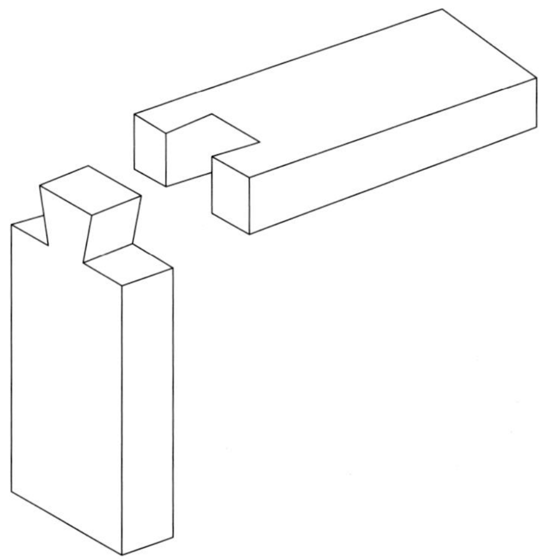
5

Anschlüsse und Verbindungen: Niet, Spannschloss, Klebstoffe, Schweißen, Hartlöten

Niet: eine nicht lösbare Verbindung

Ein Niet ist ein mechanisches Befestigungselement – ein zunächst glatter zylindrischer Schaft, der an einem Ende mit einem Kopf versehen ist. Wird der Niet in ein vorgebohrtes Loch getrieben, deformiert sich der Schaft und dehnt sich auf etwa das Eineinhalbfache seines ursprünglichen Durchmessers aus. Für die ursprünglichen »Vollniete« wurden zwei Monteure benötigt: einer mit einem Hammer auf der einen, und ein zweiter mit einem Stab auf der anderen Seite. Anders als Vollniete können moderne »Blindniete« von nur einer Seite aus in die gewünschte Position eingefügt und befestigt werden. Sie haben die Form eines Rohrs, durch dessen Mitte ein Dorn verläuft. Mit Hilfe eines Spezialwerkzeugs, einer Blindnietzange, wird der Dorn in den Niet hineingezogen. Dabei dehnt sich der Niet aus und reißt den Dorn ab.

Spannschloss

Mit Hilfe eines Spannschlosses kann die Zugspannung von Seilen, Kabeln und Zugstangen eingestellt werden. Normalerweise besteht ein Spannschloss aus zwei Gewindeösen mit einem Rechts- beziehungsweise einem Linksgewinde, die beide in die Enden einer Mutter geschraubt sind. Die Zugspannung lässt sich einstellen, indem die Mutter gedreht wird, sodass die beiden Gewindeösen hinein (oder heraus) geschraubt werden.

Klebstoffe

Ein Klebstoff ist eine aus verschiedenen natürlichen oder synthetischen Stoffen zusammengesetzte Flüssigkeit, die zwei Gegenstände miteinander verbindet. Es gibt Klebstoffe, die für fast alle Materialien oder Materialkombinationen verwendet werden können. Die Adhäsion kann entweder aufgrund mechanischer Kräfte erfolgen – der flüssige Klebstoff dringt in das Material ein und verhärtet sich dann –, oder aufgrund unterschiedlicher chemischer Mechanismen. Die ersten Klebstoffe waren pflanzlichen Ursprungs (Harze) oder tierischer Herkunft (Fett).

Schweißen

Das Schweißen bietet die einzige Möglichkeit, zwei oder mehr Metallteile zu einer Einheit zusammenzufügen, die sich wie ein einzelnes Element verhält. Beim Schweißen werden Metalle durch Hitzeeinwirkung miteinander verbunden, manchmal unter Anwendung von Druck, manchmal mit Hilfe eines geschmolzenen Zusatzmaterials. Durch die Einwirkung starker Hitze wird das Metall an der Nahtstelle zwischen den beiden Teilen geschmolzen, sodass es zu einer Vermischung kommt. Sobald die Schweißnähte abgekühlt sind, können sie glattgeschliffen werden. Die üblichsten Metallschweißmethoden sind das Lichtbogenschweißen und das Metallinertgasschweißen (MIG-Schweißen). Beim Lichtbogenschweißen wird die intensive Hitze durch einen elektronischen Lichtbogen erzeugt. Der Lichtbogen bildet sich zwischen dem Metall und einer Elektrode (Stab oder Draht), die manuell oder mechanisch die Naht entlang geführt wird. Oft leitet der Stab oder Draht nicht nur den Strom, sondern schmilzt auch das Zusatzmaterial und führt es den Nahtstellen zu. Beim MIG-Schweißen dient ein Draht aus einer Aluminiumlegierung sowohl als Elektrode wie auch als Zusatzmaterial. Dieser halbautomatische Prozess führt eine durchlaufende Zusatzmaterialdrahtspule durch magnetische Kraft zur Schweißnaht – ein als Sprühlichtbogen bekannter Prozess, der das Schweißen von jeder Position aus ermöglicht.

Hartlöten

Noch höhere Temperaturen als für das Schweißen sind für das Hartlöten erforderlich. Die Oberfläche des Grundmaterials schmilzt und geht eine Verbindung mit dem Lot ein. Manchmal wird ein Zusatzmaterial zur Steigerung der Verbindungsfähigkeit eingesetzt: Ein nicht eisenhaltiger Stoff (ein Metall oder eine Legierung) wird auf seinen Schmelzpunkt erhitzt, sodass er als Flussmittel fungiert und die Interaktion der Grundmetalle steigert. Beim Hartlöten ist eine größere Genauigkeit erforderlich als bei geschweißten Verbindungen. Wenn die Geometrie der aufeinander abzustimmenden Flächen jedoch exakt gearbeitet ist, ist eine hartgelötete Verbindung stabiler als das Grundmetall. Um Zugkräfte aufzunehmen, wird entweder ein Reibungsanker (einem Hering vergleichbar) oder Masse eingesetzt.

1

2

3
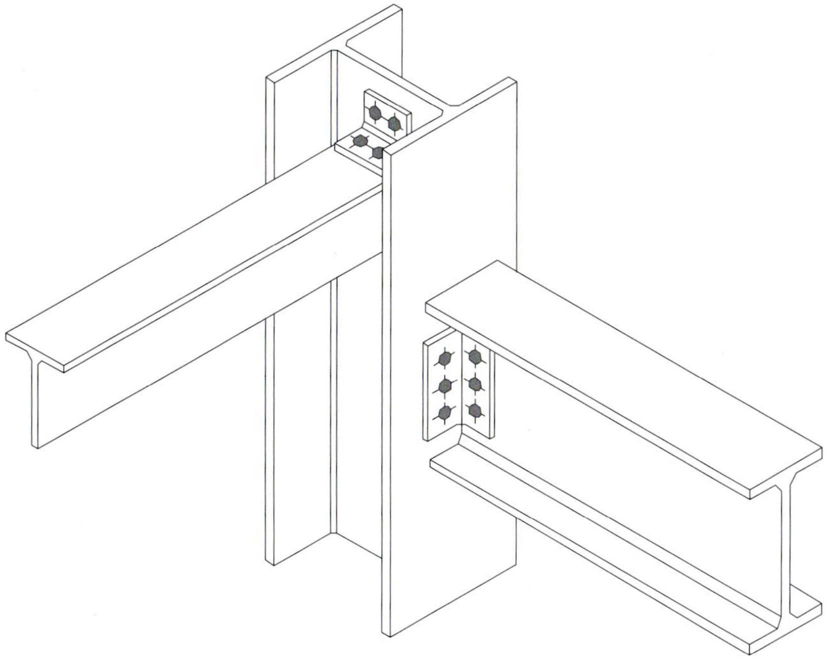

4

5
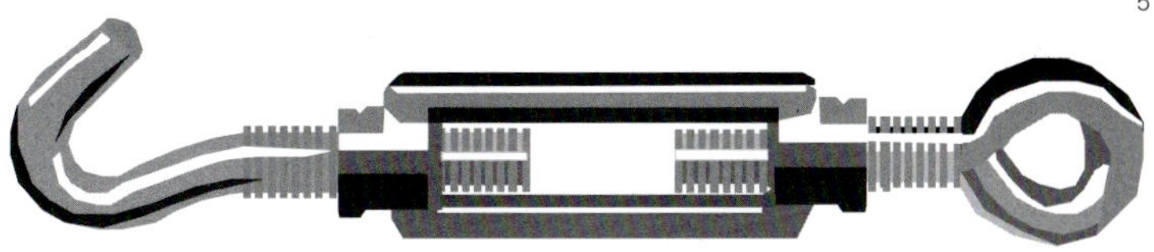

1 Ein Aluminiumblech wird MIG-geschweißt.
2 Ein Stahlträger wird lichtbogengeschweißt.
3 Mit Nieten verbundene Stahlelemente
4 Blindniet
5 Spannschloss mit gegenläufigen Gewinden

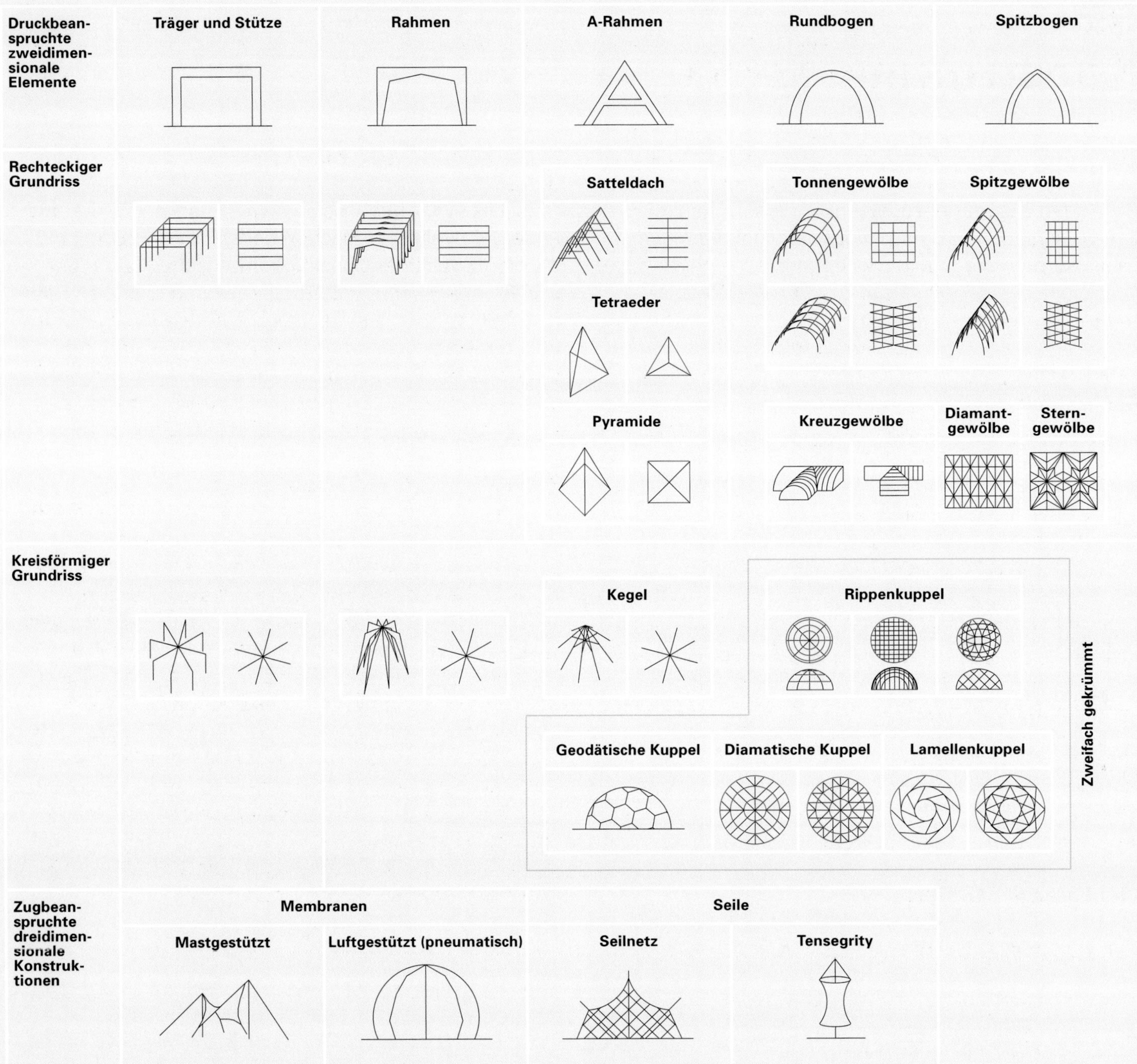

Druckbeanspruchte zweidimensionale Elemente
Träger und Stütze
Rahmen
A-Rahmen
Rundbogen
Spitzbogen
Rechteckiger Grundriss
Satteldach
Tonnengewölbe
Spitzgewölbe
Tetraeder
Pyramide
Kreuzgewölbe
Diamantgewölbe
Sterngewölbe
Kreisförmiger Grundriss
Kegel
Rippenkuppel
Geodätische Kuppel
Diamatische Kuppel
Lamellenkuppel
Zweifach gekrümmt
Zugbeanspruchte dreidimensionale Konstruktionen
Membranen
Seile
Mastgestützt
Luftgestützt (pneumatisch)
Seilnetz
Tensegrity

Konstruktive Logik

Der Begriff »Konstruktive Logik« steht hier für die Möglichkeiten, konstruktive Elemente sinnvoll zu Gebäuden zusammenzusetzen. In diesem Kapitel werden verschiedene Konstruktionsmöglichkeiten und Tragsysteme vorgestellt. Die Tragsysteme werden hier hauptsächlich danach klassifiziert, ob sie druck- oder zugbeansprucht sind. In geometrischer Hinsicht werden sie entweder anhand ihrer zweidimensionalen Form oder ihrer dreidimensionalen, doppelt gekrümmten Oberfläche beschrieben.
Die im vorigen Kapitel beschriebenen Elemente können nahezu auf jedes Tragsystem angewandt werden. Deswegen sollen die Abbildungen in diesem Kapitel nicht nur verschiedene Prinzipien konstruktiver Logik aufzeigen, sondern auch unterschiedliche Lösungen mit den jeweils benutzten Konstruktionselementen vorstellen.

Zweidimensionale Elemente

In zwei Dimensionen können druckbeanspruchte Konstruktionen einen Raum grundsätzlich auf vier Arten überspannen: als Träger und Stütze, A-Rahmen, Bogen oder Rahmen. Diese zweidimensionalen Elemente können hintereinander addiert werden und auf diese Weise Volumen bilden. Ein Schwerpunkt liegt auf Varianten des Bogens, der viele Möglichkeiten für kreative Lösungen bietet. Sie werden separat behandelt.

Dreidimensionale Formen

Bestimmte Tragsysteme können nicht durch die einfache Geometrie einer Kurve oder eines Bogens beschrieben werden. Kugeln, Zylinder und Kegel können als Flächen bezeichnet werden, die einen Raum umschließen. Auf ähnliche Weise können Quader und andere Polyeder als Flächen gelten. Eine Fläche kann als eine zweidimensionale geometrische Figur (oder Ansammlung von Punkten) im dreidimensionalen Raum beschrieben werden. Mathematisch werden Flächen üblicherweise durch eine oder mehrere Gleichungen definiert, von denen jede Aussagen zu den Beziehungen zwischen den Koordinatenpunkten macht; dazu wird ein geeignetes Koordinatensystem benutzt.

Zugbeanspruchte Konstruktionen

Eine zugbeanspruchte Konstruktion wird geometrisch normalerweise als Fläche beschrieben. Solche Konstruktionen werden mit dehnbaren Materialien (Membranen) oder Seilnetzen konstruiert; dabei tragen Masten oder andere Bauteile die Druckbelastungen ab, Bodenanker nehmen dem Windsog auf. Für solche Flächen – überall unter gleicher Spannung stehend, und ohne überflüssiges Material – sind bestimmte geometrische Formen besonders effizient. Mastgestützte Membranen und Seilnetze bilden Sattel- oder antiklastische Formen – sie bestehen aus zwei entgegengesetzten Krümmungen (hyperbolische Paraboloide). Luftunterstütze Membrankonstruktionen haben meist synklastische Formen – sie krümmen sich gleichartig in alle Richtungen, wie eine Kugel.

Links
Übersicht verschiedener Tragsysteme.
Die roten Linien bezeichnen Zugelemente.

Druckbeanspruchte Systeme / Zweidimensionale Elemente: Träger und Stütze, A-Rahmen, Rahmen, Bogen

1

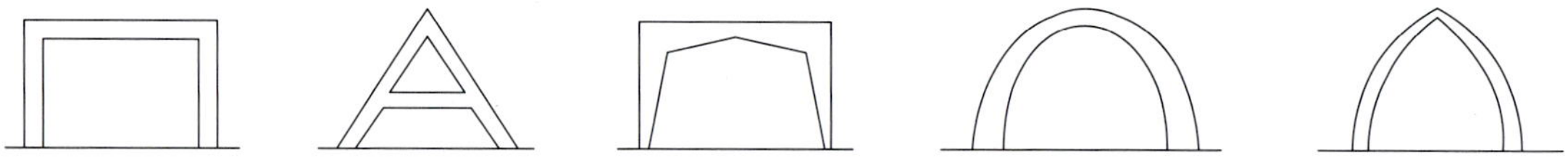

Träger und Stütze

Das einfachste Tragsystem ist der Träger, der auf zwei Stützen liegt und den Abstand zwischen diesen überspannt.

A-Rahmen

Diese Konstruktion wird stabil durch eine dreieckige Aussteifung, wobei beide Seiten sich gegeneinander lehnen. Wenn die Fußpunkte nicht eingespannt (fixiert) sind, benötigt der A-Rahmen eine waagerechte Verstrebung, die hauptsächlich auf Spannung beansprucht wird und die Fußpunkte am Ausbrechen hindert.

Rahmen

Ein Rahmen besteht aus Trägern und Stützen (Riegel und Stiele), die biegesteif, also unbeweglich, miteinander verbunden sind – gewissermaßen eine Mischform zwischen dem Träger/Stützen-System und dem A-Rahmen.

Bogen

Ein Bogen kann gekrümmt oder spitz sein. Der gekrümmte Bogen ist ein durchgängig druckbeanspruchtes Element, das die Lasten über die Form abträgt. Die Lasten im Bogen steigen in Richtung Basis, weswegen diese beiden Punkte fest verankert oder miteinander durch ein Zugband verbunden werden müssen, um nicht auszubrechen.

Kettenlinie

Eine Kettenlinie erhält man, indem eine Kette oder ein Seil – an beiden Enden aufgehängt – sich entsprechend dem eigenen Gewicht formt. So bilden in einer Hängebrücke die Seile zwischen den Masten eine Kettenlinie. Wenn die Seile dann belastet werden (also z.B. eine Plattform oder Straße an senkrechten Seilen daran gehängt wird), wird die Kurve parabolisch. Wird eine Kettenlinie umgedreht und so fixiert, formt sie einen natürlich stabilen Bogen. Solche Bögen sind konstruktiv sinnvoll, denn der Druck in den Baugrund folgt der Bogenlinie.

Gelenkbögen

Der Gelenkbogen ist eine statische Verbindung, die Anpassungen zulässt, da das Gelenk beweglich ist, ähnlich einem Scharnier. Bei Bögen können solche Gelenke an der Basis und/oder am Scheitel liegen, einerseits um die Konstruktion zu vereinfachen, andererseits um bestimmte Bewegungen aufnehmen zu können. Wäre der Bogen zu starr eingespannt, könnten außergewöhnliche Belastungen (wie Bodenbewegungen) zum Aufbau von Spannungen führen.

1 Zweidimensionale, hauptsächlich druckbeanspruchte Tragsysteme. Von links nach rechts: Träger und Stütze, A-Rahmen, Rahmen, Rundbogen, Spitzbogen

2 Kettenlinien

3 Der Bogen mit einem Gelenk erlaubt nur geringe Bewegungen am Boden. Beim Zweigelenkbogen kann die eine oder andere Seite als Drehpunkt wirken. Bei drei Gelenken können sich zwei Hälften gegeneinander abstützen und so vielseitige Bewegungsfreiheit ermöglichen.

4, 5, 6 Träger und Stütze

7 Rahmensystem aus Holz von Lamisell Ltd., UK

8 A-Rahmen

9, 10 Obwohl diese von Nox Architecture entworfene Konstruktion gebogen ist, so ist das Tragsystem doch das eines Rahmens.

2
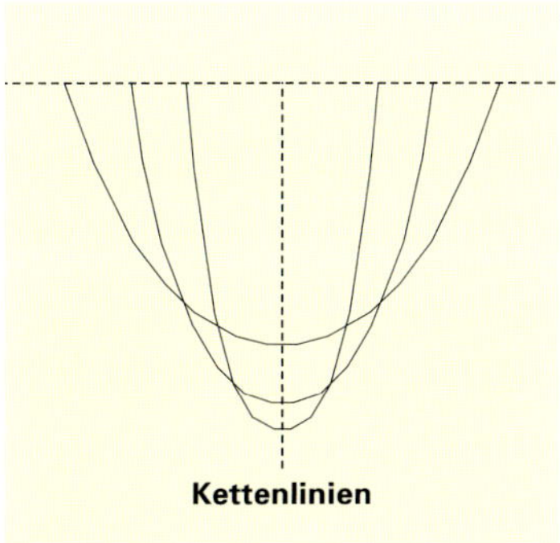
Kettenlinien

3
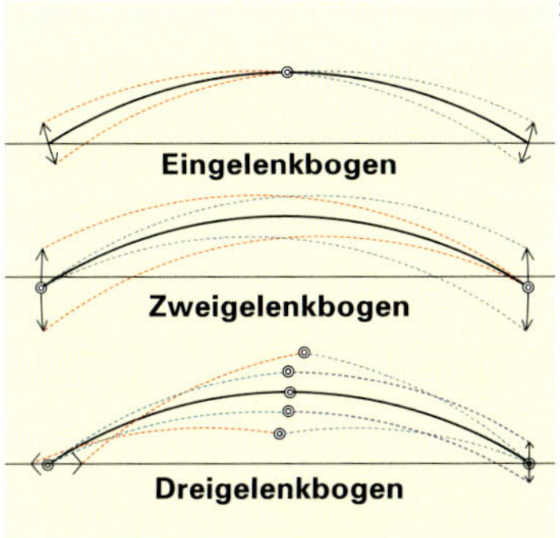
Eingelenkbogen
Zweigelenkbogen
Dreigelenkbogen

4

5

6

7

8

9

10

Druckbeanspruchte Systeme / Zweidimensionale Elemente: Gewölbe, Kuppel

1

Tonnengewölbe
Das Tonnengewölbe kann man als eine »Strangpressung« (Extrusion) der Bogenform bezeichnen. Es hat über die ganze Länge denselben Querschnitt.

Kreuzgratgewölbe
Ein Kreuzgratgewölbe entsteht, wenn sich zwei Tonnengewölbe rechtwinklig durchdringen. Die Schnittlinie der Durchdringung gewölbter Flächen bildet eine gebogene Diagonale, die als Kreuzgrat bezeichnet wird.

Gotisches Gewölbe
Gegenüber dem traditionellen romanischen Bogen, der eine reine Kurve als zweidimensionale Grundform hat, orientiert sich der gotische Bogen an arabischen Vorbildern und ist gespitzt. Auch haben gotische Dächer Diagonalrippen mit Kreuzgewölben kombiniert, wobei bis heute unklar ist, ob diese tatsächlich das Gewölbe unterstützt haben. Varianten sind das Rautengewölbe, das Sterngewölbe und das Fächergewölbe.

Rippenkuppel
Eine Rippenkuppel wird durch die Rotation identischer Bögen um eine Zentralachse geformt.

1 Von links nach rechts: zwei Beispiele für Tonnengewölbe, zwei für Spitzgewölbe, drei für Rippenkuppeln

2 Aus gebogenen Stahlträgern geformte Tonnengewölbe im Londoner Natural History Museum, entworfen von Alfred Waterhouse, fertiggestellt am Ende des 19. Jahrhunderts

3 Ziegel-Kreuzgewölbe im Natural History Museum

4 Rippenkuppel. Die horizontalen Teile wirken als durchgehender Ring, der die Rippen unter Spannung hält und am Ausbrechen hindert. Die Kuppel ist aus gekrümmten Leimholzbindern gebaut, die durch das Verleimen gebogener Holzstreifen hergestellt werden; jede Schicht behält die Bogenform der darunterliegenden.

5 Knotenpunkt einer Gitterschalenkonstruktion: patentierte Verbindung im Weald and Downland Museum, Sussex, Großbritannien von Edward Cullinan & Partners mit dem Büro Happold und der Green Oak Carpentry Company (siehe auch Abbildung 6)

6 Gitterschalenkonstruktion des Weald and Downland Museum. Das leichte Holzgitter ist an seinem unteren Rand mit einem durchlautenden Ringbalken verspannt.

7 Fächergewölbe in der Wells Kathedrale, Somerset, Großbritannien, gebaut zum großen Teil Ende des 12. und Anfang des 13. Jahrhunderts

8 Le Galerie des Machines, für die Weltausstellung 1889 in Paris gebaut; entworfen und konstruiert von Duter, Contamin, Pierron und Charlton. Die Halle wird durch eine Reihe von Dreigelenkträgern aus Stahl überspannt.

9 Berlin Hauptbahnhof, Entwurf von Gerkan, Marg und Partner

10 Orangerie in Prag, entworfen von Eva Jiricna und konstruiert von Matthew Wells vom Büro Techniker

2

3

4

6

7

5

8

9

10

62 Druckbeanspruchte Systeme / Dreidimensionale Formen: Diamatische Kuppel, Lamellenkuppel, Geodätische Kuppel

1

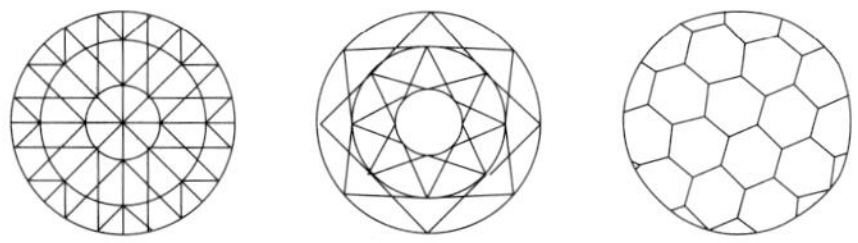

Diamatische Kuppel
Dieses Tragsystem kombiniert gewissermaßen den Bogen mit dem A-Rahmen und ermöglicht so größere Spannweiten.

Lamellenkuppel
Lamellenkuppeln bestehen aus doppelt gebogenen (sprialförmigen schrägen) Rippen, wobei diese – in gegenläufigen Richtungen eingesetzt – die Konstruktion sowohl aussteifen als auch tragen.

Geodätische Kuppel
Die geodätische Kuppel ist als die effizienteste Kuppelform bekannt. Ihr Name kommt von der Wissenschaft der Geodäsie, dem Vermessen der Größe und Form der Erde. Ihre Form ist aus dem Ikosaeder mit 20 gleichseitigen Dreiecken abgeleitet, einem der sogenannten platonischen oder regulären Körper. Richard Buckminster Fuller erfand die geodätische Kuppel, die die konstruktiven Vorteile der Kuppel – die den meisten Raum innerhalb der geringsten Hülle umschließt und am stärksten gegen Druckkräfte von innen ausgelegt ist – mit denen des Tetraeders, der den geringsten Raum innerhalb der größten Hülle umfasst, bei größter Steifheit gegen Außendruck. Eine geodätische Konstruktion verteilt die Lasten gleichmäßig über ihre Oberfläche und ist – wie ein räumliches Fachwerk – effizient zu errichten, da sie nur aus kleinen Elementen besteht.
Die geodätische Kuppel ist das Ergebnis einer Geometrie, die auf den kürzesten Verbindungslinien zweier Punkte auf einer mathematisch definierten Fläche basiert. Sie besteht aus einem Raster von Polygonen, die durch das Überschneiden der geodätischen Linien entstehen.

1 Von links nach rechts: Diamatische Kuppel, Lamellenkuppel, Geodätische Kuppel

2 Die platonischen Körper. Ein platonischer Körper ist ein konvexer, regelmäßiger Polyeder, von denen es nur fünf gibt. Die Körper sind dadurch einzigartig, dass die Seiten, Ecken und Winkel alle kongruent sind. Ihre Namen leiten sich von der Anzahl der Flächen ab:
A Tetraeder (vier Dreiecke)
B Kubus (sechs Quadrate)
C Oktaeder (acht Dreiecke)
D Dodekaeder (12 Fünfecke)
E Ikosaeder (20 Dreiecke)

3 Diamatische Kuppel. Der Houston Astrodome, Texas, USA (siehe Seite 148)

4 Lamellenkuppel. Palazzetto dello Sport, Rom, von Pier Luigi Nervi (siehe Seite 146)

5 30 St Mary Axe, London, von Foster & Partners (siehe Seite 166). Die Konstruktion des Gebäudes ist aus einem Raster von Doppelhelixen abgeleitet, ähnlich einer Lamellenkuppel, und wird auch als Exo-Skelett bezeichnet.

6 Das Dach des Great Court im British Museum, London, von Foster & Partners. Im Grundriss besteht das Dach aus strahlenförmigen Linien, die entweder senkrecht oder tangential von der Kuppel des Lesesaals in der Mitte ausgehen. Da die Kuppel nicht genau im Zentrum ist, musste ein eigenes Computerprogramm entwickelt werden, um die optimale Lage einer jeden Facette zu ermitteln: Es gibt mehr als 1826 unterschiedliche geschweißte Verbindungsknoten.

7 Geodätische Kuppel. Amerikanischer Pavillon auf der Expo 1967 in Montreal von Buckminster Fuller (siehe Seite 152)

8 Auf einem Ikosaeder basierende Schalenkuppel. Citizens State Bank, Oklahoma City, USA, von Buckminster Fuller mit Kaiser-Aluminium

9 Eine Reihe von miteinander verbundenen Kuppeln, die auf der Geometrie von Seifenblasen basieren, aus hexagonalen Einzelelementen: Eden Project, Cornwall, Großbritannien von Grimshaw & Partners

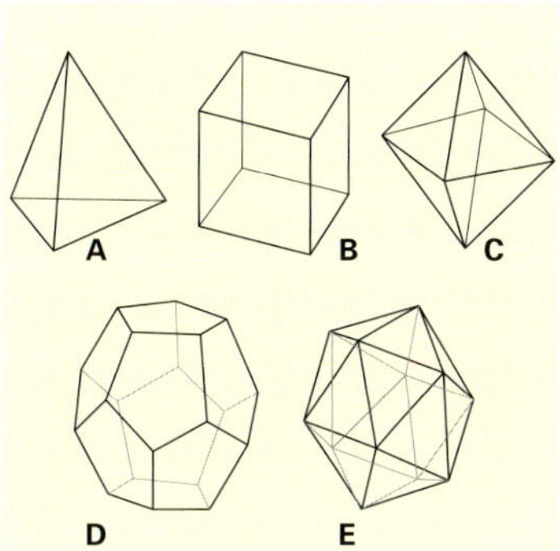

2

3

4

5

6

7

8

9

Druckbeanspruchte Systeme / Schale, Teilschale

Druckbeanspruchte Konstruktionen können auch entworfen werden, indem man bestimmte Materialeigenschaften gezielt nutzt. Die Schale und die Teilschale sind zwei Beispiele hierzu.

Schalen aus Stahlbeton

Traditionell werden diese hergestellt durch das Einbringen des flüssigen Betons in die Form, die schon die Bewehrungseisen enthält. Man kann sich eine Schalenstruktur als eine gewölbte und stahlbewehrte Betonplatte vorstellen. Normalerweise wird der Beton in eine Holzform eingebracht, die man Schalung nennt. Sogenannter Ferrozement erlaubt besonders dünne Materialstärken. Er kann auf Oberflächen aufgespritzt werden, wodurch der Einsatz aufblasbarer Schalungssysteme möglich ist.

Teilschale (Monocoque)

Diese Konstruktionen erlangen ihre Festigkeit, indem ein Rahmenwerk als Sandwich zwischen dünnen Paneelen eingebaut wird. Sie sind auch als »stressed skin-Konstruktionen« bekannt, die häufig im Flugzeug-, Automobil- und Schiffsbau benutzt werden. Die äußeren Paneele dienen zur Aussteifung und tragen die gesamten Torsions- und Biegekräfte ab.

Formgebung

Im Laufe des letzten Jahrhunderts haben Architekten und Ingenieure Methoden entwickelt, um komplexe, doppelt gekrümmte, druckbeanspruchbare Flächen zu entwerfen; dabei experimentierten sie am physischen Modell, besonders mit der dreidimensionalen Version der Kettenlinie. Ein Netz oder ein Gewebe wird mehreren Punkten abgehängt und in dieser Position mit Kleber oder Gips fixiert. Dann wird das Gebilde gedreht und bildet eine dünne, schalenartige Form. Wegen ihrer konstruktiven Effizienz werden diese Formen auch Minimaloberflächen genannt.

1 Schale aus Stahlbeton von Heinz Isler

2 Stahlbetonschale. Hyperbolische Paraboloide treffen sich in der Mitte wie bei einem Kreuzgratgewölbe: Xoximilco Restaurant, Mexico City, von Felix Candela und Joaquin Alvares Ordonez

3 Teilschalen-Konstruktion aus Aluminium: Lord's Media Centre in London von Future Systems (siehe Seite 164)

4 Ein dreidimensionales Kettenmodell von Antonio Gaudí (Rekonstruktion). Gaudi nahm genaueste geometrische Analysen mit dreidimensionalen Messgeräten an den Modellen vor.

5 Stahlbeton-Schalen: Opernhaus Sydney von Jørn Utzon mit Ove Arup (siehe Seite 156)

1

2

3

5

4

Zugbeanspruchte Konstruktionen / Membranen, Seilnetz, Tensegrity

1

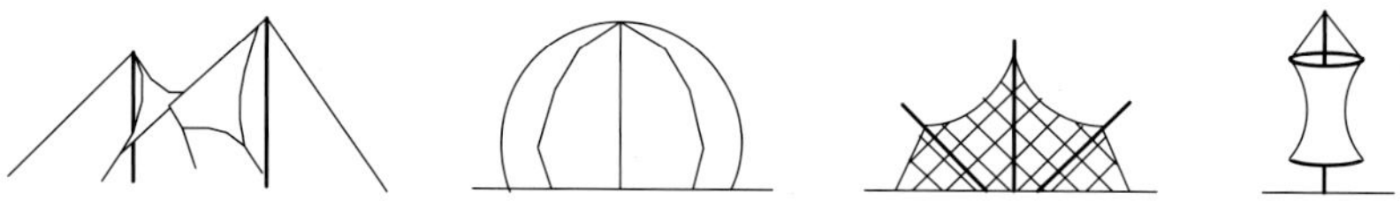

Gewebe

Während einige Gewebe sich bis zu einem gewissen Grad dehnen, ähnelt das Entwerfen einer gespannten oder mit pneumatischen Membrankonstruktion dem Schneiderhandwerk: Stoffe werden geschnitten, Gewebeteile vernäht, verschweißt und oft mit Seilen verstärkt.

Pneumatische (luftgestützte) Systeme

Sofern luftdichte Gewebe benutzt werden, können Membranstrukturen allein durch Luftdruck geformt werden. Überdruck-Gebäude (auch bekannt als aufblasbare, pneumatische Konstruktionen) halten ihre Form, indem Luft hineingedrückt wird. Wie bei einem Reifen wirkt die Luft als Druckfaktor, während die Hülle – unter Zug – die Gesamtform bewahrt.

Seilnetz

Während Membrankonstruktionen teilweise auf ihre eigene Elastizität angewiesen sind, um ihre natürliche Form zu finden, kommen Seilnetzsysteme unter Zugspannung zu ihrer optimalen Form, indem anpassbare Knoten ein Gleiten der einzelnen Seile zueinander zulassen.

Tensegrity

Das Wort kommt vom Begriff »tensile integrity« (»Zugintegrität«). Buckminster Fuller beschrieb das Prinzip als »eine Konstruktion, die verteilte Zugspannungsbereiche nutzt, um Inseln mit Druckbelastung aufzubauen.« Durch Tensegrity lassen sich Minimalgewichtsstrukturen errichten, in denen Seile gegen Druckelemente verspannt werden, die unabhängig voneinander sind, sich also nicht berühren.

1 Dreidimensionale gespannte Flächen. Von links nach rechts: Mastgestützte Membran, pneumatisches System, Seilnetz, Tensegrity

2 Nordafrikanisches Beduinenzelt aus Holzstützen und Ziegenfell

3 Deutscher Pavillon auf der Expo 1967 in Montreal von Frei Otto (siehe Seite 150)

4 Mastgestützte Membrankonstruktion mit antiklastischer (sattelartiger) Form

5 Detail einer Verbindung von Membran zum Mast

6, 7 Konstruktion aus Seilnetzen und Membranen. Millennium Dome, London, von Richard Rogers. Die Seile dienen als Verstärkung der gespannten Membran.

8 Durch Stützen gespannte Membran

9, 10 Tennisplatz-Überdachung, London, von Birds, Portchmouth, Russum. Pneumatische Konstruktionen erhalten ihre Form, indem Luft in eine Membranform hineingepumpt wird.

11 Modell einer Tensegrity-Konstruktion

12 Tensegrity-Konstruktion. Aviarium, London Zoo, Entwurf Lord Snowdon, Architekt Cedric Price, Ingenieur Frank Newby

13 Tensegrity-Skulptur von Kenneth Snelson. Er beschreibt das Prinzip als »fließende Kompression«.

2

3

4

5

6

7

8

9

10

11

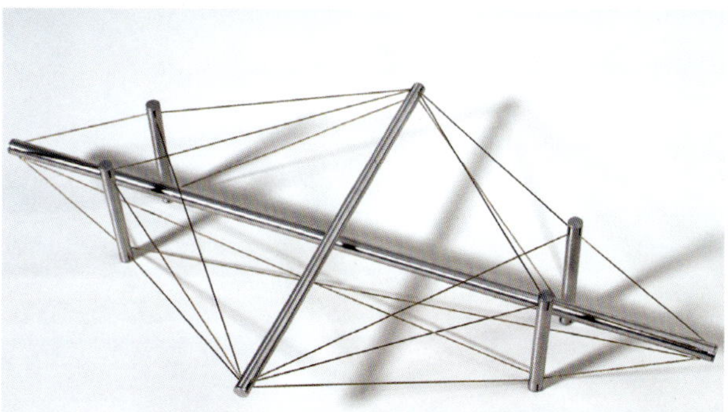

12

13

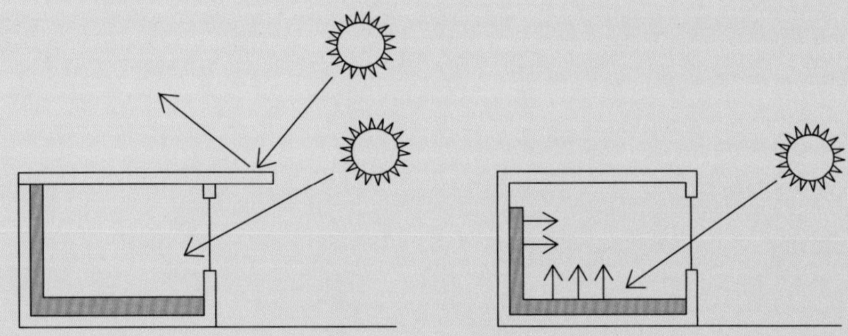

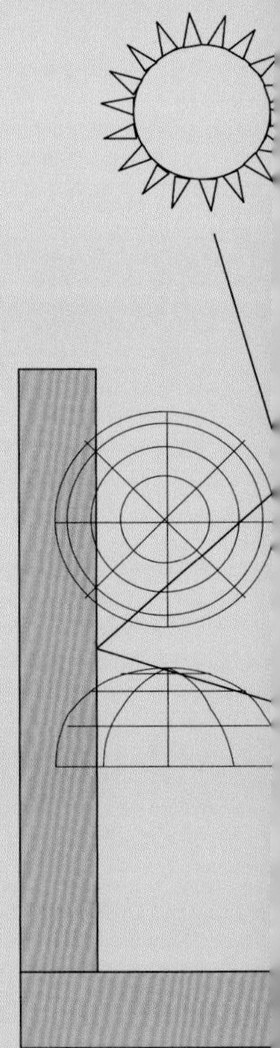

Klima und Schutz

Menschliches Wohlbefinden

Es gibt in der Architektur eine Reihe von Faktoren, die einen Einfluss auf das menschliche Wohlbefinden haben:

Thermische Behaglichkeit
Aufrechterhaltung einer akzeptablen Umgebungstemperatur für den Körper

Luftqualität
Ausreichende Versorgung geschlossener Räume mit frischer Luft

Belichtung
Schaffung adäquater Lichtverhältnisse

Schalleigenschaften
Klare Übertragung der Kommunikation sowie Schutz vor Lärmbelästigung

Sanitäre Bedingungen
Wasserversorgung und Müllentsorgung

Subjektive Wahrnehmung und Anpassung
Das menschliche Wohlbefinden ist subjektiv; zum Beispiel nehmen Menschen einen Raum aufgrund seiner Farben und Materialien als wärmer oder kälter wahr, als er tatsächlich ist. Diese Unterschiede in der Wahrnehmung sind außerdem ein Resultat evolutionärer Anpassungsprozesse, das heißt der Körper kann spezifische physiologische Anpassungsmechanismen als Reaktion auf bestimmte lokale Umgebungsbedingungen entwickeln.

Der wichtigste der genannten Faktoren ist die Fähigkeit eines Gebäudes, ein für den Körper angenehmes Raumklima zu schaffen. Daher konzentriert sich dieser Abschnitt insbesondere auf die Prinzipien thermischen Wohlbefindens und die Sonne als unsere Haupt-Wärmequelle.

Links
Anpassung
Das Kamel hat zahlreiche Anpassungsmechanismen entwickelt, die ihm das Leben in der Wüste ermöglichen. Es besitzt lange Wimpern, die seine Augen gegen die Sonne und den wehenden Sand schützen, sowie verschließbare Nasenlöcher. Das in seinen Höckern gespeicherte Fettgewebe ermöglicht ihm, lange Zeit ohne Nahrung und Wasser zu überleben, und sein dickes Fell sorgt für Wärme in kalten Wüstennächten und Dämmung gegen die Tageshitze. Seine langen Beine halten den Körper beim Gehen auf Abstand vom heißen Sand, und dicke lederartige Polster an den Knien verhindern Verbrennungen beim Niederknien.

Thermische Behaglichkeit

Das menschliche Wohlbefinden hängt primär von einer angenehmen Raumtemperatur ab. Die Kerntemperatur unseres Körpers muss bei 37 °C konstant gehalten werden – wir müssen Wärme in gleichem Maß abgeben, wie wir sie produzieren, beziehungsweise Wärme in gleichem Maß produzieren, wie wir sie verlieren. Das Abgeben von Wärme geschieht hauptsächlich über die Verdunstung von Schweiß.
Der Körper produziert selbst dann Wärme, wenn wir ruhen. Tatsächlich muss der Körper ständig Wärme abgeben, um sich auf einer angenehmen Temperatur zu halten, weil er mehr Wärme produziert als er benötigt. Wenn seine Innentemperatur dagegen zu niedrig wird, fängt er an zu zittern, was wiederum Körperwärme erzeugt. Es entsteht eine »Gänsehaut«, die dadurch zustande kommt, dass kleine Muskeln an der Basis der Körperhaare sich zusammenziehen, sodass sich die Haare aufrichten. Bei Tieren mit Fell entsteht dadurch eine zusätzliche Luftdämmschicht. Beim Menschen hat dieser Reflex kaum noch einen Effekt, da er seine Körperbehaarung im Laufe der Evolution weitgehend verloren hat.

Die Haupt-Faktoren, die unser thermisches Wohlbefinden beeinflussen, sind:

Lufttemperatur
Sie ist letztendlich abhängig von der Sonneneinstrahlung (siehe Solare Geometrie, Seite 74).

Luftbewegung
Luftbewegungen wie zum Beispiel eine Brise oder Zugluft werden durch den Luftdruck gesteuert. Eine Brise mit einer Geschwindigkeit von 50 cm pro Sekunde entspricht einem gefühlten Temperaturabfall um etwa 3 °C.

Luftfeuchtigkeit
Eine hohe Luftfeuchtigkeit reduziert die Verdunstung. Der menschliche Wohlfühlbereich für die relative Luftfeuchtigkeit liegt zwischen 40 und 70 %. Wenn sie 60 % übersteigt, sind unsere Möglichkeiten zur Produktion von Verdunstungskälte stark eingeschränkt.
Die relative Luftfeuchtigkeit ist ein Maßstab für den Wassergehalt der Luft. Sie ist als Prozentsatz der tatsächlichen Wasserdampf-Dichte im Verhältnis zur Wasserdampf-Sättigung definiert (beide werden als Masse pro Volumeneinheit angegeben). Die Wasserdampfsättigung ist die maximale Menge an Wasserdampf, welche die Luft aufnehmen kann; sie ist abhängig von der Temperatur. Wenn zum Beispiel die tatsächliche Wasserdampf-Dichte 9 g/m³ bei 20 °C beträgt und die Wasserdampf-Sättigung bei dieser Temperatur 17,5 g/m³, dann beträgt die relative Luftfeuchtigkeit 51,2 %.

Strahlungswärme oder -kälte (z. B. in Form von Heizungen oder kalten Wandoberflächen) haben ebenfalls einen Einfluss auf das menschliche Wohlbefinden.

1 »Gänsehaut«
2 Wärmebild der Mitarbeiter des Laboratoriums für Thermalphysik an der Vanderbilt University, Nashville, USA

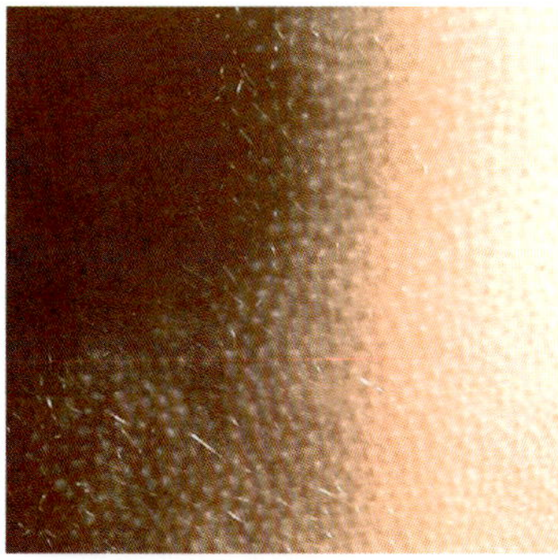
1

2

Solare Geometrie

Erdumlaufbahn

Die Erde umkreist die Sonne innerhalb von 365,26 Tagen auf einer elliptischen Bahn entgegen dem Uhrzeigersinn. Dabei dreht sie sich einmal am Tag entgegen dem Uhrzeigersinn um ihre eigene Nord-Süd-Achse (deshalb geht die Sonne im Osten auf und im Westen unter). Die Erdumdrehungsachse steht nicht senkrecht zur Erdumlaufbahn, sondern ist um 23,4 Grad geneigt. Die durchschnittliche Entfernung der Erde von der Sonne beträgt etwa 150 Millionen Kilometer. Um die relativen Größenverhältnisse zu verdeutlichen: Wäre die Erde eine 2-Euro-Münze von etwa 2,5 cm Durchmesser, dann wäre die Sonne eine Scheibe von 2,4 m Durchmesser in etwa 300 m Entfernung.

Tag- und Nachtgleichen

Die Äquatorialebene teilt die Erde in zwei Hälften – die Nord- und die Südhalbkugel. Die Schnittstelle dieser Ebenen ist eine Linie, die als Äquinoktium (Tag- und Nachtgleiche) bezeichnet wird. Auf der Umlaufbahn der Erde um die Sonne kreuzt diese Linie zweimal die Sonne, was den Frühlings- beziehungsweise den Herbstanfang kennzeichnet. Senkrecht zur Linie der Äquinoktien verläuft eine Linie, welche die beiden Wendepunkte der Sonne enthält. Diese Punkte kennzeichnen den Sommer- beziehungsweise den Winteranfang.

Berechnung der Sonneneinstrahlung

Um den Sonnenstand an einem gegebenen Tag an einem bestimmten Ort der Erde berechnen zu können, müssen zwei weitere Begriffe spezifiziert werden: die Sonnenhöhe und der solare Azimut. Die Sonnenhöhe ist der in vertikaler Ebene liegende Winkel zwischen den Strahlen der Sonne und deren Projektion auf die Horizontale. Der Azimut ist der horizontale Winkel, der von Norden oder Süden zur horizontalen Projektion der Sonnenstrahlen gemessen wird.
Wenn wir einen bestimmten Ort nehmen, zum Beispiel Blackpool in Großbritannien, kann dessen Lokalisation in Form eines Koordinatenpaares beschrieben werden:

Breitengrad 53 ° 46′ 12″ N
Längengrad 03 ° 01′ 48″ W

Mit Hilfe eines Sonnendiagramms können wir berechnen, dass die maximale Differenz der Sonnenhöhe (des höchsten Stands der Sonne am Himmel) zwischen der Sommer- und der Wintersonnenwende etwa 45 Grad beträgt und die maximale Differenz des Azimut (des Winkels zwischen den Orten am Horizont, wo die Sonne aufgeht und wieder verschwindet) etwa 270 Grad.

Sommersonnenwende:
21. Juni 12.00 Uhr
Sonnenhöhe 59.95 °

Wintersonnenwende:
21. Dezember 12.00 Uhr
Sonnenhöhe 15 °

Die Sonnenscheindauer (bzw. die potentielle Sonnenscheindauer) weist zwischen Sommer- und Wintersonnenwende einen bedeutenden Unterschied auf. Während des längsten Tages (21. Juni) hat Blackpool von Sonnenaufgang bis Sonnenuntergang potentiell 17 Stunden und 6 Minuten Sonnenlicht, während es am kürzesten Tag des Jahres (21. Dezember) nur maximal 7 Stunden und 24 Minuten sind.
Ortsspezifische Sonnendiagramme vermitteln dem Architekten die Kenntnis darüber, wo und wann ein zu planendes Gebäude von direkter Sonneneinstrahlung getroffen wird. Man sollte sich merken, dass der Sonneneinfall aufgrund der Größenverhältnisse zwischen Sonne und Erde grafisch in Form von parallelen Strahlen dargestellt werden kann. Für detailliertere Analysen der solaren Geometrie können Software-Pakete verwendet werden, mit denen man die Sonnenverhältnisse in Bezug auf einen spezifischen Entwurf darstellen kann (siehe auch Standortverhältnisse, Seite 118).
Die WMO (World Meteorological Organization) hat den Normalwert für den Sonneneinfall bei 120 Watt oder mehr pro m² Erdoberfläche festgelegt. Es gibt Sensoren (Pyranometer), die diesen Schwellenwert messen.

1 Sonnendiagramm für Blackpool, Großbritannien. Es zeigt die Sonnenhöhe und den solaren Azimut in Bezug auf Uhrzeit und Datum. (http://solardat.uoregon.edu/SunChartProgram.html)
2 Sonnenhöhe und Azimut
3 Mehrfach belichtete Fotografie der Mitternachtssonne, wie man sie in hohen nördlichen Breitengraden sieht.

1

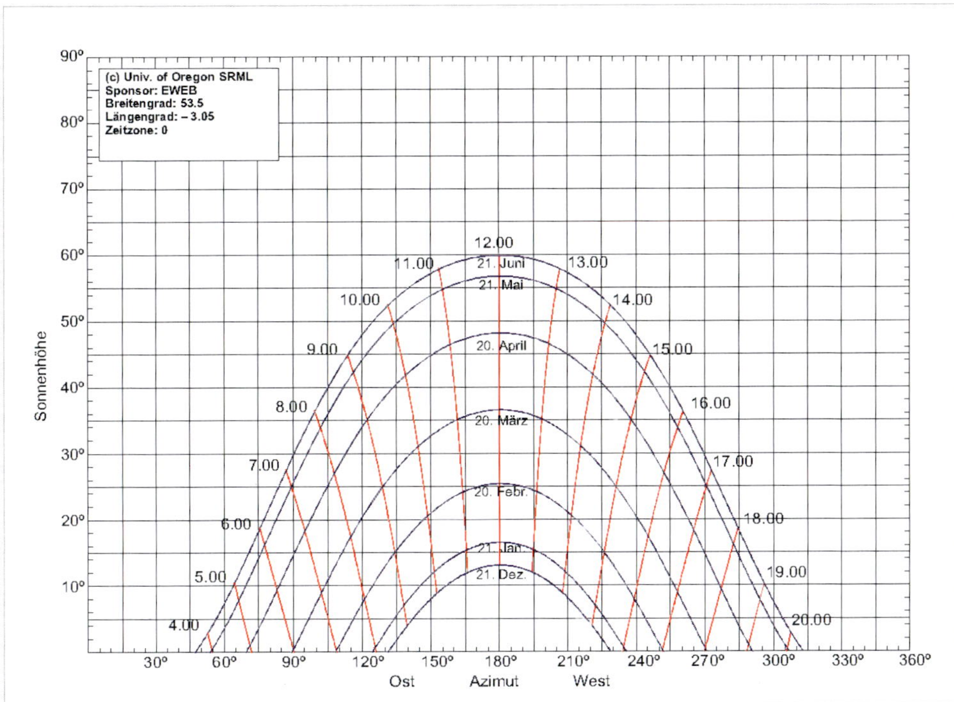

(c) Univ. of Oregon SRML
Sponsor: EWEB
Breitengrad: 53.5
Längengrad: – 3.05
Zeitzone: 0
Sonnenhöhe
Ost
Azimut
West
21. Juni
21. Mai
20. April
20. März
20. Febr.
21. Jan.
21. Dez.

2

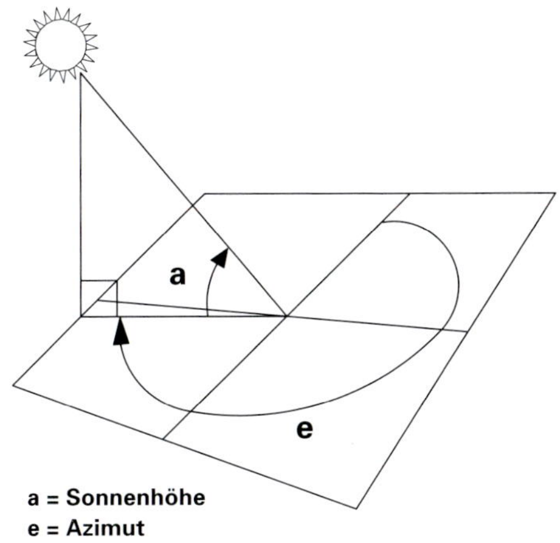

a
e
a = Sonnenhöhe
e = Azimut

3

HEISSE TAGE, KALTE NÄCHTE

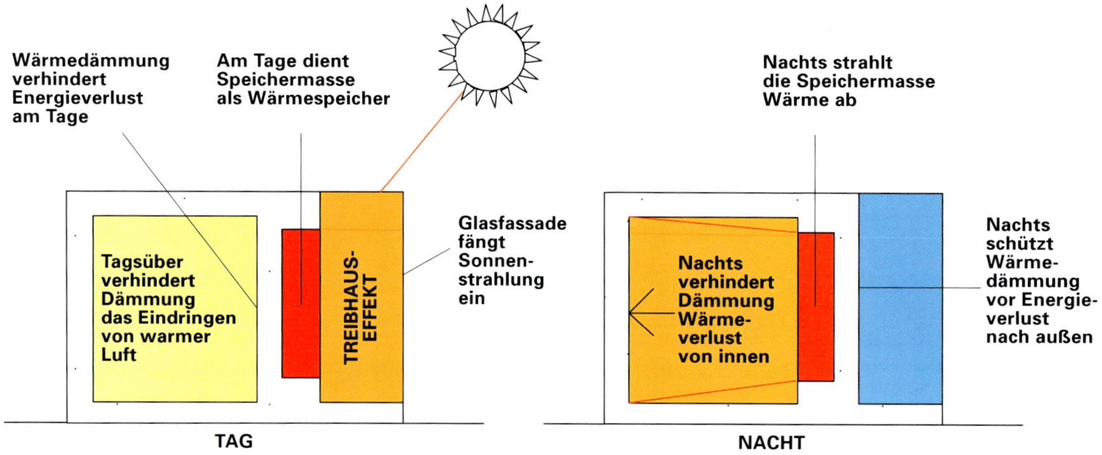

KALTE TAGE, KALTE NÄCHTE

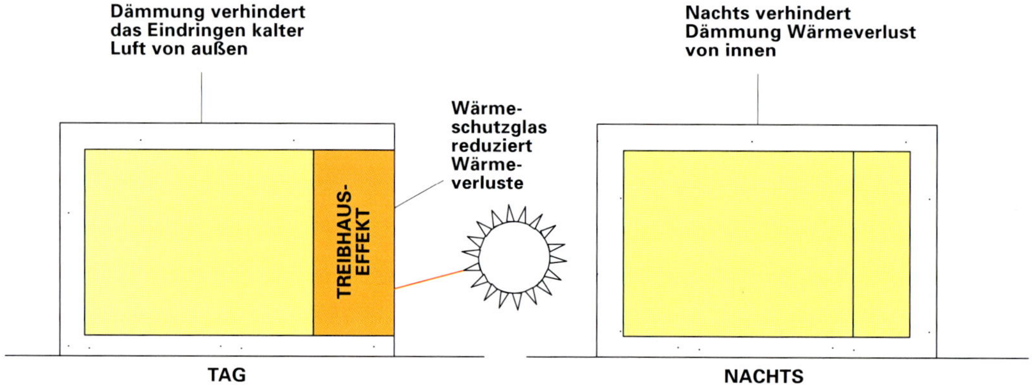

HEISSE TAGE, HEISSE NÄCHTE

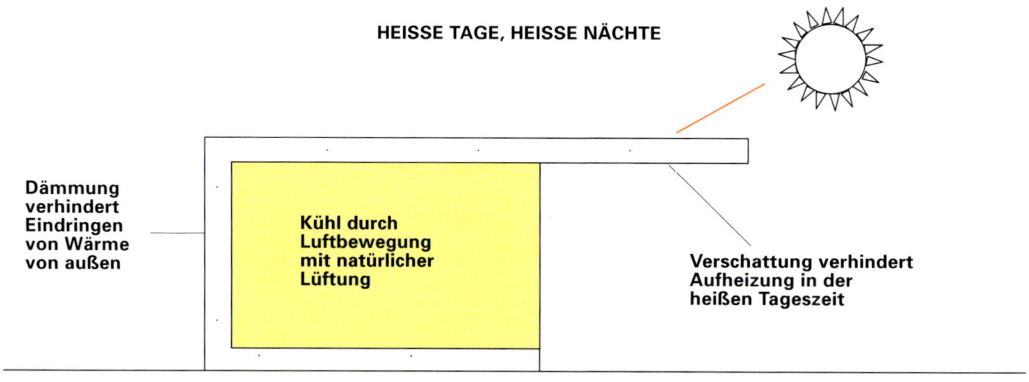

Gebäudeeigenschaften

Klimatische Hülle

Gebäude lassen sich so planen, dass sie ihre innenräumlichen Verhältnisse aktiv oder passiv beeinflussen. Zur aktiven Einflussnahme gehört der Einsatz von Energie, um ein angenehmes Temperaturniveau zu erzeugen, wie etwa durch Ventilatoren, durch Feuer, Klimaanlagen oder Zentralheizungen. Eine passive thermische Hülle ist so ausgebildet, dass sie die äußeren klimatischen Bedingungen bestmöglich nutzen und die Wärmeverluste und -gewinne steuern kann. Selbst in kühlem Klima produzieren moderne Bürogebäude so viel Wärme durch Nutzer, Beleuchtung, Computer etc., dass eher Kühlung als Heizung nötig ist. Bei Wohngebäuden ist es eher umgekehrt. Übliche Raumtemperaturen sind 20 °C für Büros und 16 °C für Turnhallen. Die Obergrenze für eine angenehme Raumtemperatur liegt bei 27 °C.

Passive thermische Hülle

Form und Ausrichtung eines Gebäudes bestimmen sowohl die solaren Wärmegewinne, als auch die Luftzirkulation und den Luftaustausch. Je nach Bauweise kann ein Gebäude durch seine Speichermasse Energie aufnehmen und durch Wärmedämmung eine Barriere für den Energiefluss zu erzeugen. Oft hat der Architekt mit gegensätzlich wirkenden Variablen umzugehen, zum Beispiel in heißem Klima, wo eine große Verglasung einen weiten Ausblick bietet, aber auch viel Sonnenlicht einfallen lässt und darum eine Verschattung benötigt.

Schall und Licht

Schall und Licht lassen sich als Wellen beschreiben, die als Frequenzen (Anzahl der Schwingungen pro Sekunde) messbar sind. Der Entwurf eines Gebäudes und seine Materialien beeinflussen die Art und Weise, in der sich der Schall und das Licht verhalten. Schalltechnisch müssen Gebäude den Nutzern eine klare Kommunikation ermöglichen und sie vor Lärmimmissionen schützen.
Eine größtmögliche Nutzung des Tageslichts dient sowohl dem Wohlbefinden der Nutzer als auch der Energieeinsparung.

Mechanische Heizung, Lüftung und Klimatisierung

Die zur Beheizung, Kühlung oder Belichtung eines Gebäudes benötigte Energiemenge kann passiv durch das Gebäudekonzept (Entwurf und Material) minimiert werden. Dennoch sind meist zusätzliche Energiequellen und Energieverteilungsvorrichtungen notwendig. Dieser Abschnitt behandelt Heizungs-, Lüftungs- und Klimaanlagen, wobei diese in Verbindung mit der passiven Gebäudehülle und auch mit hybriden aktiven und passiven Kühlsystemen angewendet werden können.

Links
Klimatische Hülle: Grundprinzipien thermischer Behaglichkeit im Verhältnis zur Gebäudehülle unter verschiedenen klimatischen Bedingungen.

Klimatische Hülle / Thermische Masse

Ein Material mit der Fähigkeit Wärme zu absorbieren, besitzt eine sogenannte thermische Masse (oder thermische Speichermasse). Eine große Wärmemenge ist nötig, um Materialien mit hoher Dichte wie Beton, Ziegel oder Stein zu erwärmen. Man sagt daher, sie haben eine große thermische Masse. Leichte Materialien haben eine geringe thermische Masse. Je dichter ein Material ist, mit wenig eingeschlossener Luft, desto größer ist seine thermische Masse beziehungsweise Wärmespeicherfähigkeit. Es gibt sogar Speicherwände, die aus mit Wasser gefüllten Tonnen bestehen. Die Fähigkeit eines Materials Wärme aufzunehmen nennt man Wärmespeicherfähigkeit.
Der richtige Einsatz von Speichermasse im Gebäude kann Temperaturunterschiede im Tagesverlauf ausgleichen. In einer Umgebung mit hohen Tagestemperaturen und kalten Nächten kann die Aufnahme von Sonnenwärme durch Speichermasse tagsüber während der Nacht an das Gebäudeinnere abgestrahlt werden (wie in Kathedralen, Moscheen und Burgen). Thermische Masse wirkt wie eine Batterie, sie speichert Wärme und gibt sie durch Strahlung wieder ab.

Trombé-Wand
Sonnenwärme wird zwischen einer Glasscheibe und einer massiven dunklen Wand eingefangen (siehe auch Fenster und Verglasung, Seite 88). Die Wand speichert die Wärme zur Abgabe an das Gebäudeinnere im späteren Tagesverlauf. Edward Morse erwirkte hierauf ein Patent im Jahre 1881. Es wurde jedoch erst effizient mit der Entwicklung von Isolierglas, um Wärmeverluste nach außen zu verringern, und mit der Einführung von Ventilatoren, um die erhitzte Luft durch Konvektion in den Innenraum zu leiten. Der Raum zwischen dem Fenster und der Wand wird so zu einem Solarwärme-Kollektor.

1 Direkte Solarenergiegewinnung in Verbindung mit thermischer Masse

2 Indirekte Solarenergiegewinnung: Trombé-Wand. Isolierglas kann Wärmeverluste nach außen verhindern.

3, 4 Federation Square, Melbourne, Australien von Lab Architecture Studio mit Atelier 10. Dieses »thermische Labyrinth« wirkt wie ein Akkumulator (»Akku«), der im Sommer nachts mit kühler Luft gefüllt wird, die am Tage eintretende warme Luft abkühlen kann. Die Grundidee ist, dass einfach Luft auf dem Weg ins Gebäude langsam durch einen Tunnel über eine große Fläche aus Beton geleitet wird.

Direkte solare Wärmegewinnung

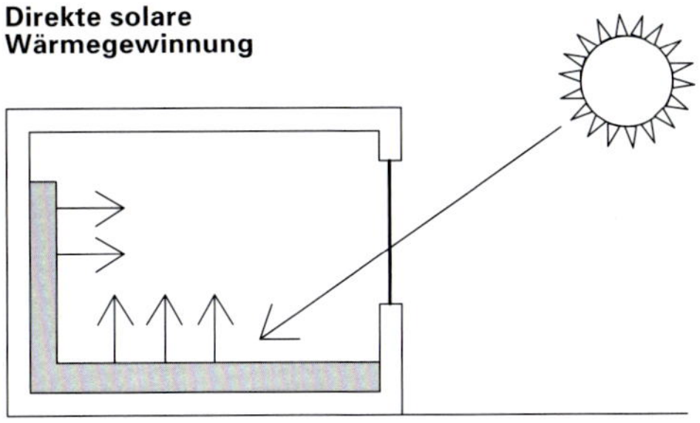

1

Indirekte solare Wärmegewinnung (Trombé-Wand)

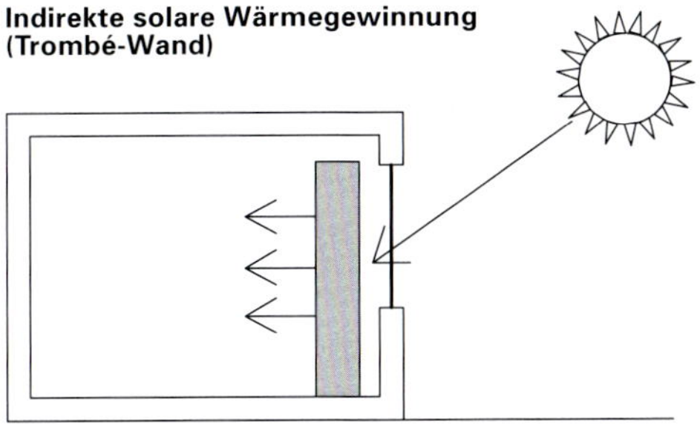

2

3

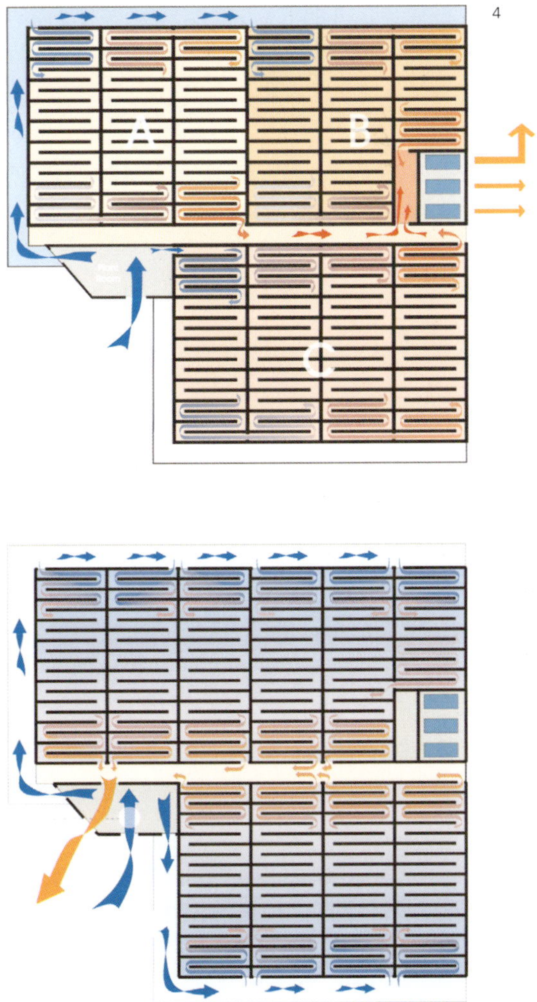

4

Klimatische Hülle / Wärmedämmung: Prinzipien

Wärmedämmung agiert als Barriere für den Wärmeaustausch und ist wichtig, um Gebäude warm oder auch kühl zu halten. Abhängig vom Klima ist sie notwendig um die Wärme entweder drinnen oder draußen zu halten, oder auch beides.

Wärmeleitung, Konvektion und Strahlung
Wärme verbreitet sich aufgrund der folgenden Phänomene: Wärmeleitung, Konvektion und Strahlung. Wärmeleitung ist die Weitergabe von Energie innerhalb von Materie von Partikel zu Partikel, von Atom zu Atom. Zum Beispiel wird ein Schwamm in einer Tasse mit heißer Flüssigkeit wärmer, weil die Wärme der Flüssigkeit auf den Schwamm übergeht. Konvektion ist die Weiterleitung von Wärmeenergie in einem Gas oder einer Flüssigkeit durch Strömung: Wärme verbreitet sich aus einer Tasse, wenn Dampf und Luft aufsteigen. Strahlung ist die direkte Übertragung von Energie, ohne ein Trägermedium, durch elektromagnetische Strahlung. Die Sonne strahlt Wärme zur Erde.

Wärmeleitfähigkeit
Materialien mit großer thermischer Masse besitzen meist keine guten Wärmedämmeigenschaften. Eine gute Wärmedämmung beruht auf der Fähigkeit eines Materials, Wärme am Durchgang zu hindern. Solche Materialien sind schlechte Wärmeleiter. Gummi ist ein schlechter, Ziegel ein guter, und Beton ein noch besserer Wärmeleiter. Die Oberfläche eines Materials beeinflusst außerdem seine Leitfähigkeit, je nachdem, ob es Wärmestrahlen reflektiert oder nicht. Dunkle, matte oder raue Oberflächen absorbieren gut und geben mehr Energie wieder ab als helle, glatte und reflektierende Oberflächen.

1 Wo thermische Masse genutzt wird, um Wärme zu speichern, verhindert eine äußere Wärmedämmschicht die Abstrahlung nach außen.

2 Wärmebild-Fotografien mit Infrarot-Kameras machen den Wärmedurchgang an Gebäuden erkennbar.

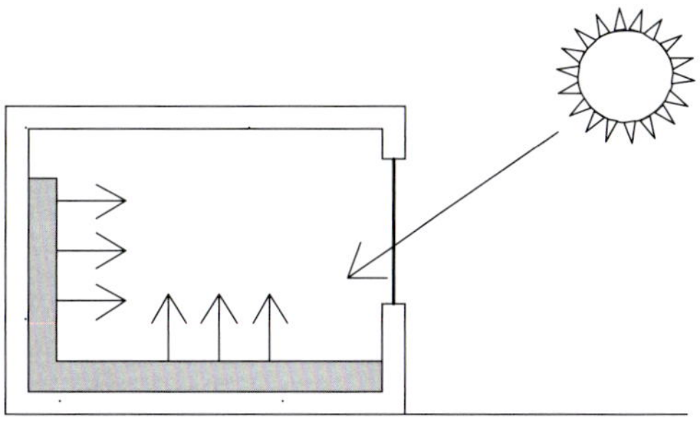
1

2

Klimatische Hülle / Wärmedämmung: Typen

Zur Wärmedämmung von Gebäuden werden meist Baustoffe verwendet, die aufgrund ihres hohen Anteils an Luft eine geringe Wärmeleitfähigkeit besitzen. Daneben gibt es eine Reihe innovativer Baustoffe wie wärmereflektierende Wärmedämmung.

Dämmstoffe

Diese vermindern den Wärmedurchgang mittels in Materialzwischenräumen eingeschlossener Luft. Die Dämmfähigkeit ist in beide Durchgangsrichtungen gleich groß. Zu Dämmstoffen zählen natürliche Materialien wie Wolle und Gras (auf Dächern), und künstliche wie Glasfasern, Zelluloseflocken, Polyester- und Polystyrenschaum.

Reflektierende Dämmung

Ein Beispiel hierzu ist Aluminiumfolie, die Wärmedurchgang hauptsächlich dadurch verhindert, dass sie Wärme zurückstrahlen kann. Dies funktioniert in Verbindung mit einer Luftschicht vor der glänzenden Oberfläche. Der Wärmedurchgang ist je nach Richtung unterschiedlich.

Kältebrücke

Dieser Begriff bezeichnet die Situation, in der ein wärmeleitendes Material vom Gebäudeinneren nach außen tritt und Wärme beziehungsweise Kälte hindurch lässt. Bei der Planung eines Gebäudes ist daher darauf zu achten, solche Situationen zu vermeiden.

Wärmedurchgangskoeffizient (U-Wert)

Die Fähigkeit eines Materials oder einer Materialkombination (Bauteile wie Fenster, Wände oder Dächer), Wärmeenergie von einer Seite zur anderen hindurch zu lassen, wird gemessen als Wärmedurchgang pro Fläche und Temperaturdifferenz. Das Resultat ist der so genannte U-Wert oder Wärmedurchgangskoeffizient. Er wird in Watt pro Quadratmeter und Grad Celsius (W/m^2 K) angegeben.

Merke: Der Pinguin ist in der Lage, eine Körpertemperatur von 35 °C bei einer Außentemperatur von –50 °C aufrecht zu erhalten. Eine 5 mm starke Lage aus Daunen (dünne Federn im Mikron-Bereich) produziert Millionen von kleinsten Lufttaschen, die den Pinguin dämmen.

1 Mineralischer Dämmstoff in einer zweischaligen Wand. Andere brauchbare Dämmstoffe sind unter anderem Papierflocken und Schafwolle.

2 Aerogel ist ein Gel mit einer großen Anzahl an Luftblasen, 1931 entwickelt von Steven Kistler. Aerogel aus Silizium und Kohlenstoff ist in der Lage, den Wärmedurchgang durch Wärmeleitung, Konvektion und Strahlung fast vollständig zu unterbinden.

3 Schnitte durch Wände mit unterschiedlichem Aufbau, beide mit einer Temperaturdifferenz von 29,5 °C zwischen innen und außen.

1

2

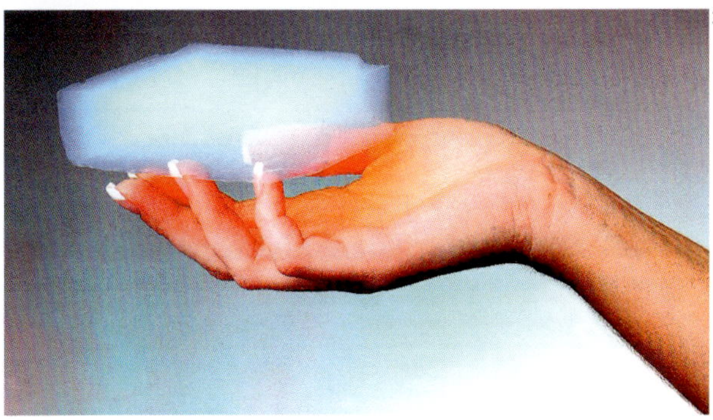

3

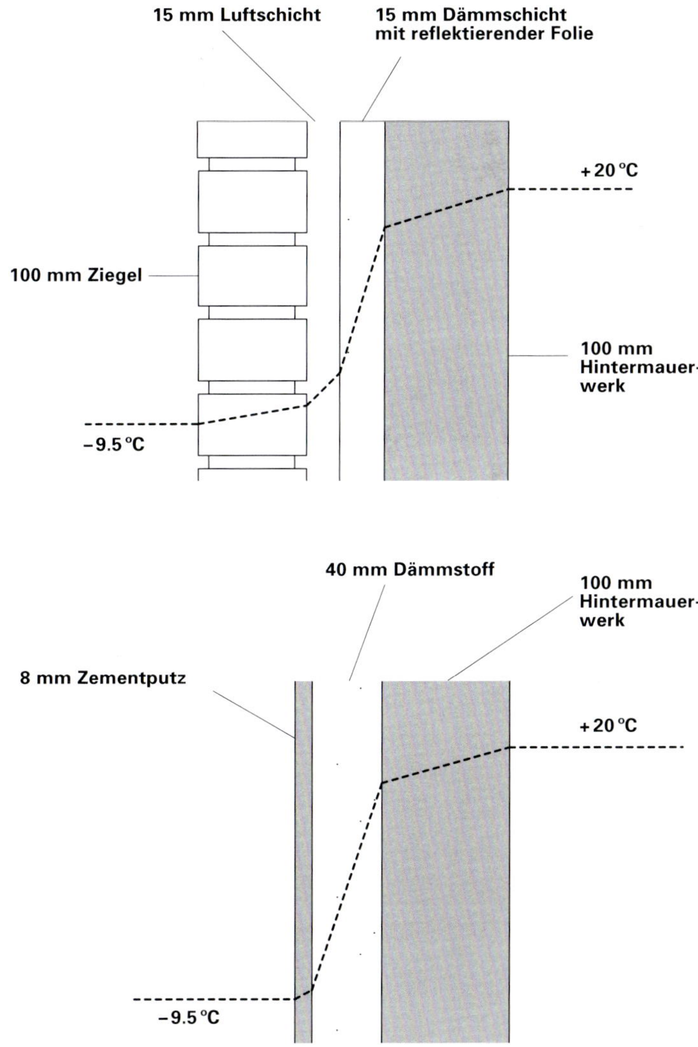
15 mm Luftschicht
15 mm Dämmschicht
mit reflektierender Folie
+20 °C
100 mm Ziegel
100 mm
Hintermauer-
werk
−9.5 °C
40 mm Dämmstoff
100 mm
Hintermauer-
werk
8 mm Zementputz
+20 °C
−9.5 °C

Klimatische Hülle / Lüftung: Natürliche Lüftung

Lüftung ist der Austausch von verbrauchter gegen frische Luft in einem Gebäude. Durch Lüftung kann saubere Luft geliefert, also Kohlendioxid vermindert und Sauerstoff angereichert werden. Es kann heiße gegen kühle Luft ausgetauscht; oder kann die relative Luftfeuchtigkeit vermindert und der Kondensation vorgebeugt werden. Lüftung kann auch notwendig sein, um im Falle eines Brandes Rauch zu beseitigen.

Luftwechselrate

Die Luftwechselrate ist die Anzahl des kompletten Wechsels der Luftmenge in einem Raum je Stunde. Bei einem normalen Büro beträgt die empfohlene Rate 4 bis 8 Luftwechsel pro Stunde, bei einem Restaurant zwischen 8 und 12.

Natürliche Lüftung

Gebäude können so geplant werden, dass ein natürlicher Luftaustausch möglich ist. Unterdruck bedingt, dass Luft in das Gebäude gesogen wird, um Lüftung entweder mechanisch oder passiv in einer der hier vorgestellten Varianten zu ermöglichen.

Kamineffekt

Der Kamineffekt ist eine Form der Konvektion. Weil warme Luft weniger dicht ist als kalte Luft, entsteht in einem Gebäude mit oben und unten angeordneten Öffnungen eine Luftdruckdifferenz. In der warmen Jahreszeit steigt die warme Innenluft nach oben (durch thermischen Auftrieb), verringert unten den Luftdruck und lässt dort kühle, dichtere Luft eintreten. In der kalten Jahreszeit ist der Effekt umgekehrt. Je größer der Temperaturunterschied und je höher das Gebäude ist, desto stärker der Effekt. In einem hohen Gebäude mit einer geschlossenen Hülle kann der Kamineffekt große Druckdifferenzen erzeugen: Treppenhäuser und Aufzugschächte müssen so geplant sein, dass eine Ausbreitung von Feuer verhindert wird.

Ein Schornstein verstärkt den Kamineffekt, indem er wie ein »Venturirohr« wirkt – wo Gas aus einem großen Behälter beschleunigt wird, indem es durch einen kleinen Behälter in einen zweiten großen Behälter strömt. Ein Schornstein zieht Luft nach oben durch den Wind, der über ihn hinweg weht und einen Unterdruck erzeugt.

1 Querlüftung. Warme Luft steigt auf, oder richtiger, Wärme fließt von Zonen höherer Temperatur zu Zonen niedrigerer Temperatur.

2 Die natürliche Luftbewegung unterstützt die Konvektion warmer Luft von einer Trombé-Wand in den Raum.

3 Wind wird anhand der Richtung aus der er kommt beschrieben, wie am Kompass ablesbar. Für jeden Ort gibt es eine vorherrschende Windrichtung.

4 Eine Windkarte, die Windrose, wird zur Beschreibung der vorherrschenden Windrichtung eines jeden Ortes benutzt, wie in diesem zufälligen Beispiel. Jeder Kreis zeigt, wie lange der Wind prozentual aus einer bestimmten Richtung weht. Diese Information kann genutzt werden, um Gebäude zur Nutzung der natürlichen Luftbewegung und zur Ermittlung der Windlast auf der Fassade auszurichten.

1

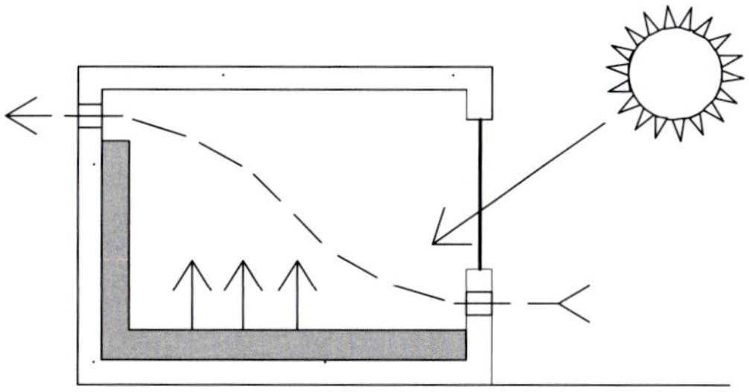

2

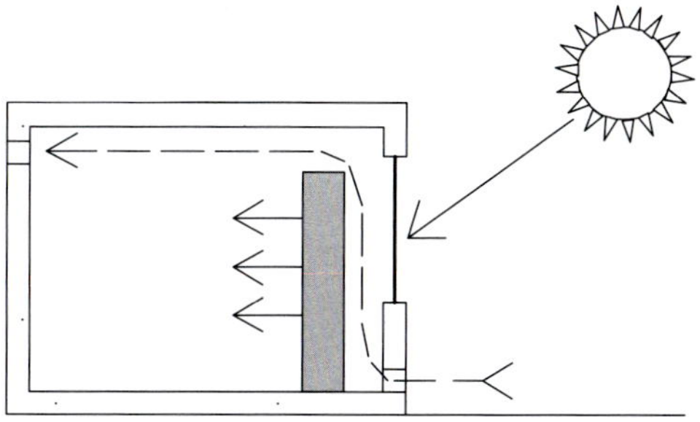

3

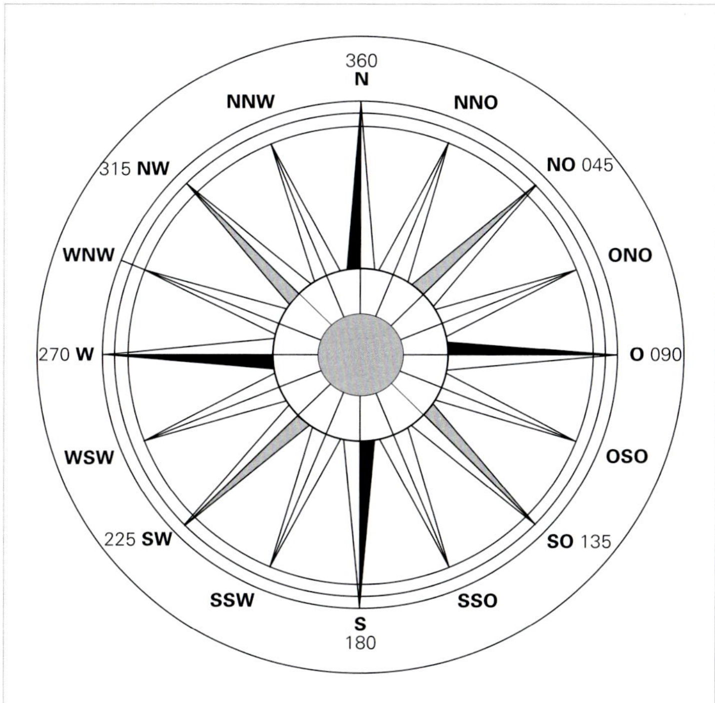
360
N
NNW
NNO
315 NW
NO 045
WNW
ONO
270 W
O 090
WSW
OSO
225 SW
SO 135
SSW
SSO
S
180

4

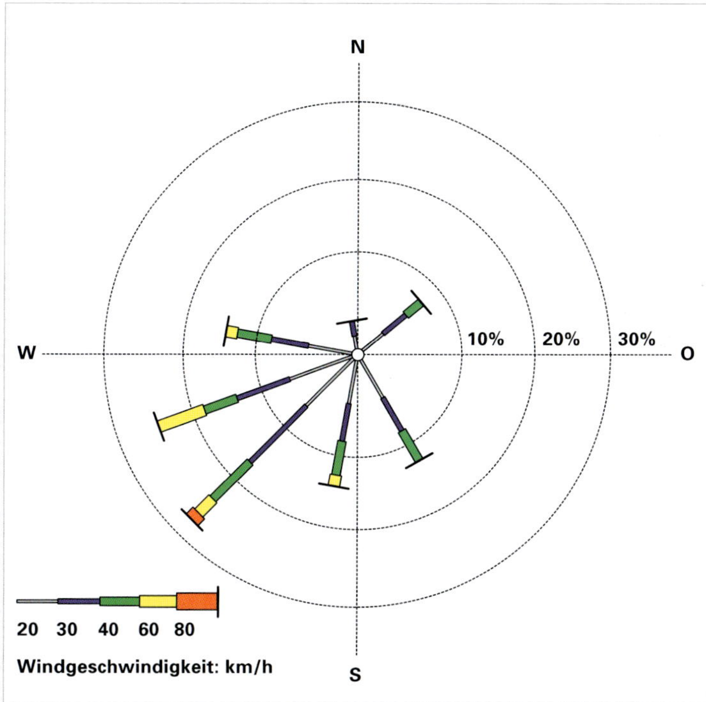
N
W
O
S
10%
20%
30%
20 30 40 60 80
Windgeschwindigkeit: km/h

Klimatische Hülle / Lüftung: Passive Lüftung

In gemäßigten Klimazonen kann die Lüftung in der Regel durch kleine Öffnungen erfolgen, die so angeordnet sind, dass äußere Luftbewegungen und Winddruck bestmöglich genutzt werden können. Diese können mit manuellen Vorrichtungen gesteuert werden. Daher sollte der Baukörper so luftdicht wie möglich sein. Für eine schnelle Lüftung sollte man die Fenster öffnen!

Lufteinlass und Luftabzug

Während ein Lufteinlass die Luft einfängt und sie in das Gebäudeinnere leitet, wirkt ein Luftabzug andersherum, indem er die Luft aus dem Gebäude absaugt.

Solarkamin

Der Solarkamin bietet die Möglichkeit, Luftabzug durch Konvektion aufgrund Erhitzung des Kamins selbst zu erzeugen. Diese Kamine sind mit großer thermischer Masse und Ausrichtung zur Sonne konstruiert. Der durch die Aufheizung des absorbierenden Materials entstehende Zug verursacht Sog an der Basis des Kamins und sorgt so für natürliche Lüftung.

Verdunstungskühlung

Wenn man seinen Handrücken nass macht und dann darüber bläst, fühlt sich die Hautoberfläche kühler an. Dieses Phänomen entsteht durch Verdunstungskälte. Bringt man Wasser mit heißer Luft in Kontakt, dann verdunstet Wasser in die Luft hinein. Die in der Luft enthaltene Wärme bewirkt die Umwandlung von Flüssigkeit in Dampf und kühlt so die Luft. Wie hoch der Temperaturabfall ist, hängt von der schon vorhandenen Luftfeuchte ab. Ein gutes Beispiel ist, wenn man einem Schwimmbecken entsteigt und fröstelt, wenn man von einem Windzug getroffen wird. Die Kühle, die man spürt, ist die Verdunstungskälte.

Passiver Verdampfungs-Kühlturm

Wasser wird über Kühlflächen am Oberteil eines hohlen Turms gepumpt. Dieses Wasser verdunstet und kühlt die Luft. Die kühle, dichtere Luft fällt nach unten und tritt durch große Öffnungen am Turmsockel aus.

1 Prinzip eines passiven Verdampfungskühlers

2 Prinzip eines Luftabzugs. Die um die gekurvte Oberfläche herumströmende Luft erzeugt einen negativen Druck an der Öffnung und saugt so die Luft aus dem Inneren heraus.

3 Traditionelle orientalische »Windfänger«. Ein Windfänger ist ein Turm, der mit einer Art Kappe versehen ist, aber an den Seiten Öffnungen hat. Wenn man alle Seiten bis auf die dem Wind abgewandte schließt, entsteht durch eine vorbeiwehende Brise ein Druckgefälle, durch das die wärmere Luft aus dem Gebäude nach außen gesaugt wird. Würde man die dem Wind zugewandte Seite öffnen, würde der Wind die Luft im Schacht nach unten drücken.

4 Traditionelle orientalische Luftabzüge

5 Solche Trockenschuppen wurden in Südengland zum Trocknen von Hopfen benutzt. Die Luftabzüge auf den Dächern bildeten einen Auslass für die im Trocknungsprozess entstehende Warmluft und konnten sich mittels einer Windfahne selbständig drehen.

6 Moderne Luftabzüge in Beddington, Großbritannien. Sie sind so gestaltet, dass sie den Effekt des Windes maximieren – sowohl durch ihre aerodynamische Form als auch dadurch, dass sie sich entsprechend der Windrichtung drehen.

7 Passive Verdampfungskühltürme

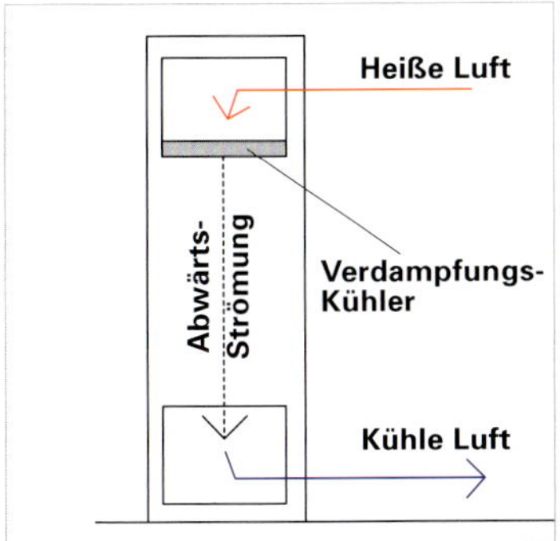
Heiße Luft
Abwärts-
Strömung
Verdampfungs-
Kühler
Kühle Luft
1

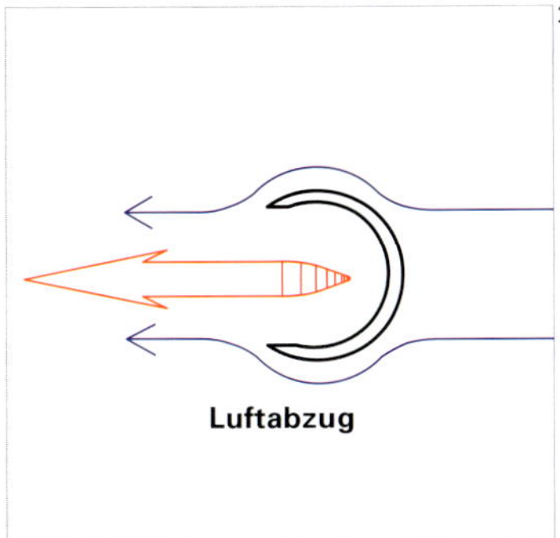
Luftabzug
2

3

4

5

6

7

Klimatische Hülle / Fenster und Verglasung

In heißem Klima kann der Sonneneinfall durch die Fenster eine Überhitzung verursachen, während in kühlerem Klima das Gegenteil der Fall sein kann, nämlich ein Wärmeverlust im Gebäude. Diese Gegebenheiten können durch Verschattung und eine spezielle Verglasung beeinflusst werden.

Ausgleich von Wärmeverlusten und Wärmegewinnen

Wärme und Kälte passieren in beiden Richtungen durch Glasflächen. Durch zur Sonne hin ausgerichtete Fenster wird am Tag oft mehr Sonnenwärme aufgenommen als in der Nacht wieder abgegeben. Es gibt mehrere Arten der Übertragung von Wärme, die Einfluss auf den Umfang des Wärmeverlustes durch Glas oder Fensterbauteile haben. Die Übertragungsarten sind Wärmeleitung, Konvektion, und Wärmestrahlung. Wärmeverluste entstehen durch das Glas selbst über Wärmestrahlung und Wärmeleitung, über die Rahmen nur durch Wärmeleitung.

Doppelverglasung

Die Wärmedämmung von Fenstern kann durch Doppel- oder Mehrfachverglasung mit Abstandsleisten zwischen den Scheiben enorm verbessert werden. Der beste Scheibenabstand zur Vermeidung von Verlusten durch Wärmeleitung beträgt bei Doppelverglasung 12 bis 16 mm; die eingeschlossene Luft ist ein schlechter Leiter. Auch die Fensterrahmen sind so zu konstruieren, dass sie gut dämmen. Sie können mit einer »thermischen Trennung« versehen sein, um Kältebrücken zu vermeiden; etwa außen aus Metall und innen aus Holz bestehen.

Treibhauseffekt

Sonnenstrahlung, welche die Erde erreicht, hat eine kurze Wellenlänge. Die kurzwellige Strahlung durchdringt die Verglasung von Gebäuden, wird im Inneren von Materialien absorbiert und dabei in langwellige Strahlung umgewandelt. Fensterglas ist für langwellige Strahlung, die von den Oberflächen im Innenraum wieder abgestrahlt wird, fast undurchlässig: Diese Strahlung kann somit nicht durch das Glas passieren, weshalb sich Gebäude mit großen Glasflächen schnell aufheizen.

Wärmedurchgang

Normales Glas lässt Wärmestrahlung leicht durchdringen, es hat einen hohen Wärmedurchgang. Seine Fähigkeit, Wärme abzuhalten, kann erhöht werden, indem es mit einer Bedampfung aus mikroskopisch kleinen Metallpartikeln versehen wird. Solche Beschichtungen reflektieren die auftreffenden Sonnenstrahlen und vermindern damit die Aufheizung durch die Sonne.

Tönung

Blau oder grün getöntes Glas ist in geringem Ausmaß spektrumselektiv – das heißt, die Tönung kann dazu beitragen, den Durchtritt der Infrarot-Anteile des Sonnenlichts (die Wärmestrahlung) zu blockieren, während die Helligkeit weitgehend erhalten bleibt.

1 Der Treibhaus- oder Glashauseffekt

2 Dachüberstand, der die Sonnenstrahlung je nach Jahreszeit und Sonnenstand abhält

3 Außenliegender Sonnenschutz, der die direkte Sonneneinstrahlung verhindert

4 Wird der Sonnenschutz zwischen zwei Glasscheiben mit Luftöffnungen oben und unten installiert, kann die solare Strahlung dort aufgenommen werden, und die Wärme entweicht durch natürliche Konvektion.

5 Laubabwerfende Bäume erlauben im Winter die Erwärmung eines Gebäude und im Sommer die Kühlung.

6 Verstellbarer Sonnenschutz mit horizontalen Lamellen zum Schutz bei überwiegend hohem Sonnenstand

7 Verstellbare Sonnenblenden mit vertikalen Lamellen zum Schutz bei überwiegend niedrigem Sonnenstand

8 Eine feste Verschattung, die direkt auf den Sonnenstand eingeht. Die Verschattung wird so geplant, dass sie die minimale Oberfläche einnimmt, die notwendig ist, um eine direkte Sonneneinstrahlung zu jedem Zeitpunkt zu verhindern – ihre Form bleibt konstant, aber ihre Proportionen variieren je nach Standort.

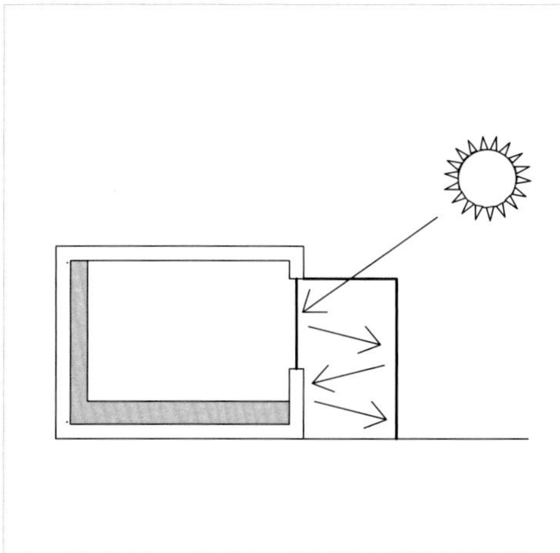
1

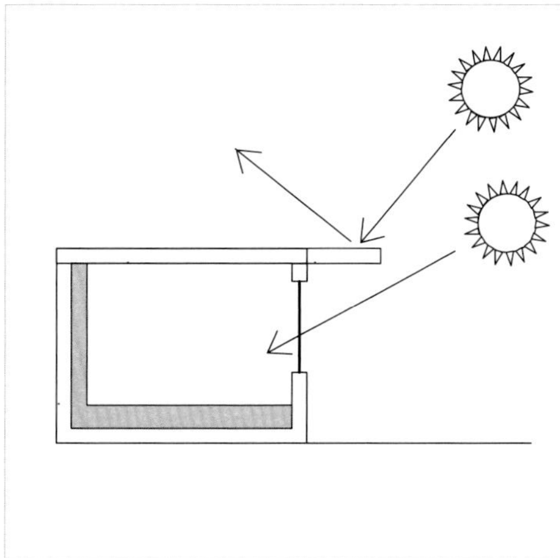
2

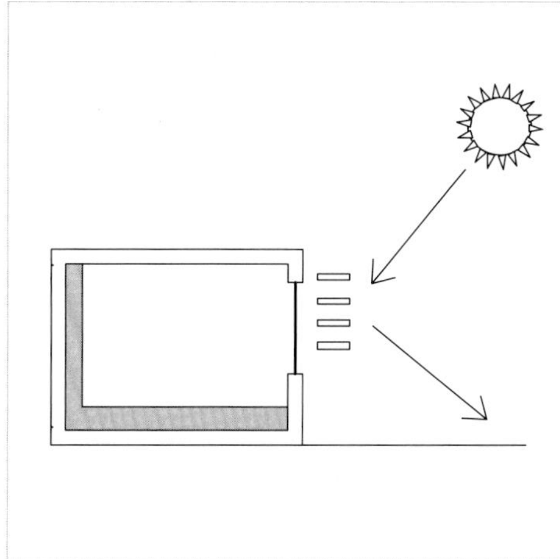
3

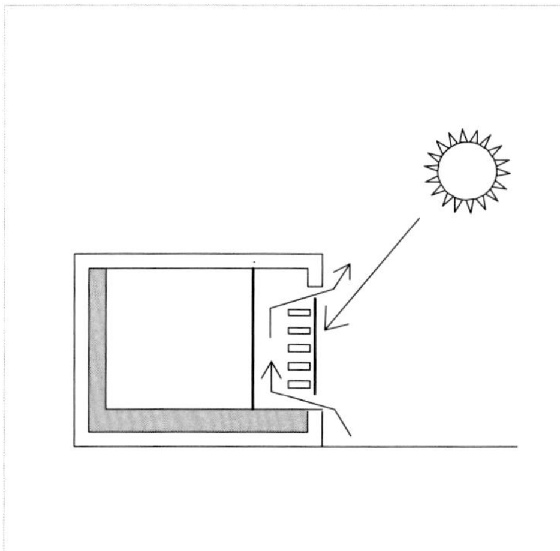
4

5

6

7

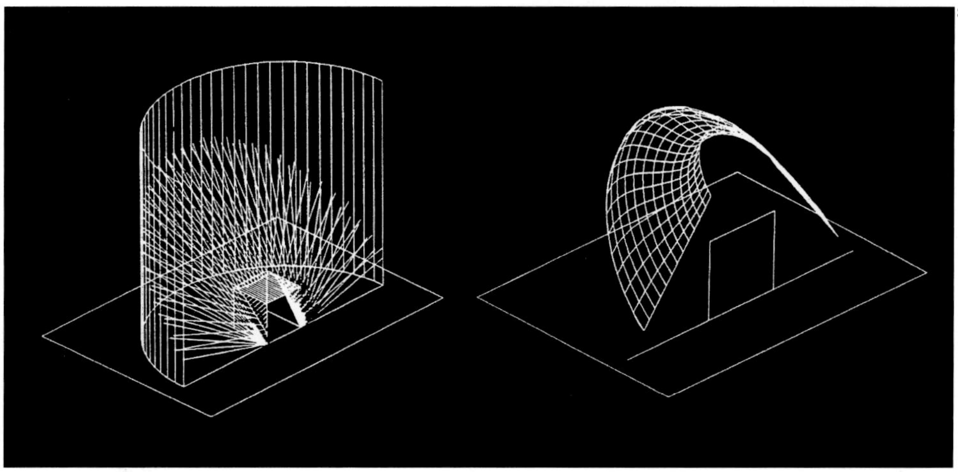
8

Klimatische Hülle / Wetterschutz: Mauerwerk

Eine Wand aus Naturstein, Betonstein oder Tonziegel schützt vor Durchfeuchtung und Wind, wenn sie richtig ausgeführt ist, ob als tragende Wand oder als Ausfachung einer Skelettkonstruktion. Bei mit Mörtel gemauerten Wänden tritt Regenwasser normalerweise durch die Fugen ein, oder an Schnittstellen mit anderen Materialien wie an Fensteröffnungen. Ziegel, Natursteine oder Betonsteine werden oft mit einer etwa 10 mm starken Lage aus dichtem Mörtel verfugt, um das Eindringen von Wasser zu verhindern. Wo durch unterschiedliche Wärmedehnung und -schrumpfung Bewegung auftritt, wie an Tür- und Fensteröffnungen, wird ein flexibles, plastisches Material benötigt, das an mehr als einem Material haftet, wie beispielsweise Kalk, Kitt oder synthetische Fugenmassen.

Vormauerziegel

Tonziegel können eine bestimmte Menge Feuchtigkeit aufnehmen, allerdings nicht bis zur Sättigung; die Feuchtigkeit verdunstet über die Außenflächen (dies kann zu Salzausblühungen führen und den Ziegel verfärben). Bestimmte Sorten von traditionellem rotem Ziegel neigen dazu, sich an der Oberfläche zu zersetzen, wenn Wasser eindringt, gefriert und durch die Ausdehnung Risse verursacht.

Beton

Beton ist grundsätzlich wasserfest; es gibt allerdings auch Ausnahmen, abhängig von der Zusammensetzung und der Konstruktionstechnik. In gegossenen Stahlbetonwänden und -stützen können Stahlbewehrungen rosten, wenn sie zu dicht an der Oberfläche liegen.

Schindeln

Ton, Stein, Beton und andere künstlichen Materialien werden in Form von kleinen modularen Platten als Schindeln oder Dachpfannen verwendet, um Dächer und Wände wetterfest zu machen. Genau genommen eine Form von Verkleidung (siehe Verkleidungssysteme Seite 92), hat diese traditionelle Methode zur Wettersicherung den Vorteil, dass die kleinen Module einfach gehandhabt und ausgewechselt werden können, wenn sie beschädigt sind. Schindeln werden überlappend oder ineinander greifend auf einer Unterkonstruktion befestigt.

1 Verfugen: **A** Bündige Fuge, **B** Zurückgesetzte Fuge, **C** Hohlfuge, **D** Wetterseite

2 Fugen an der Wetterseite: Mörtelmischung aus 2 Teilen feinem Sand und einem Teil Zement

3 Betonwand. Die Oberfläche wurde nach dem Abnehmen der Brettschalung belassen: die Holzmaserung ist noch sichtbar.

4 Tondachziegel sind überlappend profiliert, um die Wasserableitung zu verbessern.

5 Schieferschindeln sind als vertikale Verkleidung auf einer horizontalen Lattung aufgenagelt.

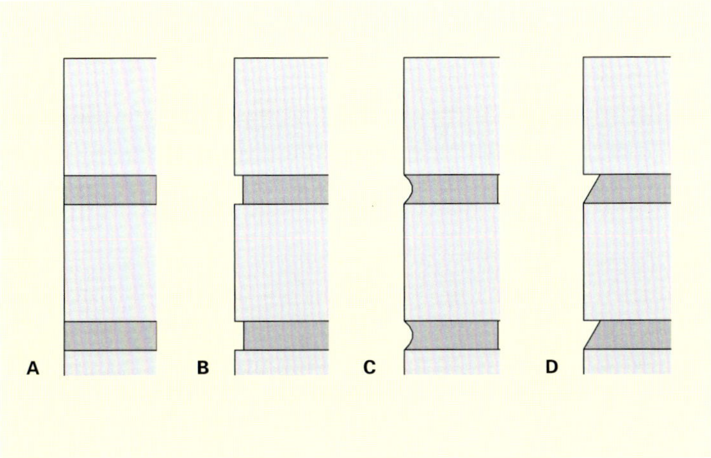

1

2

3

4

5

Klimatische Hülle / Wetterschutz: Verkleidungssysteme

Skelettkonstruktionen können mit Mauerwerk ausgefacht werden oder es wird eine Unterkonstruktion eingesetzt, um die wetterfeste Außenhaut des Gebäudes zu tragen. Diese Unterkonstruktion muss zusammen mit der Außenhaut so dimensioniert sein, dass sie dem Winddruck standhält. Unterkonstruktionen können als Einsatzrahmen, als Vorhangfassaden, oder als unabhängige Elemente (auskragend) konstruiert sein und tragen die gesamte Last der Fassade.

Fassadenpaneele

Es gibt viele Materialien, die in Plattenform hergestellt werden können und von sich aus wasserfest sind oder imprägniert oder beschichtet werden können, um sie wasserresistent zu machen. Metalle wie Aluminium, Zink, Stahl, Blei und Kupfer können verwendet werden oder auch glasfaserverstärkter Kunststoff, Polycarbonat und natürlich Glas. Verkleidungsplatten können aus mehreren Lagen unterschiedlicher Materialien hergestellt sein (Sandwich- oder Laminatplatten). Opake Platten enthalten oft ein leichtes Kernmaterial zur Dämmung oder zur Aussteifung. Diese Paneele sind meist an leichten Trägerrahmen fixiert (häufig aus Aluminium), die dann am Rohbau anmontiert sind. Wegen thermischer Dehnungen sind flexible Aufhängungen und Dichtungen nötig.

Belüftung

Zum Zwecke der Belüftung sind häufig einstellbare Lüftungselemente in die Fassadenpaneele integriert.

Vorhangfassaden

Vorhangfassaden sind Fassadenverkleidungen, die an den Kanten der Deckenplatten befestigt sind. Sie leiten ihr Gewicht mittels separater Aufhängungen über Decken oder Stützen an den tragenden Rohbau ab.

Flächige Systeme

Durch spezielle Befestigungssysteme (auch Spinnen genannt) können Glasscheiben auf einer Trägerkonstruktion so angebracht werden, dass eine durchgängige Glasfläche entsteht. Die Scheiben werden mit einer flexiblen Dichtungsmasse zwischen den Stößen abgedichtet.

1 Leichter Metallrahmen aus kalt gewalztem Stahl als Einsatz in einer Stahlbetonkonstruktion

2 Leichte Hohlblockziegel als Ausfachung

3 Aus flächigen Materialien können formstabile Paneele hergestellt werden, die direkt am Rohbau montierbar sind.

4 Holzverschalung. Holz kann als Wetterschutz eingesetzt werden; entweder überlappend wie im Bootsbau oder ineinandergreifend mit Nut und Feder. Die Bretter werden auf einer Unterkonstruktion angebracht, die am Rohbau befestigt ist. Holz beginnt zu verrotten, wenn es über längere Zeit mehr als 20 % Feuchtigkeit aufnimmt. Daher kann Holz durch konstruktive Maßnahmen wie Dachüberstände vor Regen geschützt und mit wasserabweisenden Anstrichen versehen werden.

5 Die Oberfläche von Kupferplatten oxidiert und wird mit der Zeit grün. Dies beeinflusst nicht seine Wasserfestigkeit.

6, 7 Verkleidungselemente werden mit Aufhängevorrichtungen hergestellt, um sie am Rohbau zu befestigen.

8 Eine Glasfassade ist an einer leichten Stahlkonstruktion mit vertikalen Fachwerkträgern befestigt.

9 Vorgehängte Glasfassade

1

2

3

4

5

6

7

8

9

Klimatische Hülle / Wetterschutz: Membranen

Membranen sind wasserdichte Gewebe oder Folien, die auf unterschiedliche Arten Verwendung finden. Bei gespannten Konstruktionen dienen sie dazu, Wind und Regen abzuweisen. Zelte wurden ursprünglich aus Tierhäuten hergestellt; heutzutage sind sie aus Ripstop-Nylon (reißfestem Nylon), einem leichten, wasserabweisenden Gewebe, das mit gitterförmig eingewebten Verstärkungsfäden durchsetzt ist, die seine Zug- und Reißfestigkeit erhöhen.

PVC

PVC (Polyvinylchlorid) ist ein Thermoplast, der in Form eines weißen Pulvers als Nebenprodukt der petrochemischen Industrie entsteht. Durch die Zugabe weiterer Stoffe lassen sich daraus eine Vielzahl synthetischer Produkte herstellen, unter anderem Membranen aus PVC-beschichtetem Polyester. Diese besitzen eine hohe Zugfestigkeit und Resistenz gegen Scherkräfte, sind leicht und nicht brennbar und haben eine maximale Dicke von 1,2 mm.

ETFE

Ethylen-Tetrafluorethylen ist ein Polymer auf Fluorcarbon-Basis. Es ist ein Material mit hoher Korrosions-Resistenz, das in einem großen Temperaturbereich seine Belastbarkeit behält. Es ist dünn, leicht und transluzent.

PTFE

Polytetrafluorethylen (Teflon) ist ein Fluorpolymer, das unter allen bekannten Feststoffen den geringsten Reibungskoeffizienten besitzt. Es ist schwer benetzbar, Flüssigkeiten perlen ab, fast selbstreinigend und wird daher vor allem als Beschichtung verwendet.

Atmende Membranen

Eine atmende Membran ist ein Gewebe, dessen Zwischenräume (Mikroporen) groß genug sind, dass Wasserdampfmoleküle von innen nach außen hindurch dringen können, aber klein genug, um von außen kommende Moleküle flüssigen Wassers abzuhalten. Sie ist daher sowohl wasserdicht als auch dampfdurchlässig und wird häufig als Unterspannbahn unter Dachziegeln oder Schieferplatten benutzt, um die Luftzirkulation unter geneigten Dächern zu verbessern. Atmende Membranen werden auch als dampfdurchlässige Bahnen bezeichnet; sie werden aus hitzelaminiertem Polypropylen hergestellt, das mit einem Polyethylenfilm versehen ist.

1, 2 Gespannte wasserfeste Membranen aus PVC

3 Das Aquatic Centre in Peking ist mit hexagonalen Luftkissen verkleidet – doppelwandigen pneumatischen Paneelen aus ETFE.

4 Detailaufnahme der Luftzufuhr eines solchen ETFE-Kissens

5 Tyvek ist ein gewebeartiges Funktionstextil aus Polyethylen hoher Dichte, das von DuPont hergestellt wird. Es wird als zeitgemäßer Ersatz für traditionelle Bitumen-basierte Dachpappen verwendet. Diese Dampfbremsen verhindern das Eindringen von Regenwasser, während sie die Feuchtigkeit aus dem Gebäudeinneren nach außen durchlassen.

1

2

EXPO

3

4

5

Tyvek
HomeWrap
DU PONT
THE
ANIA
ING COMPANY
LIVINGSTON
973-992-0200
CALIFON
908-832-2022

Klimatische Hülle / Wetterschutz: Verbundmaterialien

Dachpappe

Dachpappe besteht aus einer Basis aus Polyester oder Glasfaser, die mit Bitumen getränkt oder beschichtet und mit einer Oberfläche aus gebundenem oder losem Sand beziehungsweise Kies versehen wird.* Sie wird mittels Kaltkleber oder heißem Bitumen auf den Untergrund aufgebracht, im Allgemeinen in zwei oder drei Schichten. Als Schutz vor UV-Strahlung und allgemeiner Abnutzung wird zum Abschluss meist eine spezielle Deckschicht verwendet, die aus Asphalt* oder losem Kies bestehen kann. Einige Dachdeckungsprodukte enthalten in ihrer oberen Schicht Titandioxid für eine besonders gute Widerstandsfähigkeit gegen UV-Strahlen.
Ähnliche Produkte werden als Feuchtigkeitssperrschicht oft in den unteren Bereich massiver Wände eingefügt, um das Aufsteigen von Feuchtigkeit aus dem Boden zu verhindern.

* Asphalt ist eine Mixtur aus mineralischen Stoffen und Bitumen/Teer.

Ethylen-Propylen-Kautschuk (EPM)

EPM ist die Basis für diverse einschichtige Dachdeckungsbahnen, die an den Rändern entweder zusammengeschweißt oder -geklebt werden.

Putz

Wenn eine Bausubstanz, sei es Ziegel, Stein oder Beton, aus witterungstechnischen oder ästhetischen Gründen als Oberfläche ungeeignet ist, kann sie mit einer Schicht aus einer Sand-Zement-Mischung versehen werden, die als Putz bekannt ist. Die nasse Putzmischung wird meist in mehreren Schichten aufgebracht, um die Wetterfestigkeit zu erhöhen. Sie kann direkt auf Mauerwerk oder Beton aufgetragen werden, aber auch auf Holzrahmenkonstruktionen; in diesem Fall wird eine Dampfsperre an der Holzwand befestigt, gefolgt von einem Metallgitter oder einem Lattenrost, der dem Putz Halt gibt. Der Putz wird oft farbig angestrichen; außerdem kann er mit natürlichen oder künstlichen Applikationen versehen werden, wie zum Beispiel kleinen Kieseln, Kacheln oder Mosaiken.

1 Die Dachoberflächen des Opernhauses in Sydney sind mit mehr als 1 m großen Betonplatten belegt.
2 Einschichtige Dachdeckungsbahnen aus Metall mit »stehenden Falzen«
3 Dachpappe, die mit Bitumen auf ein Holzflachdach aufgebracht wurde
4 Verputzte Fassade
5 Kieselputz

1

2

3

4

5

Schall und Licht / Akustik: Schalleigenschaften

Als der berühmte tschechische Tennisspieler Ivan Lendl gefragt wurde: »Was macht Wimbledon so besonders?«, antwortete er spontan: »Es ist der Klang der Bälle.« Akustik ist die Wissenschaft des Schalls. Klänge oder Schallwellen bestehen physikalisch betrachtet aus bewegten Molekülen innerhalb eines gasförmigen, flüssigen oder festen Mediums, die auf das Ohr des Hörers übertragen werden. Diese Bewegungen setzen sich aus Zonen hohen und niedrigen Drucks zusammen, die sich als Wellenzyklus beschreiben lassen.

Frequenz

Die Tonhöhe wird durch die Anzahl der Wellenzyklen pro Sekunde bestimmt, die allgemein in der Einheit Hertz (Hz) angegeben wird, benannt nach dem deutschen Wissenschaftler Heinrich Hertz aus dem 19. Jahrhundert. Ein gutes menschliches Gehör erkennt Tonfrequenzen von 20 Hz bis in eine Höhe von 20 000 Hz (20 kHz). Die menschliche Sprache hat einen kleineren Frequenzumfang von 200 Hz bis 5000 Hz (5 kHz), während ein Orchester Frequenzen von 25 Hz bis 13 000 Hz (13 kHz) erzeugen kann. Frequenzen unter 20 Hz (Infraschall) werden als Vibration wahrgenommen. Haufig erleben wir innerhalb von Gebäuden sowohl hörbaren Schall als auch Vibration. Der Schall breitet sich in der Luft mit 330 m/sec aus; im Wasser ist er viereinhalbmal so schnell, und feste Stoffe übertragen ihn noch schneller. In einem Vakuum gibt es keine Schallübertragung.

Lautstärke

Die Lautstärke wird durch den Schalldruck bestimmt, und die menschliche Fähigkeit, ein großes Spektrum an Druckunterschieden wahrzunehmen, hat zur Einführung des Dezibel (dB – eine logarithmische Skala) als standardisierte Maßeinheit für den Schalldruckpegel geführt. Das Dezibel hat einen Bezug zur menschlichen Wahrnehmung der Lautstärke, wobei unsere Hörschwelle durch den Wert 0 dB repräsentiert wird und die Schmerzschwelle mit potentieller Auslösung eines Hörschadens bei 140 dB liegt. Zwischen dem leisesten Ton, den wir hören, und dem lautesten Ton, den wir aushalten können, besteht ein Faktor von eins zu zehn Millionen; ein Zuwachs von 20 dB bedeutet einen dreifachen Anstieg des Schalldrucks. Klänge oder Geräusche kann man als Kombination ihrer Frequenzen und Lautstärken in Bezug auf die Zeit bezeichnen.

Nachhall

»Was Sie hören, ist der Raum«.
Der Nachhall kann als eine Ansammlung mehrerer Klänge beschrieben werden, die indirekt durch Oberflächenreflexion beim Hörer ankommen. Die Nachhallzeit eines Raums wird als die Zeit definiert, die der Schalldruckpegel für einen Abfall um 60 dB benötigt. Sie ist abhängig vom Volumen und der Geometrie des Raums sowie den Schallabsorptionskoeffizienten seiner Oberflächen. Die Nachhallzeit eines Raums beeinflusst die Vervielfältigung und Verständlichkeit einer Klangquelle. Ein optimaler Wert für Sprache und elektronisch verstärkte Musik ist eine Sekunde, während es für Orchestermusik 1,5 bis 2,5 Sekunden oder mehr sein können. Die Nachhallzeit der St Paul's Cathedral in London beträgt 12 Sekunden. Eine kurze Nachhallzeit ermöglicht eine punktgenaue Ortung der Schallquelle, was nützlich für Vorlesungen oder Vorträge ist, während eine Orchesteraufführung den gesamten Raum mit Klang – und reflektiertem Klang – füllt; es ist die Interaktion zwischen dem physischen Baukörper, dem Raum und der Musik, die man hört. In einer elektro-akustischen Umgebung, in welcher der Klang über Mikrofone aufgefangen und dann durch einen Verbund von Lautsprechern übermittelt wird, kann man die Nachhallzeit künstlich verkürzen oder verlängern und dadurch die »akustische Größe« des Raums verändern oder Multifunktionsbereiche schaffen.

Typische Geräuschpegel	**Lautstärke dB**
Hörschwelle	0
Flüstersprache	20
Ruhige Straße	40
Ruhige Unterhaltung	50
Laute Stimme	60
Durchschnittlicher Verkehrslärm	70
Türenknallen	80
Motorrad	90
Diskothek	100
Presslufthammer	110
Flugzeugstart (in 50 m Entfernung)	130
Schmerzschwelle	140

Lärmkarte von London

vom Department for Environment, Food and Rural Affairs (DEFRA)

Nachhall in einem Gebäude

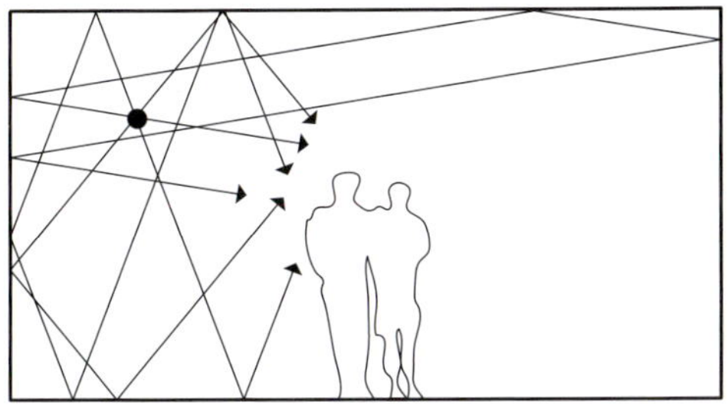

Die Tabelle unten zeigt typische Nachhallzeiten, gemessen bei 125 Hz, 800 Hz und 2000 Hz und entsprechend gemittelt.

Typische Nachhallzeiten	**Sekunden**
Draußen	0,0
Schlafzimmer / Wohnzimmer	0,4
Kino (Richtwert)	1,0
Glyndebourne Opera House (neu), GB	1,3
Royal Festival Hall, London	1,4
Konzerthalle (Richtwert)	1,5
Carnegie Hall, New York	1,8
Kirche (Richtwert)	2,0
Musikvereinssaal, Wien	2,05
Symphony Hall, Boston	2,2
Symphony Hall, Birmingham	2,4
St Paul's Cathedral, London	12,0

Schall und Licht / Akustik: Schalltechnik

Schallreflexion
Zwar ist reflektierter Schall die Ursache von Nachhall, aber auch wenn man die Nachhallzeit in einem Raum unter Kontrolle bringt, hat man damit nicht automatisch alle unerwünschten Reflexionen ausgeschaltet. Akustische Reflexionen werden vor allem durch die Geometrie eines Raums und seine materielle Beschaffenheit beeinflusst. Parallel verlaufende reflektierende Oberflächen können stehende Wellen erzeugen, die einen unerwünschten unregelmäßigen Klangeffekt ergeben. Gewölbe und andere konkave Oberflächen können die Schallreflexionen bündeln und »laute Stellen« im Raum verursachen; sie können außerdem den Schall um einen Raum herum lenken, wie bei der Flüstergalerie der St Paul's Cathedral in London. Der Architekt kann sich die Geometrie reflektierender Oberflächen zunutze machen, um den Klang über alle Teile einer Konzerthalle, eines Theaters oder anderen Auditoriums zu verteilen. Durch den Einsatz einer parabolischen Oberfläche hinter einer Schallquelle werden die Schallwellen parallel in den Raum projiziert, da bei glatten, ebenen Oberflächen das »Lambertsche Gesetz« zum Tragen kommt: Einfallswinkel gleich Ausfallswinkel.

Schallabsorption
Die Akustik eines Raums ist abhängig von seiner Größe und den auskleidenden Materialien. Materialien wie Teppiche, Gardinen und Mineralfaser bremsen die Schwingungen hochfrequenter Schallwellen durch Reibung, wodurch Schallenergie in Wärme umgewandelt wird. Absorptionspaneele – häufig aus Holz – dämpfen niederfrequente Schallwellen mittels Resonanz. Die Fähigkeit eines Materials, Schall zu reflektieren oder zu absorbieren, wird als sein Schallabsorptionsgrad bezeichnet, wobei eine maximale Schallabsorption den Wert 1 ergeben würde und eine maximale Schallreflexion den Wert 0 (frequenzabhängig). Die von der Bauindustrie angegebenen Zahlenwerte sind meist über einen bestimmten Frequenzbereich gemittelt.

Schalldämmung
Masse ist ein wesentlicher Faktor der Schalldämmung. Im Gegensatz zur Wärmedämmung, die meist leicht und mit Luftporen durchsetzt ist, sind schalldämmende Materialien oft schwer und dicht. Durch den Einsatz massiver Außen- und Trennwände kann man eine unerwünschte Schallübertragung verhindern. Die Schallreduktion einer einschichtigen Dämmplatte ist proportional zu ihrer Masse pro Flächeneinheit; durch Verdopplung der Masse erhöht man den Schallreduktions-Index (SRI) um 6 dB. Die meisten Baumaterialien haben geschätzte SRIs, die beim Entwurf eines Gebäudes zusammengerechnet werden können. Neuere Konstruktionsmethoden und Spezialtechniken ermöglichen allerdings auch leichtere Lösungen. Eine zweischalige Trennwand mit einem luftgefüllten Hohlraum ist effektiver als ein einzelnes Paneel der gleichen Masse. Werden diese beiden Paneele auch konstruktiv mit getrennten Rahmen ausgeführt, können ihre Schalldämmungseigenschaften weiter verbessert werden. Wenn man den Hohlraum noch verbreitert und ihn mit schallabsorbierenden Materialien wie Glasfasern füllt, erhält man allmählich eine Leicht-Konstruktion, deren Schalldämmleistung sich mit der einer massiven Wand messen kann.

Akustische Trennung
Eine weitere Möglichkeit, die Schallübertragung aus einem Raum nach außen zu verhindern, besteht darin, den betreffenden Raum akustisch zu trennen. Dies erreicht man, indem man sozusagen einen Raum schafft, der innerhalb eines weiteren Raums »schwebt« und mit diesem nur durch eine Reihe akustischer »Stoßdämpfer« verbunden ist. Um auch an Türen und Fenstern eine akustische Trennung zu erreichen, werden diese mit Gummi- oder Neoprendichtungen versehen. Das Prinzip ist ähnlich wie bei der thermischen Unterbrechung zur Verhinderung von Kältebrücken. Man benutzt diese Technik häufig bei Tonstudios und Maschinenräumen, um die Übertragung von Vibrationen (niederfrequenter Töne) in andere bewohnte Räume zu verhindern.

1 Schallreflexion
2 Parabolischer Reflektor zur Schallbündelung
3 Prinzip der Flüstergalerie, St Paul's Cathedral, London

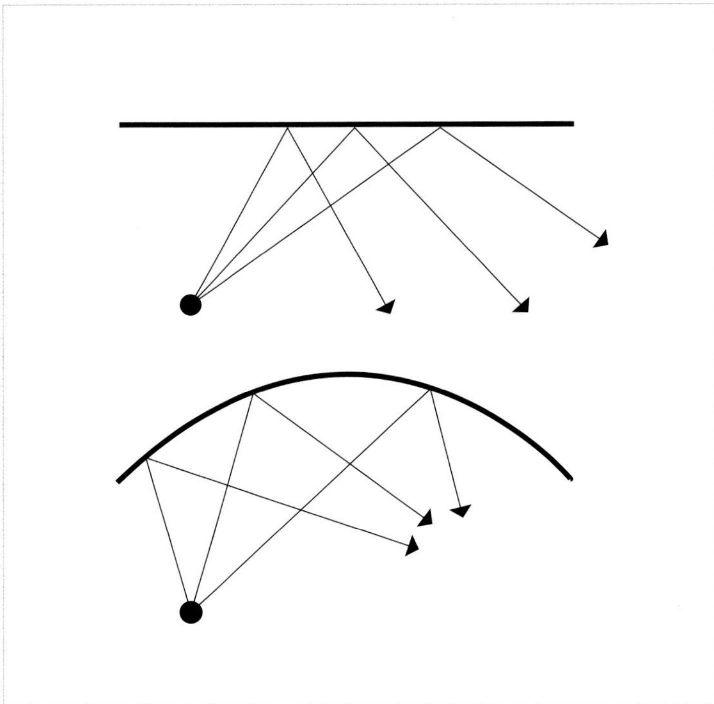

1

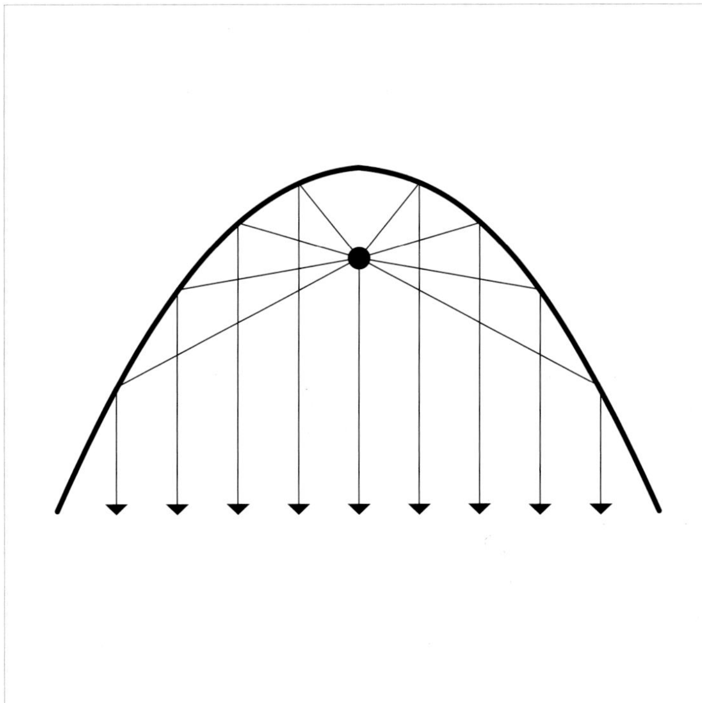

2

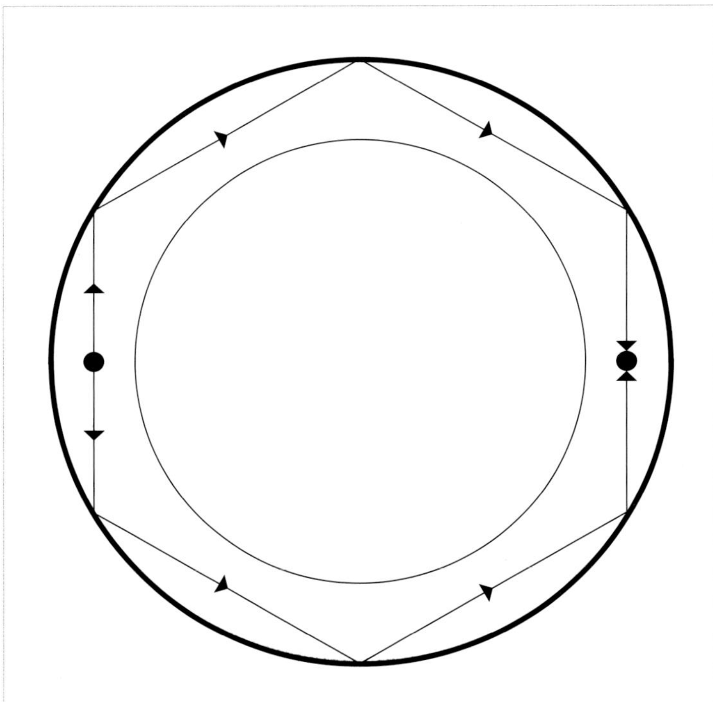

3

Schallabsorptionsgrade a

Teppichboden (mit Trägerschicht)	0,30–0,55
Beton (glatt)	0,00–0,20
Glas	0,05–0,10
Putz	0,05
Sperrholz	0,10–0,15
Gummi auf Beton	0,05
Bestuhlung, besetzt	0,80–0,85
Bestuhlung, leer	0,30
Stahl	0,00–0,10
Terrazzo	0,00
Holz	0,05–0,15

Tabelle mit über einen bestimmten Frequenzbereich gemittelten Schallabsorptionsgraden unterschiedlicher Baumaterialien

Schall und Licht / Tageslicht

Ein Gebäude mit maximaler Tageslichtnutzung kann sowohl zum Wohlbefinden seiner Bewohner als auch zu einer guten Energiebilanz beitragen.

Biologischer Effekt des Tageslichts

Licht sendet über Photorezeptoren Signale an unsere biologische Uhr, die unseren Tag-Nacht-Rhythmus reguliert. Es steuert sowohl die Ausschüttung des Stresshormons Cortison als auch die des Schlafhormons Melatonin. Ein Mangel an natürlichem Licht kann das »Funktionieren« des Menschen beeinträchtigen.

Tageslichtfaktor

Natürliches Licht beinhaltet zwei unterschiedliche Komponenten: diffuses Tageslicht aus dem Himmel und direkt einstrahlendes Sonnenlicht.

Der durchschnittliche Tageslichtfaktor eines Raums kann aus seiner Lage und dem relativen Verhältnis seiner Dimensionen zur Größe der Fensteröffnungen berechnet werden.

Der Gesamt-Tageslichtfaktor eines Raums ist abhängig von drei Komponenten: der Helligkeit des Himmels, dem von draußen reflektierten Licht und dem im Rauminneren reflektierten Licht. Um den Anteil des im Rauminneren reflektierten Lichts zu maximieren, sollten seine Oberflächen so hell wie möglich sein – die Lichtreflexion sollte für die Zimmerdecke mindestens 70 %, für die Wände 50 % und für den Fußboden mindestens 30 % betragen. Der hintere Teil eines Raums ist umso heller, je besser die folgenden Bedingungen erfüllt werden: Die Raumtiefe sollte nicht wesentlich größer sein als die Breite, die Raumtiefe sollte kein zu großes Vielfaches der Fensterhöhe (der oberen Fensterkante gemessen vom Boden) betragen, und die Oberflächen an der Rückseite des Raums sollten hell sein.

Blendung

Direkte Blendung stammt aus Lichtquellen, die unmittelbar sichtbar sind. Sie kann durch Tageslicht, Sonnenlicht, Kunstlicht oder spiegelnde Oberflächen hervorgerufen werden. Durch die Reduktion von Blendeffekten, also zu hoher Helligkeitskontraste, können Müdigkeit, Erschöpfung, Unfälle und Stress vermieden werden. An Veränderungen der Helligkeit, die sich gleichmäßig über den gesamten Raum verteilen, kann sich das Auge dagegen problemlos anpassen.

Tageslicht-Simulation

Mit Hilfe eines künstlichen Himmels und eines sogeannten Heliodons lässt sich ein Modell schaffen, um den Einfall von Tages- und Sonnenlicht in ein Gebäude oder auf ein Grundstück zu simulieren. Ein künstlicher Himmel besteht aus einer hemisphärischen Kuppel, die eine Reihe individuell kontrollierbarer fluoreszierender Lichtquellen enthält. Er kann alle möglichen Arten von Himmelskonstellationen rund um den Globus nachahmen. Das Heliodon kann den Verlauf der Sonne zu jeder beliebigen Zeit und an jedem beliebigen Ort der Welt simulieren.

1 Skizze zur Ermittlung des Gesamt-Tageslichtfaktors eines Raums

2 Lichtstrahlen, die durch winzige Staubpartikel sichtbar werden

3 Wenn man ein Gebäudemodell auf der Plattform eines Heliodons platziert und den Licht/Oberflächen-Winkel entsprechend einstellt, kann man sehen, wie das Sonnenlicht zu unterschiedlichen Jahres- und Tageszeiten in das Gebäude eindringt und Schatten wirft.

4, 5 Beispiele für künstliche Himmel

1

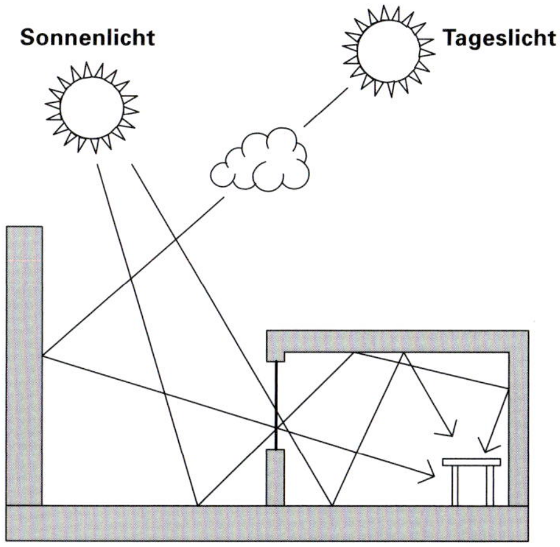

2

4

3

5

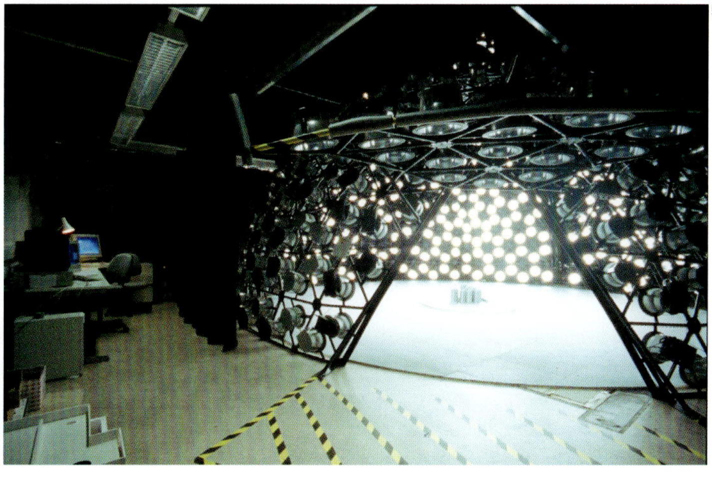

Gebäudetechnik / Heizung

Einzelheizung

Bei einem Einzelheizungssystem werden in jedem Raum des Gebäudes Heizgeräte eingesetzt. Von offenen Feuerstellen oder holzbeheizten Öfen bis zu elektrisch und mit Gas betriebenen Geräten* benötigen diese Feuerstätten ihre eigene Energiezufuhr. Ein Beispiel ist die Elektro-Speicherheizung: Kunststeinplatten werden durch ein elektrisches Heizelement aufgeheizt, einen eingegossenen Draht, durch den elektrischer Strom geleitet wird, ähnlich wie bei einer heizbaren Heckscheibe. Der Stein speichert die Wärme und gibt sie langsam durch Konvektion an den umgebenden Raum ab.

Zentralheizung

Zentrale Heizungssysteme haben nur eine einzige Wärmeerzeugungsquelle. Die Wärme wird durch Verteilungseinrichtungen durch das Gebäude geleitet, wie beispielsweise Rohrleitungen für Warmwasser oder Dampf, oder auch durch Warmluftkanäle.

Warmwasserheizung

In Heizkesseln wird Öl oder Gas zur Erhitzung von Wasser verbrannt, das dann durch das Leitungssystem im Gebäude gepumpt wird. Heizkörper geben die Wärme durch Konvektion und Strahlung an die Räume ab. Die Größe der Abstrahlungsfläche wird entsprechend dem Raumvolumen bemessen. Die Raumtemperatur kann durch ein Thermostatventil geregelt werden, das den Wasserdurchfluss bestimmt. Die Konvektion lässt sich durch Ummantelung des Heizradiators steigern, wodurch die Luft im Inneren erhitzt wird. Kalte Luft tritt von unten ein, die Warmluft kommt oben heraus. Ein Ventilator kann die Luftzirkulation beschleunigen.

Fußbodenheizung

Fußböden und auch Wände können als Heizflächen dienen, indem man Heizschlangen darin installiert. Diese können aufgrund der größeren Flächen mit niedrigeren Vorlauftemperaturen wie normale Radiatoren funktionieren. Fußbodenheizungen können auch mit elektrischen Heizelementen betrieben werden.

Warmluftheizung

Ein zentrifugaler Ventilator wird eingesetzt, um Luft über eine Heizfläche, normalerweise Heizwasserrohre, und dann über Kanäle in die Räume zu leiten. Die Luft kann dabei über Filter oder Umluftkanäle mit einem kleineren Ventilator rückgeführt werden. Diese Systeme ermöglichen eine schnellere Raumaufheizung als Warmwasserheizungen und können auch zur Raumlüftung dienen.

*Gase, die Produkte von brennbaren Stoffen in Heizkesseln und Gasthermen sind, benötigen einen separaten Abzug. Wenn Gas in der Luft verbrennt, entsteht unter anderem Kohlenmonoxid, das zu Erstickung führen kann, und daher durch ein Abgasrohr aus dem Gebäude abgeführt werden muss. Räume, in denen Gasthermen installiert sind, müssen auch ausreichend belüftet werden.

1 Wohnhaus mit Zentralheizung

1

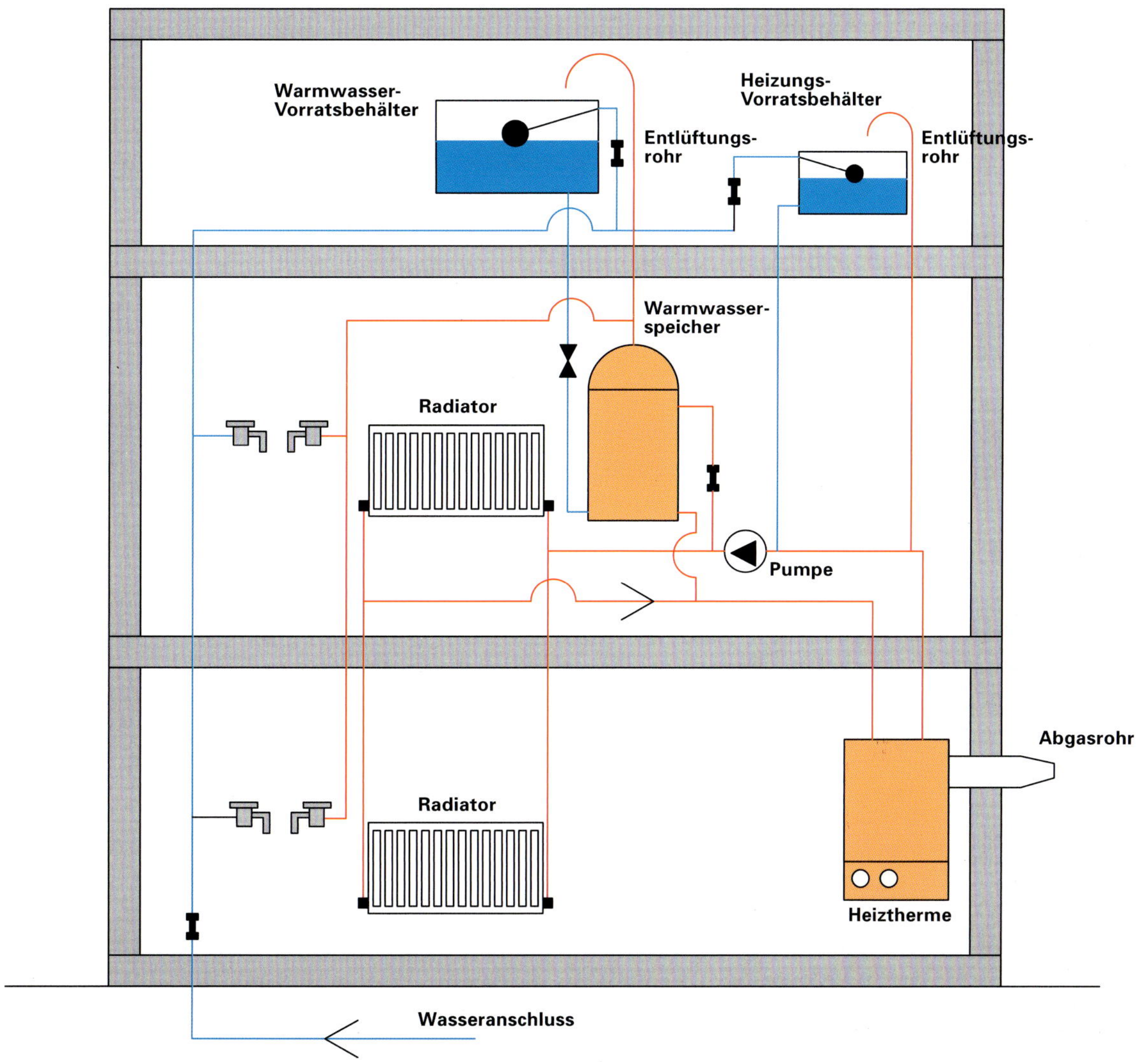
Warmwasser-
Vorratsbehälter
Heizungs-
Vorratsbehälter
Entlüftungs-
rohr
Entlüftungs-
rohr
Warmwasser-
speicher
Radiator
Pumpe
Radiator
Abgasrohr
Heiztherme
Wasseranschluss

Gebäudetechnik / Mechanische Lüftung

Abluft / Entlüftung
In Wohn- und Geschäftshäusern sollten Räume mit hoher Feuchtigkeits- oder Geruchsentwicklung wie Küchen oder Bäder Ventilatoren nach außen erhalten. Wo die Luft zu einer Außenwand hingeleitet werden muss, wird üblicherweise eine Abzugshaube über der Stelle der Dampfentwicklung installiert und ein axialer oder zentrifugaler Entlüfter eingesetzt.

Zuluft / Belüftung
In diesem Fall wird Frischluft ins Gebäude geblasen. Dadurch wird der Luftdruck im Gebäude erhöht und die verbrauchte Luft kann entweichen.

Wärmetauscher
Ähnlich wie bei einer Warmluftheizung wird bei einer Kombination von Zu- und Abluftanlagen dem Raum kontinuierlich Frischluft zugeführt. Wenn diese Zuluft kälter als die Raumluft ist, lässt sich die Wärme der Abluft mit einem Wärmetauscher auf die Zuluft übertragen.

Luftfeuchte
In Gebäuden muss die Luftfeuchtigkeit natürlich oder mechanisch gesteuert werden, da diese das Material des Gebäudes, des Inventars und das Wohlbefinden der Bewohner beeinflusst. In einem normalen Wohnhaus entstehen etwa 15 Liter Wasserdampf pro Tag, der sich auf kälteren Oberflächen niederschlägt. Dieses Kondensat verursacht Schäden an Materialien wie Holz und Metall. Natürliche Luftbewegung im Gebäude und Entlüftung hilft zur Vermeidung von Kondensatbildung. Technische Hilfsmittel zur Erhöhung beziehungsweise Verringerung der Luftfeuchte sind Luftbefeuchter und Luftentfeuchter. Wie beim Heizen und Kühlen können diese Geräte sowohl in einzelnen Räumen als auch im Lufttauscher einer Lüftungs- oder Klimaanlage eingesetzt werden.

1 Lüftungssystem

1

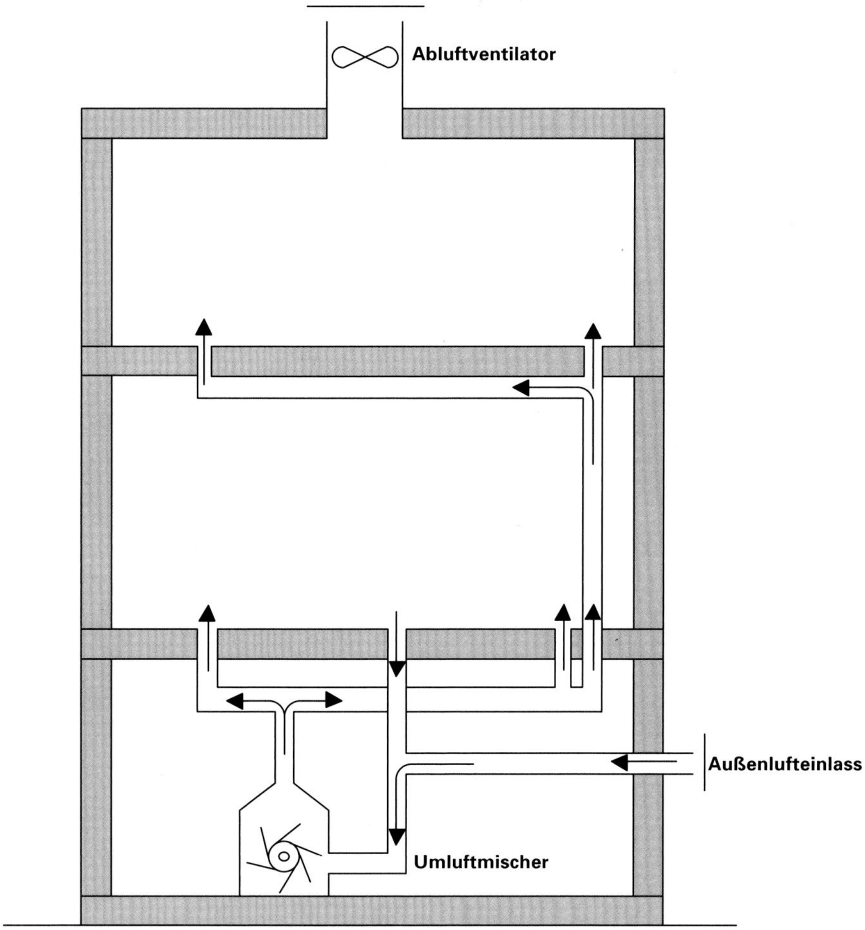

Gebäudetechnik / Klimaanlagen: Prinzipien

Der Begriff Klimaanlage wird für diverse Systeme verwendet, die das Raumklima von Gebäuden verändern. Im Allgemeinen haben sie die Funktion, die Luft zu kühlen, zu wärmen, zu filtern* sowie die Luftfeuchtigkeit und die Belüftung zu steuern.

Verdampfungs-Kompressions-Zyklus
Elektrisch betriebene Luftkühler funktionieren nach dem gleichen Prinzip wie ein Kühlschrank: durch Verdampfung einer Flüssigkeit, die dabei Energie absorbiert. Die Kühlflüssigkeit (eine Flüssigkeit, die bei relativ niedrigen Temperaturen verdunstet) wird durch eine Spirale geleitet, aus der sie beim Verdunsten Wärmeenergie aufnimmt, die der umgebenden Luft entzogen wird – so wird die Raumluft gekühlt. Die verdunstete Kühlflüssigkeit wird dann mittels eines Kompressors kondensiert und durch eine zweite Spirale geleitet, wo die durch den Kondensationsprozess freigesetzte überflüssige Wärmeenergie wiederum an die Luft abgegeben wird.**

Absorptionskühlung
Absorptionskühler nutzen Hitze statt mechanischer Energie, um zu kühlen. Hier wird der mechanische Kompressionskondensator durch einen thermischen Kompressor ersetzt. Auch hier basiert der Prozess auf dem Prinzip der Verdampfung, wobei Wärme in Form erhitzter Moleküle von einem Material auf ein anderes übertragen wird, welches diese dann absorbiert (ähnlich wie beim menschlichen Schwitzen, wo das Wasser des Schweißes verdunstet und von der kühlen trockenen Luft absorbiert wird, welche die in den Wassermolekülen gespeicherte Hitze mit sich fortträgt). Absorptionskühler funktionieren durch Verdampfung flüssigen Stickstoffs, der dann als Gas in Wasser gelöst wird. Diese Lösung wird zu einem Generator gepumpt, wo die Kühlflüssigkeit wieder in den gasförmigen Zustand überführt wird; die Lösung wird dann zurück zum Absorber geleitet.

* Luft enthält alle möglichen Schwebstoffe, von Staub und Fasern bis hin zu mikroskopisch kleinen Bakterien und Viren. Bei einer zentralen Klimaanlage müssen diese Partikel beim Eintreten und Verlassen der Luft ins Gebäude herausgefiltert werden, und die Anlage muss von Zeit zu Zeit gesäubert werden. Die Luftfilter werden aus diversen Materialien mit unterschiedlicher Porosität hergestellt. Sie können mit antimikrobiellen Bioziden imprägniert werden, das Prinzip der elektrostatischen Anziehung nutzen oder Karbonanteile zum Herausfiltern gasförmiger Verunreinigungen enthalten.

** Eine Wärmepumpe benutzt einen Kompressionskondensator zum Heizen statt zum Kühlen. Die kalte Luft wird nach draußen geleitet und die warme Luft zum Heizen des Raums verwendet. Umkehr-Wärmepumpen können je nach Bedarf sowohl Wärme als auch Kälte erzeugen; sie können thermische Energie von den wärmeren Teilen eines Gebäudes zu den kälteren transferieren.

1 Verdampfungs-Kompressions-Zyklus
2 Absorptionskühlung

1

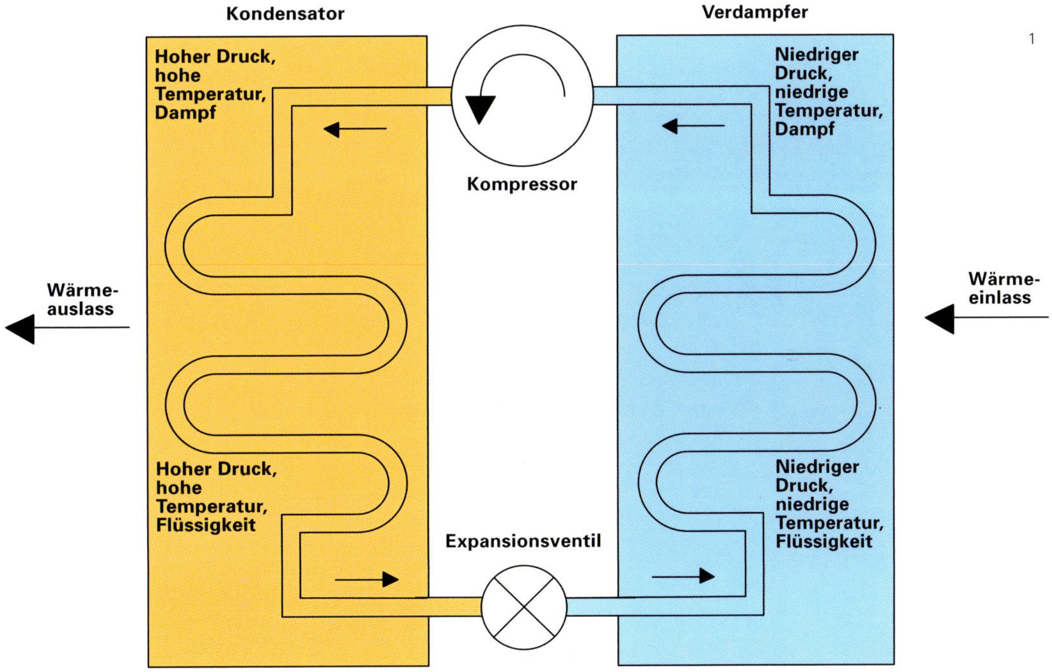
Kondensator
Verdampfer
Hoher Druck, hohe Temperatur, Dampf
Niedriger Druck, niedrige Temperatur, Dampf
Kompressor
Wärme-auslass
Wärme-einlass
Hoher Druck, hohe Temperatur, Flüssigkeit
Niedriger Druck, niedrige Temperatur, Flüssigkeit
Expansionsventil

2

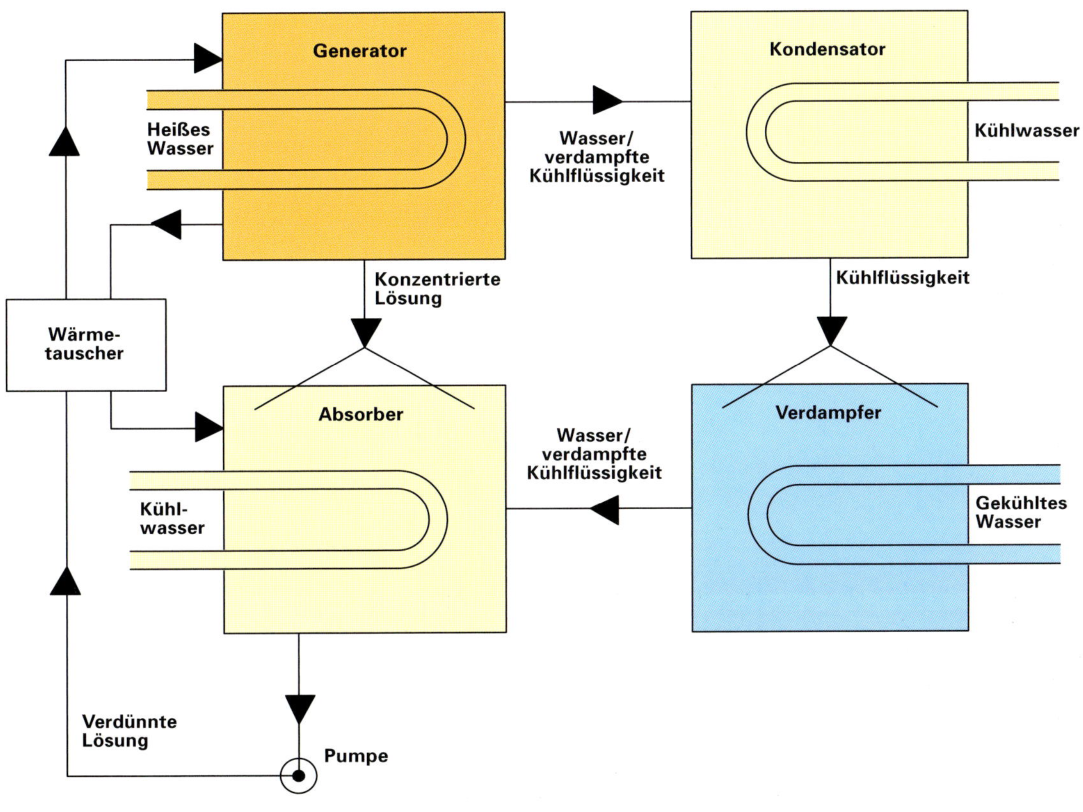
Generator
Kondensator
Heißes Wasser
Wasser/ verdampfte Kühlflüssigkeit
Kühlwasser
Konzentrierte Lösung
Kühlflüssigkeit
Wärme-tauscher
Absorber
Verdampfer
Wasser/ verdampfte Kühlflüssigkeit
Kühl-wasser
Gekühltes Wasser
Verdünnte Lösung
Pumpe

110 Gebäudetechnik / Klimaanlagen: Systeme

Einzelklimageräte

Ein Klimagerät, das in die Außenwand eines Raums eingepasst ist, benutzt einen Ventilator, um die Luft aus dem Raum durch einen Filter, über die Verdampfungsspirale und zurück in den Raum zu ziehen. Dabei wird Außenluft über die Kondensatorspirale geleitet, damit überflüssige Wärme abgegeben werden kann. Diese Geräte lassen sich in ihre einzelnen Bestandteile aufteilen, sodass die Verdampfungsspirale und der Ventilator im Rauminneren untergebracht werden können (zum Beispiel innerhalb einer abgehängten Decke), während die Kondensator-Einheit außen sitzt und durch Rohre mit dem Rest der Anlage verbunden ist. Bis zu vier Verdampfer-Einheiten können so an einen einzelnen Kondensator angeschlossen werden, der in bis zu 50 m Entfernung positioniert sein kann.

Verdunstungskühler

Ein Verdunstungskühler besteht im Wesentlichen aus einem Kastenrahmen, der einen großen Ventilator enthält. Er drückt warme Außenluft durch ein Textilgewebe, das von einer Wasserpumpe kontinuierlich mit Feuchtigkeit getränkt wird. Die beim Verdunsten der Wassermoleküle aus diesem Gewebe entstehende Verdunstungskälte kühlt die Luft um etwa 11 °C. Die wassergekühlte Luft wird dann durch den Ventilator durch das Gebäude geblasen.

Zentrale Klimaanlagen

Solche Systeme dienen nicht nur der Heizung und der Kühlung, sondern fungieren gleichzeitig als Luftfilter, Feuchtigkeitsregler und Raumbelüfter, wobei die Luft in einem zentralen Aggregat aufbereitet wird. Mittels eines zentrifugalen Ventilators wird die Außenluft durch einen Filter zu der Anlage geführt. Sie wird dann entweder über eine Heizspirale (Heißwasserrohre) oder über eine Kühlspirale (Kaltwasserrohre) geleitet und je nach Bedarf in die einzelnen Räume verteilt. Eine separate Rohrleitung und ein weiterer Ventilator dienen dazu, Luft aus dem Gebäudeinneren zu extrahieren, zu filtern und nach draußen zu führen.

Weil die Kühlelemente, die zur Bereitstellung von kaltem Wasser in den Klimaanlagen dienen, große Mengen an überflüssiger Wärme produzieren, werden die Kondensatoren manchmal mit Wasser aus der Umgebung wie Kanälen oder Seen gekühlt, oder durch Verdunstungskälte in zu diesem Zweck gebauten Kühltürmen.

1 Zentrale Klimaanlage
2 Ventilatoren einer Klimaanlage
3 Aktiv-passive Kühlsysteme. Die natürliche Luftzirkulation wird durch mechanische Ventilatoren und Abluftschächte verstärkt. Zusätzlich werden die kühlen Temperaturen des Erdreichs genutzt, um die einströmende Luft zu kühlen.

1

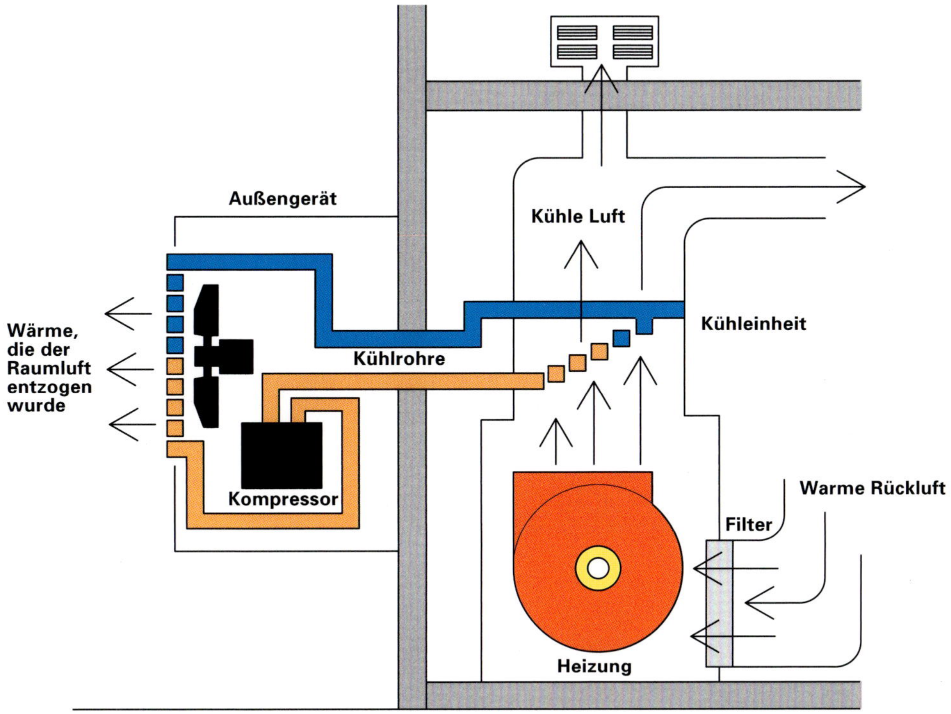
Außengerät
Kühle Luft
Wärme, die der Raumluft entzogen wurde
Kühlrohre
Kühleinheit
Kompressor
Warme Rückluft
Filter
Heizung

2

3

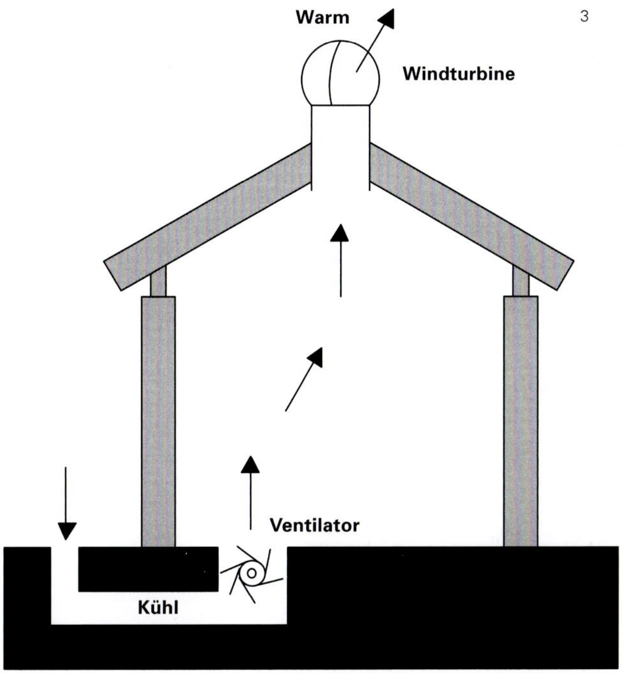
Warm
Windturbine
Ventilator
Kühl

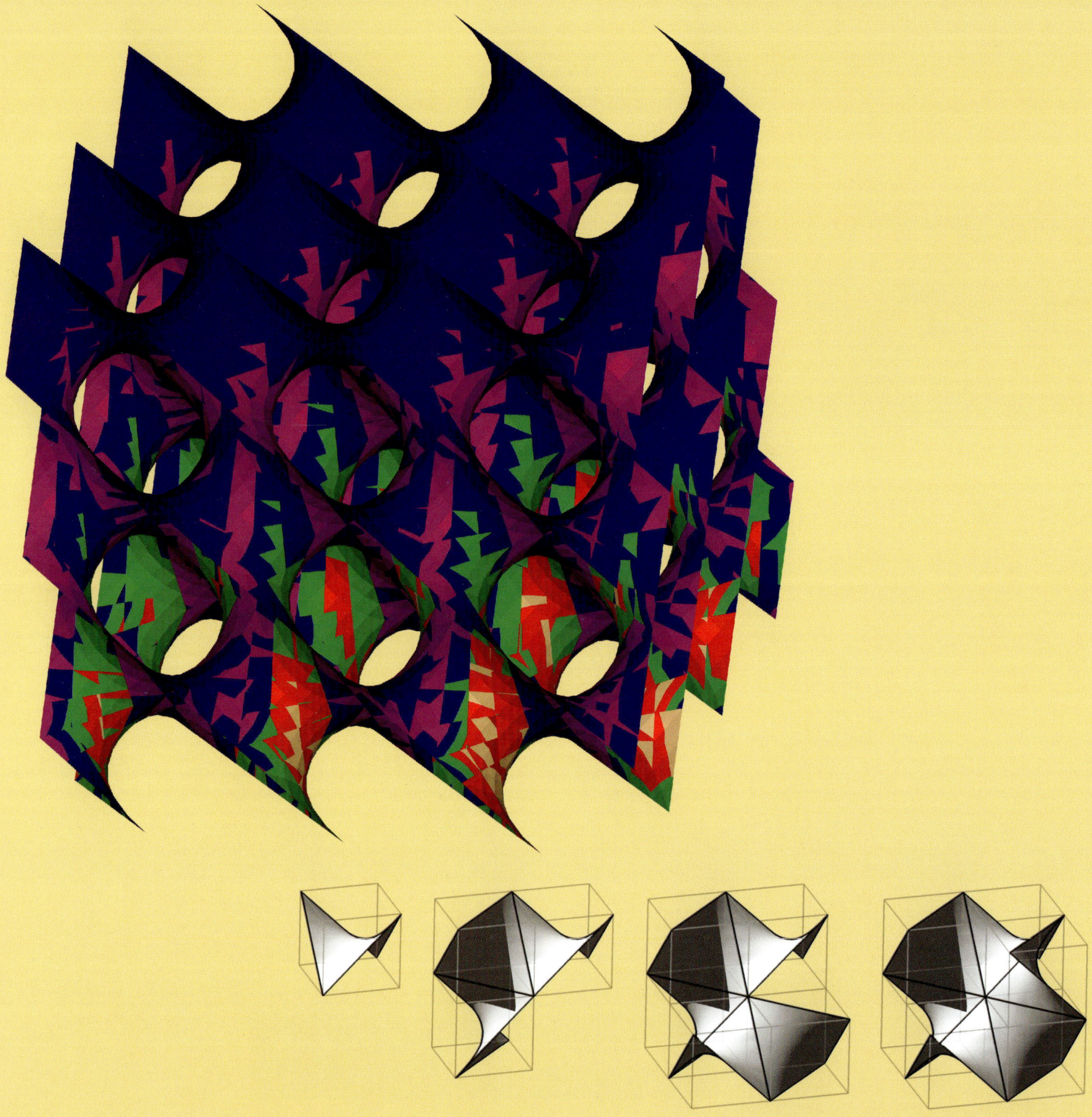

Computer, Programme, Modelle

Abgesehen vom altchinesischen Abakus könnte man den mechanischen Kalkulator, den der französische Mathematiker Blaise Pascal 1642 erfand, als die erste Rechenmaschine bezeichnen. 1804 entwickelte Joseph Marie Jacquard den Jacquard-Musterwebstuhl, mit dem eine Reihe unterschiedlicher Muster durch einfaches Austauschen der Vorlage produziert werden konnte. Dieser Webstuhl war die erste (immer wieder neu) programmierbare Maschine, die Lochkarten für das Kodieren von Daten verwendete.
Die als *difference engine* (Differentialmaschine) bekannt gewordene und aus bronzenen Zahnrädern, Hebeln und Rollen bestehende Maschine von Charles Babbage aus dem Jahr 1830 war die erste (immer wieder neu) programmierbare Rechenmaschine, aber erst in den 1940er Jahren gab es die ersten Anfänge des modernen Computers. Während des Zweiten Weltkriegs kam der britische Mathematiker Alan Turning bei seiner Suche nach einem Weg, den deutschen Geheimkode zu knacken, auf die Idee eines Endlosbandes, mit dem Daten in eine Maschine eingespeist werden können; damit war diese in der Lage, eine unendliche Anzahl von Rechenschritten durchzuführen – der »universale Computer« war erfunden.

Die häufig verwendete Abkürzung CAD stand ursprünglich für *computer-aided-drafting.* »Drafting« (Zeichnen) wurde später ersetzt durch »design«. Inzwischen hat sich CAD als effizientes und sehr genaues Hilfsmittel zur Anfertigung von Zeichnungen erwiesen. Wichtiger jedoch für das Entwerfen und Konstruieren ist die Fähigkeit des Computers, schnell mathematische Berechnungen durchzuführen. Damit können zum einen große Informationsmengen geordnet und zum anderen Verhaltensweisen von natürlichen und künstlichen Objekten und Systemen simuliert, also modellhaft dargestellt werden.

Dieses Kapitel ist in drei Abschnitte unterteilt:

Datenstrukturierung
Wie sich Computer als Informationsspeicher und Datenbanken einsetzen lassen, und wie Informationen über das Bauen in ein Computermodell integriert werden können: Entwurf und Materialauswahl, Gebäudedaten-Modell.

Analyse der Konstruktion
Wie Computer eingesetzt werden können, um das Verhalten von Materialien und Konstruktionen unter dem Einfluss von Lasten vorherzusagen und Konstruktionsformen innerhalb dieser Parameter zu finden: Formfindung und Finite Elemente Analyse.

Analyse der Standortverhältnisse
Wie Computer eingesetzt werden können, um das Verhalten von Gebäuden an einem bestimmten Standort vorherzusagen und unterschiedliche Klimahüllen innerhalb bestimmter Parameter wie Energiehaushalt, Tageslichteinfluss, Luftbewegung und Akustik zu testen.

Oben links
Finite Elemente Analyse (FEA) einer anitklastischen Schalenkonstruktion

Unten links
Formfindung – Anordnungsfolge einer dreidimensionalen »Hyperform«

Datenstrukturierung / Entwurf und Materialauswahl, Gebäudedatenmodell

Entwurf und Materialauswahl

Materialdatenbanken ermöglichen es Architekten, Ingenieuren und Produktdesignern, nach geeigneten Werkstoffen zu suchen. Materialien werden nach Eigenschaften, Herstellungs- und Verarbeitungsprozessen (Prozessattribute) sowie nach den Formen, die sie annehmen können, klassifiziert. Durch Suchraster kann der Anwender das am besten geeignete Material für einen speziellen Zweck finden und überprüfen oder sich sogar ein Hybridmaterial schaffen.

Gebäudedatenmodell (BIM)

Durch die Verwendung eines Gebäudedatenmodells (Building Information Model) wird ein Gebäude zu einer »integrierten Datenbank kombinierter und vernetzter Informationen«. Planung, Ausführung und Betrieb eines Gebäudes werden damit für alle Beteiligten optimiert. Beim Gebäudemodell-Verfahren arbeitet man objektbezogen. Jedem Bauelement können weitere Attribute, wie etwa Materialeigenschaften, Kosten und Lieferant, hinterlegt werden. Diese nichtgrafischen Daten können beispielsweise für die Ausgabe von Zeitplänen und Baubeschreibungen extrahiert werden. Bei Planungsänderungen werden alle verknüpften Daten automatisch angeglichen. Da alle Planer auf einer gemeinsamen Datenbasis arbeiten, sind Änderungen für jeden unmittelbar sichtbar.

Parametermodell

Ein wichtiger Teil eines aussagekräftigen Gebäudedatenmodells ist das Parametermodell des Computerprogramms, das auf umfassende Datenbanken für die Erstellung eines dynamischen Modells des gesamten Projektes zurückgreift. Das Programm berücksichtigt in seinen grafischen Darstellungen und Berechnungen das gespeicherte Verhalten verschiedener Bauelemente eines Gebäudes: Bestimmte Beziehungen zwischen Elementen bleiben bei Veränderungen an dem Modell erhalten. Veränderungen (im Grundriss, im Schnitt, im Bauablauf) an dem Projekt werden fortwährend eingearbeitet und alle notwendigen Anpassungen und Folgeänderungen automatisch vorgenommen.

1 Projektnavigation. Der Schlüssel zu einem erfolgreichen Gebäudedatenmodell ist eine klare Struktur der Daten, um alle Informationen zu koordinieren.
2 Beispielseite aus der Werkstoffdatenbank Cambridge Engineering Selector.

1 **Gebäudedatenmodell (BIM)**

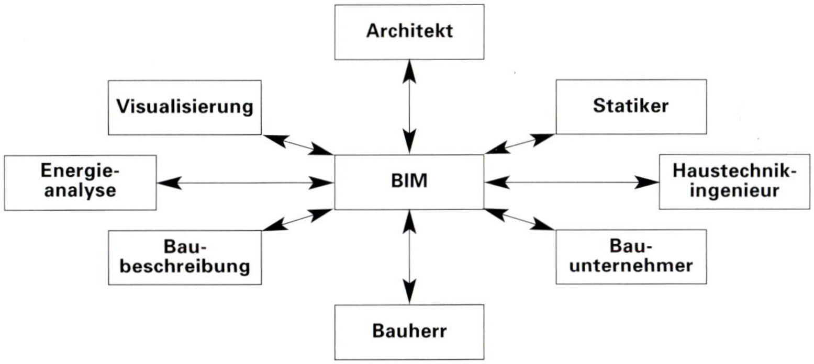

2

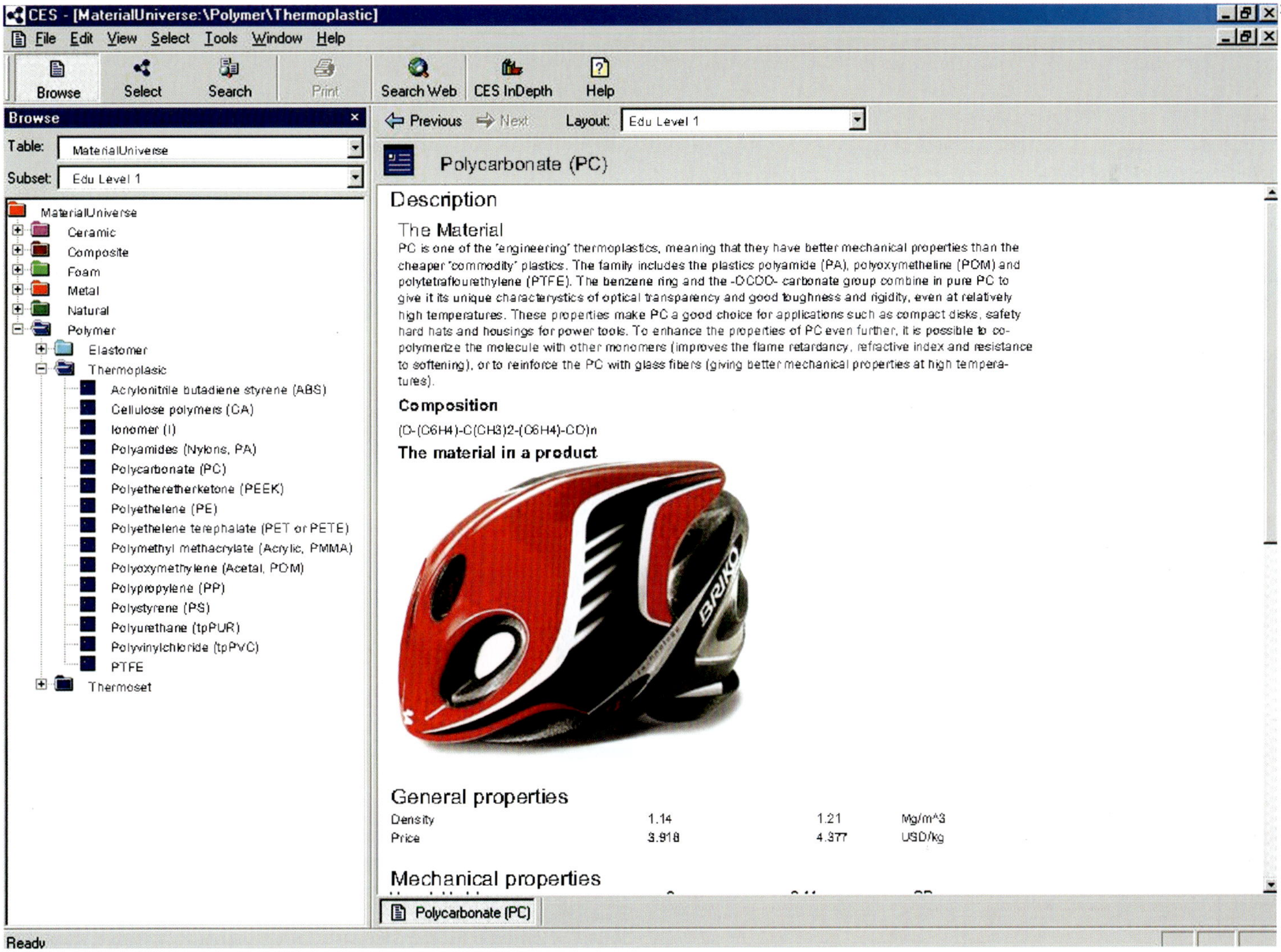

Analyse der Konstruktion / Formfindung, Finite Elemente Analyse

Formfindung

Bevor es leistungsfähige Computer gab, fand und schuf man neue Konstruktionsformen und Tragwerke, indem man Modelle baute und aus ihnen die geometrischen Informationen ableitete, besonders bei komplexen Gebilden wie dreidimensional geformte, auf Druck beanspruchte Flächen (Schalen) oder dreidimensionale Spannkonstruktionen (Membranen). Durch *computer-aided-design* (CAD) sowie ein umfassenderes Wissen über das Verhalten von Materialien gibt es heute eine Vielzahl von Ansätzen dafür, wie eine Form mit Hilfe von Computerprogrammen zur Berechnung der konstruktiv besten Lösungen bei gegebenen geometrischen Parametern gefunden werden kann.

Finite Elemente Analyse

Im ersten Schritt der sogenannten aus dem Maschinenbau stammenden Finite Elemente Analyse (FEA) wird ein Finite Elemente-Modell der zu analysierenden Konstruktion erstellt. Zwei- oder dreidimensionale CAD-Modelle werden in eine FEA-Umgebung importiert, und in einem *meshing*-Verfahren wird das Modell als geometrisches Gebilde aus einer endlichen Anzahl kleiner Elemente und Knoten definiert. Die Knoten stellen die Punkte dar, für die Eigenschaften wie beispielsweise Verschiebungen berechnet werden. Die einzelnen Elemente werden von einer bestimmten Anzahl von Knoten begrenzt und definieren die jeweils festgelegte Masse und Steifigkeitseigenschaften des Modells. Jedes Element trägt auch eine sogenannte *mesh number*, eine Feldnummer, durch die entsprechende Verformungen oder Spannungszustände genau lokalisiert werden können. Da das Programm die Eigenschaften der verwendeten Materialien kennt, kann es bestimmte Rechenprozeduren durchführen, um die Folgen von auf die Konstruktion wirkenden Lasten (Verformungen, Dehnungen und Spannungen) zu bestimmen. Die Ergebnisse werden dann innerhalb der FEA-Umgebung visualisiert und lassen sich so genau betrachten, um die Konstruktion umfassend zu analysieren. Durch numerische und grafische Darstellungsmöglichkeiten lassen sich Besonderheiten wie Spannungszustände oder Verformungen genau lokalisieren.

1 Dreidimensionales »NURBS«-Modell des Daches für einen Musikpavillon. Die Grenzen zwischen den Elementen sind gelb abgesetzt.

2 Die komplexe Konstruktion des neuen Daches für einen bestehenden Turm konnte mit Hilfe eines dreidimensionalen Modells vereinfacht und mit einem einfachen Ringanker und gekrümmten Querträgern aus Stahl realisiert werden, auf denen die Sparren und eine doppelt gekrümmte Sperrholzdecke verankert werden.

3, 4, 5 Software zur Formfindung beim Entwurf von Membrankonstruktionen. Kontrollpunkte (CPs) werden verwendet, um einen Raum zu definieren. Lässt man über das Programm eine Kraft auf einen dieser Punkte wirken, muss eine gleichmäßige Kraftübertragung zwischen den Punkten sichergestellt sein, damit die Membran immer richtig gespannt bleibt.

6 Ansicht eines Gittermodells (*mesh*), mit dessen Hilfe die Form des Musikpavillondachs ermittelt wird.

7 Explosionszeichnung der Konstruktionselemente des Daches

8 FEA-Modell der Krümmung eines 70 m hohen Masts aus glasfaserverstärktem Kunststoff (GFK)

9 Bei der Planung eines 10 m hohen Turmes aus massiven Acrylblöcken verwendete man die FEA, um das Verhalten des Bauwerks unter Windlasten zu ermitteln.

1

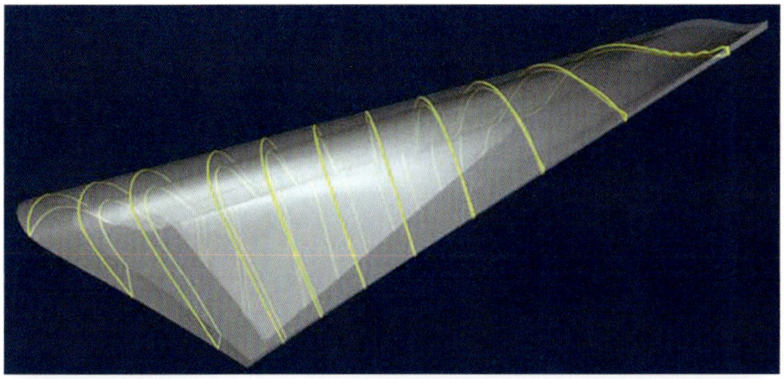

2

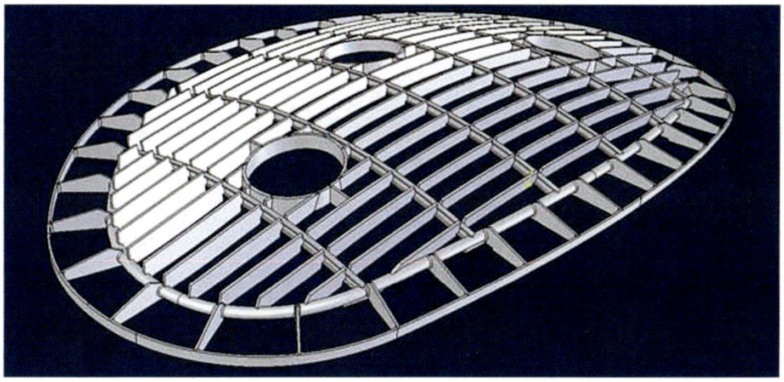

3

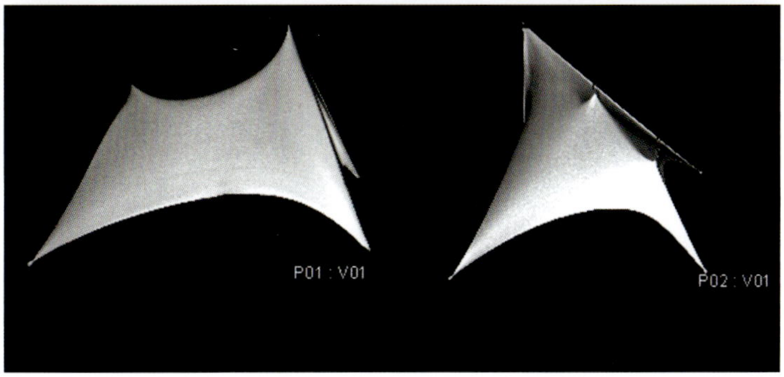
P01 : V01
P02 : V01

4

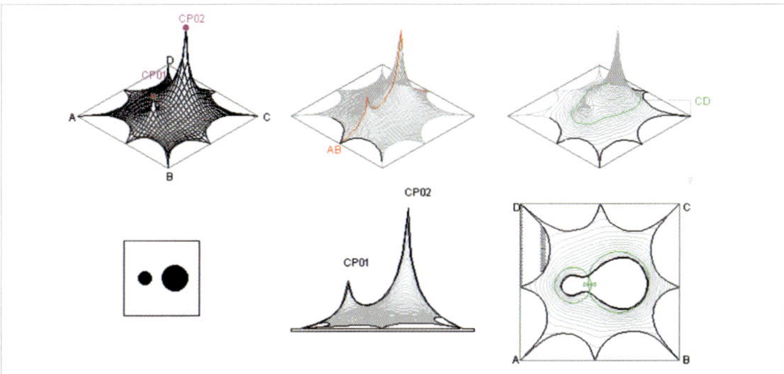
CP02
D
CP01
A
C
B
AB
CD
CP02
CP01
D
C
A
B

5

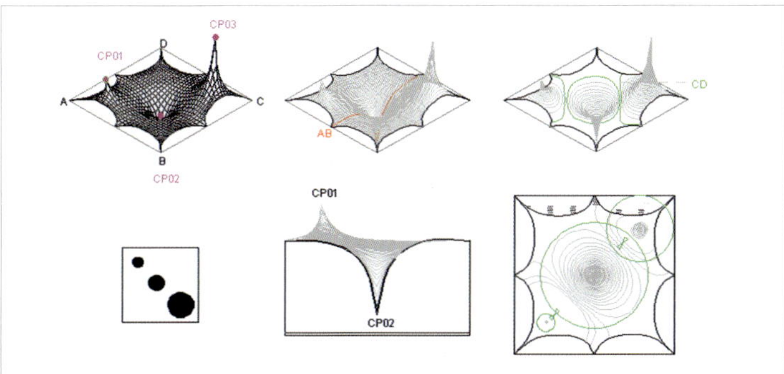
CP01
D
CP03
A
C
B
CP02
AB
CD
CP01
CP02

6

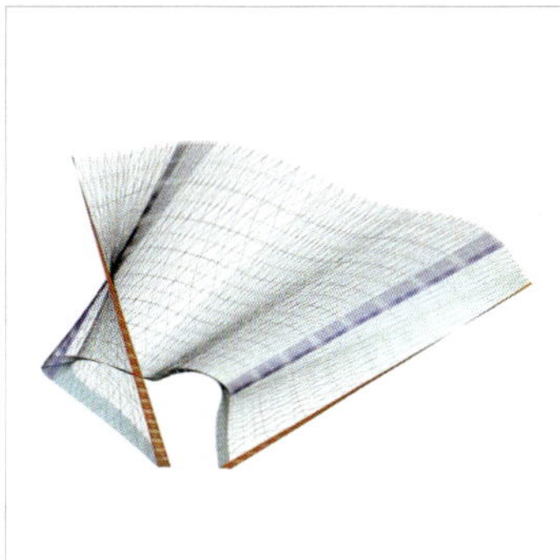

7

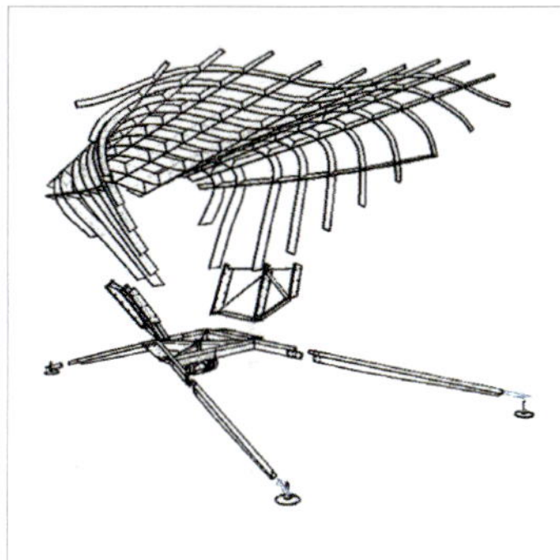

8

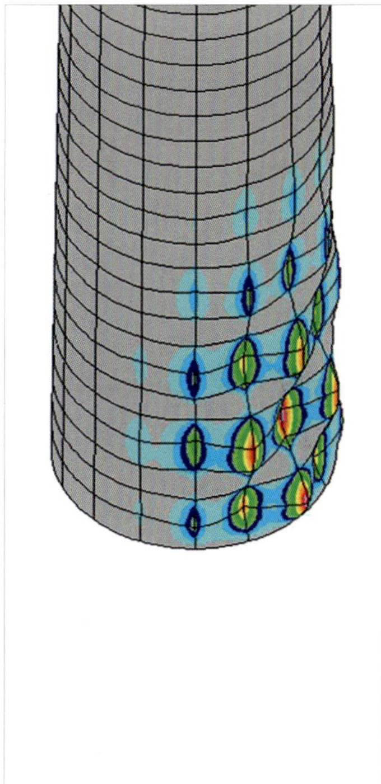

9

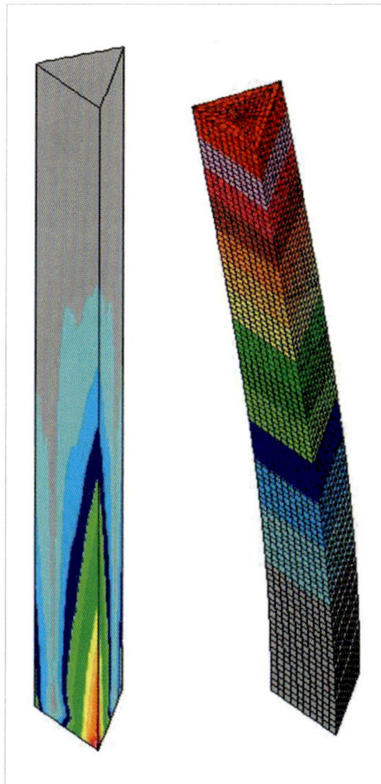

Analyse der Standortverhältnisse / Energiehaushalt, Tageslicht

Architekten können mit Hilfe von Computerprogrammen die Standortverhältnisse eines Gebäudes untersuchen und die Ergebnisse als Grundlage für den Energiehaushalt, die Belichtung, die Luftzirkulation und die Akustik nutzen. Einem dreidimensionalen grafischen Modell werden dafür Materialeigenschaften zugewiesen, und das Programm bereitet die Informationen sowohl tabellarisch als auch grafisch auf.

Energiehaushalt – Analyse der Verschattung und der Sonneneinstrahlung

Sehr starke Sonneneinstrahlung ist einer der Hauptgründe, warum sich Gebäude sogar in relativ kühlen Klimazonen zu stark aufheizen. Gleichzeitig ist die Sonne aber auch eine der größten natürlichen Energiequellen. Daher sind die Themen Verschattung und Analyse des Wärmegewinns durch Sonneneinstrahlung untrennbar miteinander verbunden. Durch die Analysesoftware kann der Architekt berechnen, wie viel Sonne durch die Fenster einfällt, wie die Gebäudeflächen von der Sonne innerhalb eines bestimmten Zeitraums bestrahlt werden, und dies auch bildlich darstellen. Das Computermodell kann die zu starke Verschattung angrenzender Gebäude zeigen und vorhandene Wärmegewinne zu verschiedenen Jahreszeiten vergleichen, indem unterschiedlich starke Sonneneinstrahlungen während Heizperioden oder Phasen, in denen im Gebäude gekühlt werden muss, aufgezeigt werden. Auf diese Weise können Architekten bereits in der Entwurfsphase die Auswirkungen von bestimmten Sonnenschutzmaßnahmen untersuchen, zu denen die Ausrichtung des Gebäudes, die wärmedämmenden und -speichernden Eigenschaften der Fassade sowie die Größe und Lage der Fenster sowie deren Sonnenschutz gehören.

Modellbeispiel einer thermischen Analyse

Was die thermische Speichermasse bewirken kann, wird in den Abbildungen rechts an dem Modell eines Gebäudes in Athen unter Anwendung der lokalen Wetterdaten dargestellt. Das einstöckige Gebäude misst 6 x 10 x 2,40 m, und die Gebäudehülle kann entweder aus Materialien mit hoher Dichte und Wärmekapazität, wie etwa Backstein und Beton, oder aus leichten Materialien mit geringer Wärmekapazität wie etwa einer Holzrahmenkonstruktion und abgehängten Holzböden bestehen.

Obwohl die Außentemperatur über Mittag 39,4 °C erreichen kann, behält das Gebäude aus schwereren Materialien eine Temperaturdifferenz von 5,4 °K auch zu dieser heißesten Tageszeit. Die maximale Innentemperatur von 34,9 °C wird um 16 Uhr gemessen (Abbildung **1**). Beim Haus in Leichtbauweise wirkt sich die hohe Temperatur unmittelbarer aus, und es erreicht bereits um 14 Uhr die höchste Innentemperatur von 36,2 °C und eine maximale Temperaturdifferenz von nur 3,8 °K. Der Vergleich des Hauses aus schwereren Materialien und dem Leichtbauhaus ergibt, dass bei einer Hülle aus Beton und Ziegel im August die erforderliche Energiemenge für Kühlung um 45 % geringer ist als bei der Holzrahmenkonstruktion. Wenn man die Kühlung mit einer Klimaanlage erzielen wollte, lägen die Betriebskosten und die CO_2-Emissionen bei 70 % der entsprechenden Aufwendungen für die Holzkonstruktion. Würde man den Wert der Z-Achse auf der Originalzeichnung auf –2,40 m setzen, hieße das, das Gebäude in die Erde einzugraben. Der daraus resultierende Graph der monatlichen Belastung zeigt deutlich, dass die Anforderungen an die maximale Kühlung um 592 W reduziert würden (Abbildung **2**).

Tageslicht

Da Analyseprogramme der Computer automatisch den Lauf der Sonne und damit den Schattenwurf im Verlauf eines gesamten Jahres darstellen können, ist es möglich, die Versorgung mit Tageslicht sowie Belichtungsniveaus für jeden einzelnen Punkt eines Modells zu berechnen (siehe Abbildung **3–6**).

1, 2 Thermische Analyse als Balkendiagramm
3 Tageslichtanalyse; Standort London, Schattenwurf um 16 Uhr
4 Tageslichtanalyse; Blick aus Richtung Sonne
5, 6 Tageslichtanalyse, Tageslichtwerte und Eintrittstiefe des Tageslichts in das Innere des Gebäudes

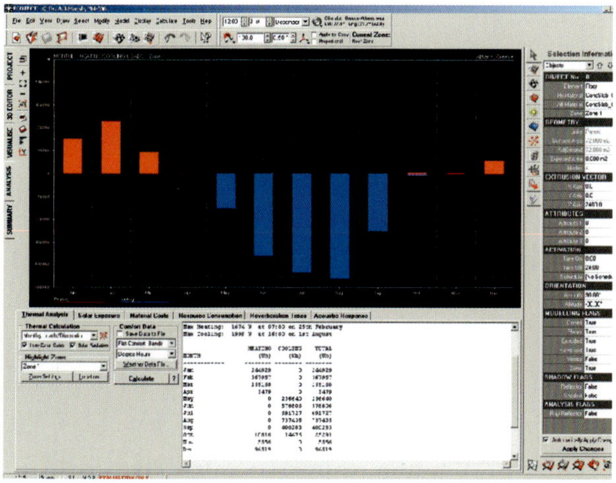

1

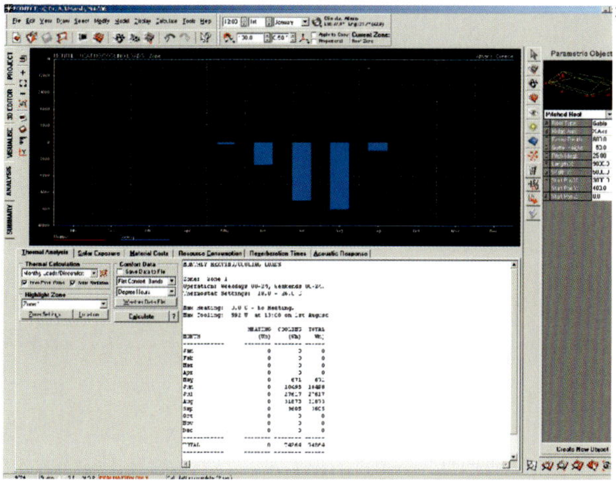

2

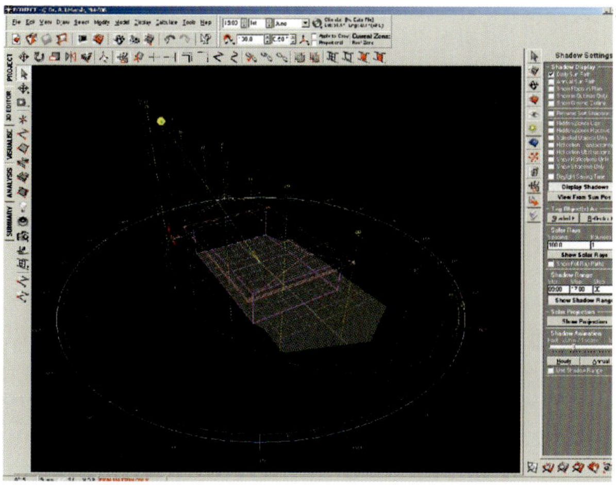

3

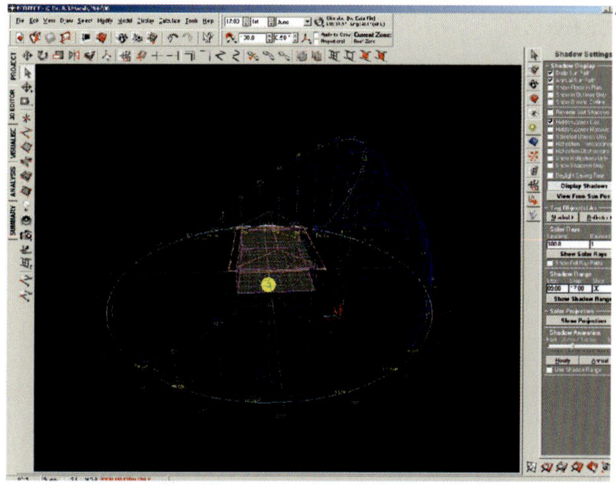

4

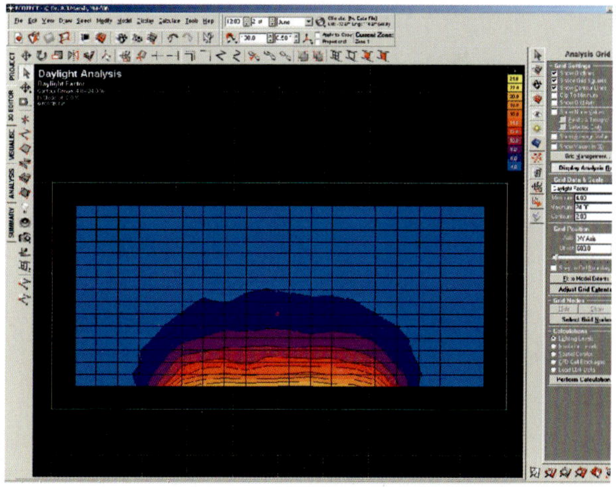

5

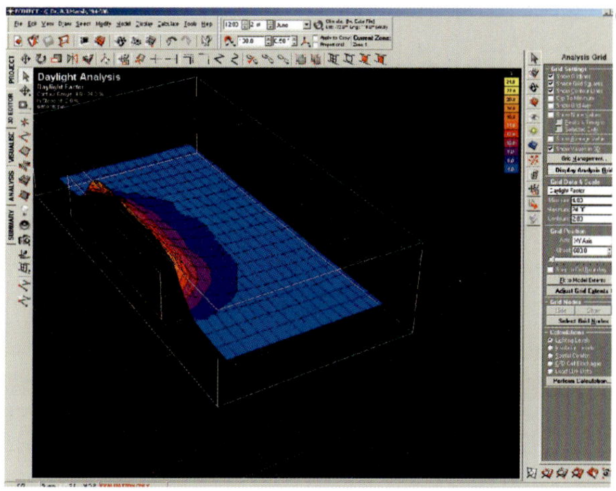

6

Analyse der Standortverhältnisse / Luftzirkulation, Akustik

Luftzirkulation

Unter Verwendung vorhandener Wetterdaten kann ein Analyseprogramm die Geschwindigkeit, Häufigkeit und Richtung des Windes innerhalb eines Jahres direkt auf ein Entwurfsmodell anwenden und damit die Möglichkeiten von natürlicher Belüftung und Windschutzstrategien ermitteln, insbesondere wenn es mit einer CFD-Software zur Strömungssimulation kombiniert wird.

Computational Fluid Dynamics – CFD (Strömungssimulation)

Die Navier-Stokes-Gleichungen, nach Claude-Louis Navier und George Gabriel Stokes benannt, sind ein Gleichungssystem zur Darstellung der Bewegung von Flüssigkeits- und Gasteilchen. Die Gleichungen beschreiben die zeitliche Veränderung des Kräftegleichgewichts an jedem Ort der Strömung. Die Gesamtheit der numerischen Lösungsmethoden der Navier-Strokes-Gleichungen nennt man *computational fluid dynamics* (Strömungssimulation). Umgesetzt in eine Grafik kann die Bewegung der Fluide als sich durch den Raum bewegende Teilchen wahrgenommen werden. CFD kann damit zur Simulation von Windströmungen mit Geschwindigkeits- und Richtungsbetrachtung in und um Gebäude eingesetzt werden. Dem Architekten bieten sie die Möglichkeit, unterschiedliche Varianten eines Entwurfs hinsichtlich der natürlichen Belüftung oder Minimierung der Fallluftströme bei hohen Gebäuden zu optimieren.

Akustikmodelle

Analyseprogramme bieten auch eine Vielzahl von Optionen für akustische Untersuchungen. Diese reichen von einer einfachen Berechnung der Nachhallzeiten bis hin zu komplexen Teilchenanalysen und auf Raytracing basierenden Rechenverfahren in virtuellen 3D-Modellräumen.

Modellbeispiel einer akustischen Analyse

Die Auswirkung von unterschiedlichen Materialien und Oberflächen auf die Nachhallzeit wird in einem Computermodell untersucht. Das einstöckige Gebäude besitzt die Maße 6 x 10 x 2,40 m, und es werden zwei Arten einer Gebäudehülle analysiert. Die erste Gebäudehülle besteht aus gemauerten Schalenwänden, einer verputzten Balkendecke und einer Betonbodenplatte. Hierfür erhält man eine Nachhallzeit von 2,3 Sekunden bei 500 Hz und 1,14 Sekunden bei 1 kHz (Abbildung **2**). Die zweite Gebäudehülle besteht aus gemauerten Schalenwänden mit einer Decke aus Akustikplatten und einem freitragenden Holzboden mit Teppichauflage. Hierfür erhält man eine Nachhallzeit von 0,9 Sekunden bei 500 Hz und zwischen 0,31 und 0,75 Sekunden bei 1 kHz (Abbildung **3**). Die grafische Darstellung zeigt deutlich, wie stark sich schallabsorbierende Oberflächen auf die Reflexion des Schalls innerhalb des Raumes auswirken.

1 Strömungssimulationen (CFD) machen den Wind an einer Fassade sichtbar.
2, 3 Schaubilder der Nachhallzeiten

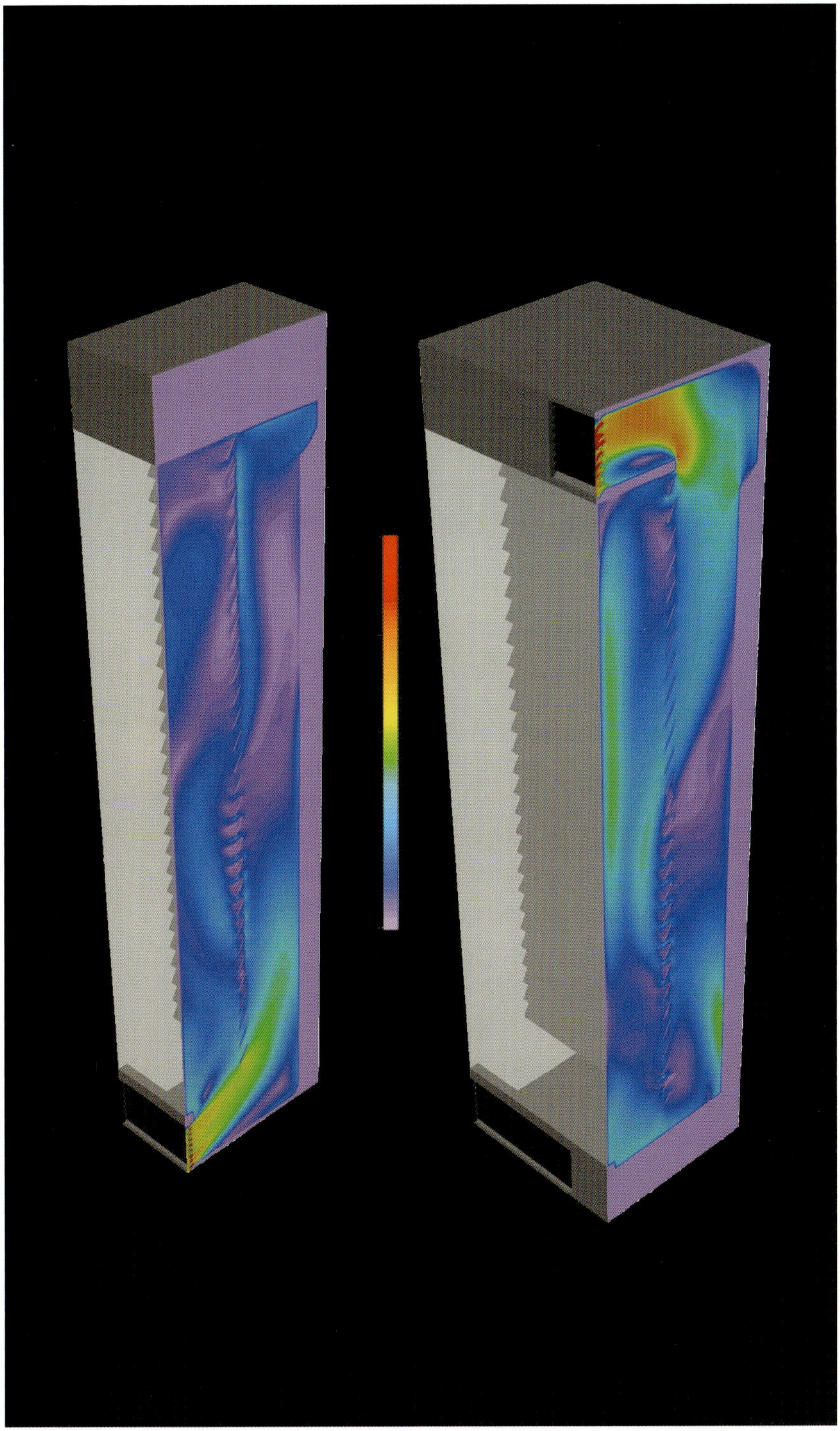
1

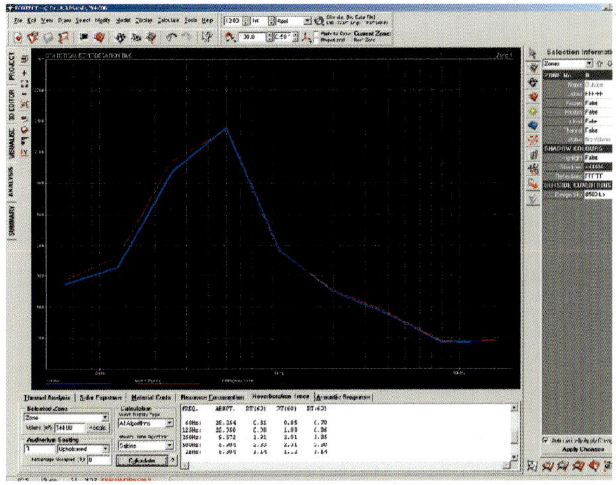
2

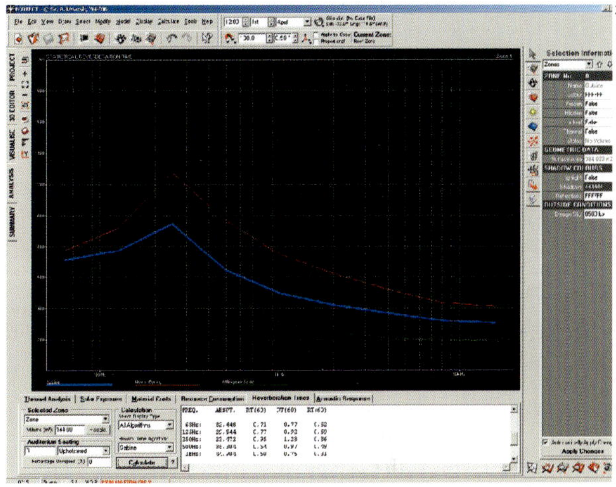
3

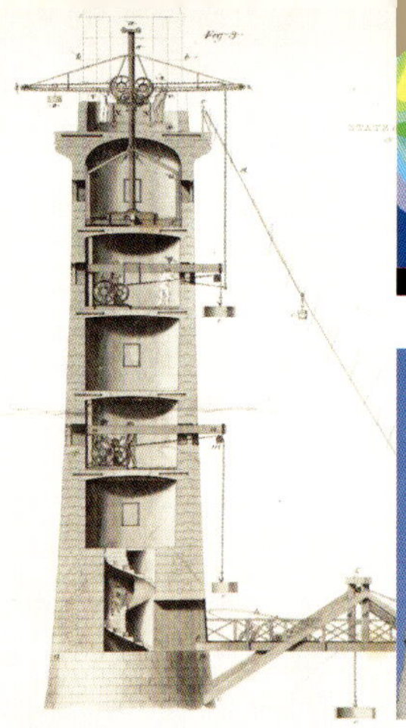
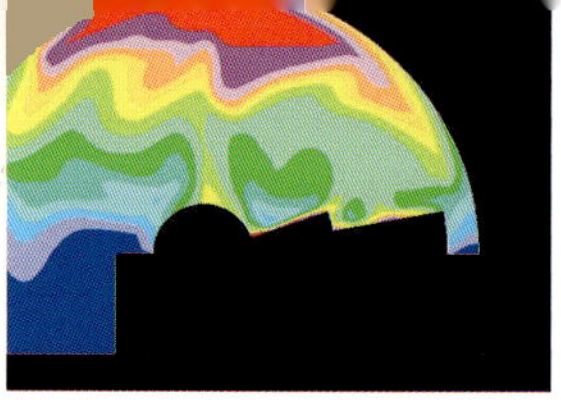

NatWest
Banking

Fallbeispiele

Ursprünge der Bauformen

Die auf den folgenden Seiten vorgestellten Gebäude zeigen, wie sich Architektur und Bautechnik im Laufe der Geschichte entwickelt haben. Bei den älteren Beispielen finden sich kaum Spannkonstruktionen – die eingesetzten Materialien sind meist auf Druck belastbar und eignen sich somit nicht zum Überspannen größerer Distanzen. Grundsätzlich sind die älteren Konstruktionen nicht weniger umwelteffizient als moderne Bauten, ganz im Gegenteil zeichnen sich die Materialen der traditionellen, ortstypischen Architektur meist sogar durch eine hohe Umweltverträglichkeit aus. Traditionelle Wohnformen ergaben sich immer aus dem jeweiligen Umfeld, indem sie die vorhandenen Materialressourcen nutzten und auf das Klima vor Ort reagierten. Für jedes Material – seien es Bäume, Steine, Lehm oder Schnee – fand man eine Möglichkeit, daraus eine Konstruktion zu formen und einen Witterungsschutz zu bauen. Die ersten gesicherten Spuren menschlicher Wohnformen sind bereits 30 000 Jahre alt; es waren runde oder ovale Steinringe, über denen vermutlich zeltartige Dächer aus örtlichen Materialien errichtet wurden. In feuchteren Gebieten wurden diese Materialien errichtet wohl mit Lehm bestrichen, und in freiem Gelände wurden Knochen und Stoßzähne des Mammuts zusammengebunden und als Stützen für eine Überdeckung genutzt.

Größe

Der runde Grundriss erwies sich zwar als günstige Form für Konstruktionen aus unterschiedlichen Materialien und für verschiedene Bautechniken, aber die Entwicklung von hohen und weiten Konstruktionen begann erst mit Fortschritten in der Materialforschung und bei den industriellen Prozessen, die sich häufig aus dem Transportwesen ableiteten. Wissen aus dem Schiffsbau sowie der Automobil- und Raumfahrtindustrie, wo Festigkeit und geringes Gewicht eine große Rolle spielen, wurde angepasst und für den Einsatz in der Bautechnik abgewandelt. Kette und Drahtseil beispielsweise ermöglichten nicht nur den Bau von Hängebrücken, sondern auch von Aufzügen, ohne die es keine Wolkenkratzer gäbe.

Vorfertigung

Herstellungsverfahren außerhalb der Baustelle, durch die Bauteile in einer Fabrik oder Werkstatt gefertigt werden können, ermöglichen eine bessere Qualitätskontrolle – das ist schon lange bekannt. Seit der Industriellen Revolution können immer größere Bauteile transportiert werden. Damit erweitern sich die Möglichkeiten des Einsatzes vorgefertigter Bauteile.

Hinweis: Die Symbole bei den einzelnen Beispielen beziehen auf die wichtigsten Elemente der Konstruktion oder des Gebäudes, und zeigen, wo thermische Behaglichkeit, die Luftzirkulation oder Akustik besonders wichtige Bestandteile des Entwurfs waren.

Links
Übersicht der vorgestellten Fallbeispiele

Lehmhaus

> **36** Mauerwerk

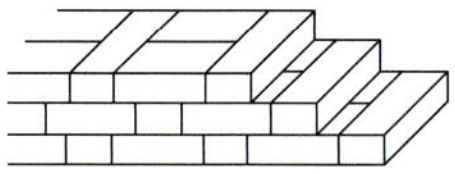

> **60** Rippenkuppel

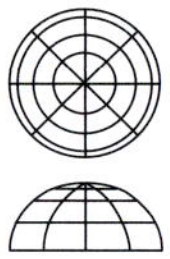

> **72** Thermische Behaglichkeit

Ort: Naher Osten
Zeit: ab 8000 v. Chr.
Höhe/Durchmesser: verschieden
Material: Lehmziegel

Beispiele für Ziegel, die aus Lehm geformt und in der Sonne gehärtet werden, gibt es seit etwa 10 000 Jahren. Die ersten Häuser hatten einen runden Grundriss und wurden aus Ziegeln mit abgerundeten Kanten gebaut. Der Fußboden der Häuser wurde in eine Grube im Erdreich eingelassen. Anschließend verputzte man den Fußboden und die Ziegelwände mit Lehm. Die Dächer bestanden aus einer konisch zusammenlaufenden Konstruktion aus Zweigen und Lehm (Flechtwerk und Bewurf). Später, um 6500 v. Chr., lassen sich Dächer in Form von Kuppeln nachweisen, die durch ein Abstufen (Vorkragen) der Ziegellagen zur Mitte gebaut wurden – eine Technik, die ihren Höhepunkt 6600 Jahre später beim Pantheon in Rom fand.

Lehmziegel

Lehmziegel werden nicht gebrannt. Verwendet wurden sie ursprünglich in heißen Klimazonen, in denen es nicht genug Holz zum Befeuern der Öfen gab. Man trocknete die Ziegel in der Sonne; ihre Lebensdauer lag bei maximal 30 Jahren. Die Große Moschee von Djenné in Mali ist im Moment der größte Bau aus Lehmziegeln.

Adobe

Diese Art des Lehmziegels wird heute noch zur Verkleidung und Dämmung von Häusern verwendet. Lehm und Stroh werden vermischt und in Formen gepresst.

Stampflehm

Beim Lehmstampfbau wird eine angefeuchtete Mischung aus Erde (bestehend aus Sand, Kies und Lehm, manchmal noch plus Stabilisierungsmittel) in eine Form (Schalung) gepresst; ein Vorgang, der mit dem Gießen von Beton vergleichbar ist. Traditionelle Stabilisierungsmittel sind Kalk oder Tierblut, aber modernen Stampflehmwänden wird in der Regel Zement zugesetzt. Nach dem Verdichten der Masse kann die Schalung sofort entfernt werden, aber das Material benötigt noch einige warme, trockene Tage, um zu trocknen und auszuhärten. Es kann bis zu zwei Jahre dauern, bis manche Stampflehmwände vollständig ausgehärtet sind. Ist dieser Prozess abgeschlossen, kann man einen Nagel einschlagen oder Schrauben eindrehen. Darüber hinaus bieten solche Wände eine gute Wärme- und Schalldämmung.

1 Ein Haus aus getrockneten Lehmziegeln im Jemen

1

Tipi

> **66** Mastgestützte Membran

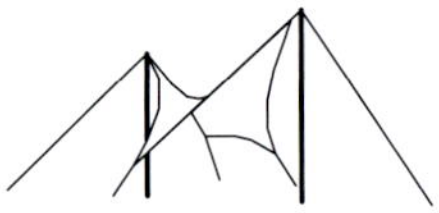

> **58** A-Rahmen

> **72** Thermische Behaglichkeit

> **84** Lüftung

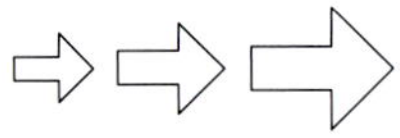

Ort: Nordamerika
Zeit: seit 4000 v. Chr.
Höhe/Durchmesser: verschieden
Materialien: junge Bäume, Tierhaut

Ein Tipi ist ein spitz nach oben zusammenlaufendes Zelt, das ursprünglich aus Tierhäuten bestand und seit 1700 n. Chr. bei den Indianern in den Great Plains von Nordamerika sehr verbreitet ist. Die Häute dämmten gut und blieben auch bei starkem Regen trocken. Und das Tipi war, wichtig für Nomadenvölker, gut transportierbar.
Tipis wurden traditionell aus 10 bis 20 jungen Baumstämmen errichtet, um die man Tierhäute legte; manchmal erhielten sie innen noch eine Auskleidung für die Belüftung und/oder eine zusätzliche Dämmung. Um ein Tipi aufzubauen, werden zunächst drei Stämme an einem Ende zusammengebunden und zu einem Dreibein aufgerichtet. Danach werden weitere Stämme hinzugefügt, sodass am Boden eine runde Fläche abgegrenzt wird; oben laufen alle Stämme zusammen und werden zusammengebunden. Sobald die Häute an den Stämmen befestigt sind, werden alle Stämme, bis auf die drei ersten, in Bodenhöhe nach außen gezogen, um die gesamte Konstruktion abschließend zu spannen, und die Häute am Boden festgesteckt. Durch diese Art der Verankerung in Kombination mit der konischen Form war das Tipi äußerst standfest auch bei starkem Wind. Tipis unterscheiden sich von anderen Zelten, da sie Klappen im oberen Bereich besitzen, die mit langen Stangen bedient werden können. Im geöffneten Zustand werden die Klappen so ausgestellt, dass kein Wind aus der Hauptwindrichtung in das Zelt eindringen kann, aber das Tipi zugleich wie ein Kamin wirkt und somit ein offenes Feuer darin möglich ist. Eine Innenauskleidung, die etwa 1,50 m über dem Boden an den Stangen befestigt ist, verhindert entweder Zugluft oder lenkt die einströmende Luft, damit das Feuer brennen kann und die Menschen im Tipi frische Luft erhalten. Bei großer Hitze wird die Innenauskleidung entfernt und die Bodenverankerung der Außenhaut gelöst, um diese ein wenig hochzurollen, damit eine Querlüftung entsteht.

1 Typische Tipis der Indianer Nordamerikas

1

Iglu

> **36** Mauerwerk

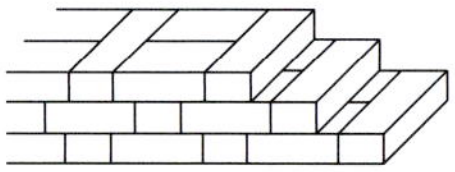

> **60** Rippenkuppel

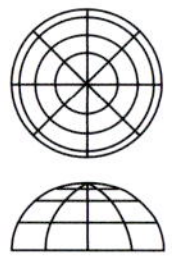

> **72** Thermische Behaglichkeit

Ort: Zentralarktis, Grönland
Zeit: seit 1000 v. Chr.*
Höhe/Durchmesser: verschieden
Material: Schnee

Ein Iglu ist eine Kuppel aus Schneeblöcken. Ohne eine tragende Unterkonstruktion kann die Kuppel mit Blöcken aus verdichtetem Schnee errichtet werden: Die Blöcke werden mit einer Schneesäge oder einem großen Messer entsprechend zugeschnitten und zu einer Halbkugel aufgeschichtet. Jeder Block ist ein Quader mit den ungefähren Maßen 60 x 120 x 20 cm. Am besten geeignet ist der feinkörnige Schnee aus der Tiefe einer Schneewehe, deren Eiskristalle vom Wind verdichtet wurden. Fugen und Ritzen werden mit lockerem Schnee abgedichtet und ein durchsichtiges Stück Eis oder Seehunddarm wird als Fenster eingesetzt. Ist ein Iglu richtig gebaut, trägt das Dach sogar das Gewicht eines Menschen.
Wie Tierhäute besitzt auch Schnee eine geringe Dichte und ist damit ein gutes Dämmmaterial. Während draußen bis zu –45 °C herrschen können, kann die Innentemperatur von –7 °C bis sogar 16 °C reichen – alleine durch die Körperwärme eines Menschen. Im traditionellen Iglu der Inuit lässt bereits die Wärme einer Steinlampe die Innenflächen anschmelzen, und im Wechselspiel aus Schmelzen und Gefrieren entsteht eine Eisschicht, die zur Stabilität der Konstruktion beiträgt.

Man betritt Iglus durch einen schmalen, halbrunden Bogengang, der etwa 3 m lang ist, in den Schnee eingegraben wurde und durch ein Loch unter der Wand des Iglu nach innen führt, sodass die kalte Luft entweichen kann, wenn es im Iglu wärmer wird. Im wärmeren oberen Teil der Kuppel gibt es eine erhöhte Schlafebene. Die Inuit der Zentralarktis hüllen den Wohnbereich mit Tierhäuten ein, wodurch die Temperatur von etwa 2 °C auf 10 bis 20 °C steigt.
Von entscheidender Bedeutung ist es, mindestens ein Luftloch im Dach eines Iglus vorzusehen, damit man nicht darin erstickt. Ohne einen solchen Lüftungsauslass würde sich im Inneren tödliches Kohlendioxid ansammeln. Ein erfahrener Inuit kann in ein bis zwei Stunden ein Iglu aus Schnee bauen.

*Es ist nicht bekannt, seit wann es Iglus gibt oder wo deren Ursprünge liegen, aber man weiß, dass die Inuit vor etwa 1000 Jahren in den Norden des heutigen Kanada einwanderten. Diese Inuit stammten von den Paläo-Eskimos ab, deren erste Spuren im westlichen Teil Alaskas 4000 bis 5000 Jahren alt sind.

1 Bau eines Iglus. Zunächst wird die erste Lage Blöcke kreisförmig auf eine ebene Fläche in den Schnee gesetzt. Die Höhe der Steine wird so abgetragen, dass eine schräge Ebene entsteht und weitere Blöcke spiralförmig aufgesetzt werden können.

2 Eine CFD-Strömungssimulation eines Iglus der Inuit, auf dem die Luftströme und die Wärmeverteilung gut zu sehen sind.

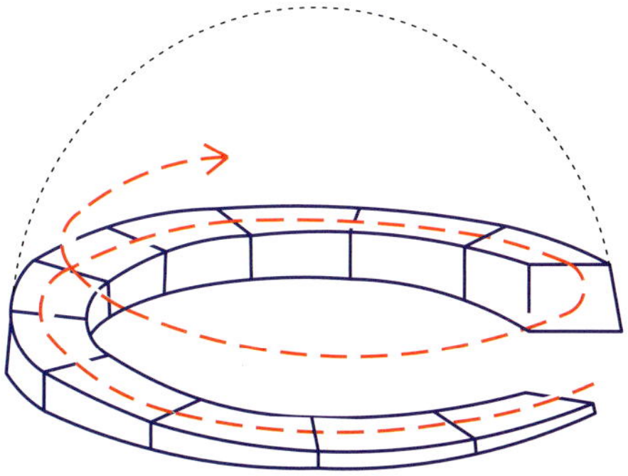

1

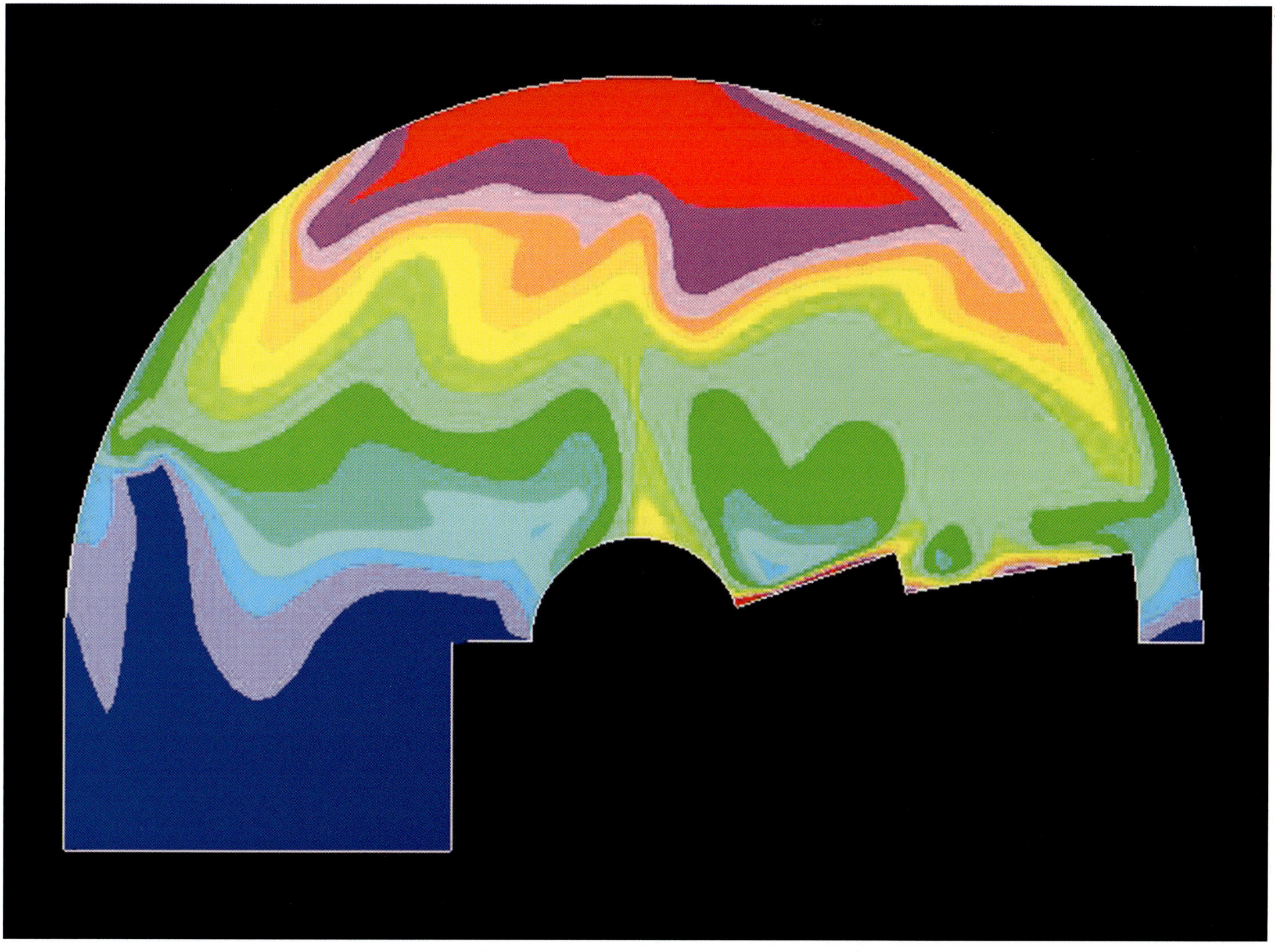

2

Obelisk

Ort: Karnak, Ägypten
Fertigstellung: 1450 v. Chr.
Höhe/Gewicht: 29 m/320 Tonnen
Material: Rosengranit

Aufrecht stehende Steine beziehungsweise Megalithen sind die ersten Versuche des Menschen, hohe, schlanke Konstruktionen zu errichten. Man nimmt an, dass sie häufig Teil einer Sonnenuhr waren und mit ihrem Schatten die Tageszeit anzeigten. Über die Techniken, wie sie aufgerichtet wurden, ist nur wenig bekannt. Aber es gibt Aufzeichnungen darüber, wie die alten Ägypter ihre Obelisken herstellten.
Obelisken flankieren als Symbol für die aufgehende und untergehende Sonne jeweils die Ost- und Westseite eines Tempeleingangs. Der Granit, der für diese Megalithen eingesetzt wurde, stammt hauptsächlich aus Steinbrüchen in den Hügeln um Assuan im Süden Ägyptens.
Nicht bekannt ist, wie die alten Ägypter erkennen konnten, warum an bestimmten Stellen perfekte, nicht gebrochene Granitplatten abgebaut werden konnten. Man nimmt an, dass heilige Männer (Seher) ausgeschickt wurden, um die entsprechenden Orte zu finden. In den Hügeln vor Assuan gibt es einen unvollendeten Obelisken, in dem bei den Abbauarbeiten ein Riss entstand. Er ist ein hervorragendes Anschauungsmaterial für die Techniken der Freilegung eines Steins und wäre der größte und schwerste Obelisk dieser Art geworden. Wenn die richtige Stelle ausgewählt war, brannte man das Laub und die Blätter darüber ab und lockerte so den Oberboden. Die grobe Form des Obelisken wurde dann markiert und paarweise eingesetzte Arbeiter begannen mit dem Graben von zwei parallel laufenden Rinnen auf jeder Seite des Obelisken. Zum Aushämmern verwendeten sie Dolomitsteinkugeln, die an Stöcken befestigt waren. Hunderte von Arbeitern sangen bei dieser Arbeit, um so einen Schlagrhythmus zu erhalten. Wenn die Rinnen tief genug waren, grub man Kanäle unter den Stein und stützte ihn mit Baumstämmen ab. Nach vielen Monaten Arbeit war der Obelisk freigelegt. Er konnte dann mit Hilfe von Baumstämmen angehoben, von den Hügeln bei Assuan zum Nil hinunter transportiert und auf ein Frachtschiff verladen werden. So reiste ein Obelisk flussabwärts sogar bis ins 645 km entfernte Kairo.
Die Endarbeiten wurden vor Ort ausgeführt. Der Obelisk erhielt seine konische Form, um den Schwerpunkt möglichst weit nach unten zu verlagern, die Granitoberfläche wurde geglättet und fein abgeschliffen, und man meißelte die Hieroglyphen ein. Abschließend erhielt die Spitze des Megaliths noch eine Goldverkleidung. Immer noch unbekannt ist, wie ein Obelisk aufgerichtet wurde. Auf jeden Fall wurde er auf einen Sockel gestellt, den man in den Boden eingrub und der als Fundament diente.

1 Der Obelisk in Karnak
2 Detail mit Hieroglyphen

1

2

Pantheon

> **36** Mauerwerk

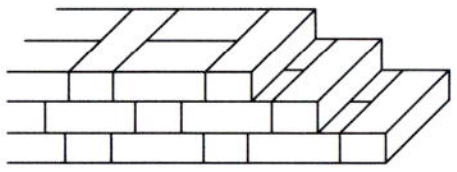

> **60** Rippenkuppel

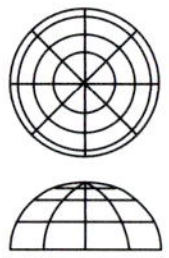

> **84** Lüftung

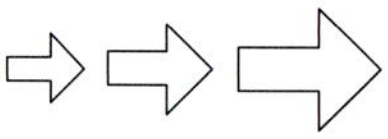

Ort: Rom
Fertigstellung: 126 n. Chr.
Spannweite/Gewicht: 42 m/4535 Tonnen

Das Pantheon wurde von Kaiser Hadrian errichtet und war die größte Kuppel der Welt, bis Brunelleschi 1436 die Kuppel über dem Dom von Florenz baute. Die Kuppel des Pantheon besteht aus abgestuften Betonringen, deren Dichte und Dicke von unten nach oben hin abnimmt. Am Sockel beträgt die Wandstärke 6,40 m, und im Bereich der Öffnung im Dach sind es etwa 1,20 m. Die Kuppel ruht auf einem Zylinder aus 6,40 m dicken Mauerwerkswänden, die aus acht Tonnengewölben und mit Travertin ausgekleideten Nischen bestehen. Zwar besteht die Kuppel aus Beton, doch ist dieser in keiner Weise bewehrt; das Gebäude ist damit immer noch die größte nicht bewehrte Betonkuppel der gesamten Architekturgeschichte.

Die genaue Zusammensetzung des Betons ist nicht bekannt. In der Regel bestand römischer Beton aus einer Mischung aus gebranntem Kalk, Asche, Bimsstein und Steinstücken. Aber es gab keine Bewehrungsstäbe, die die Zugkräfte aufnehmen konnten; man nimmt daher an, dass dieser Beton leichter und besser verdichtet war als Beton von heute.

Die Kuppel des Pantheon besitzt oben in der Mitte eine 8,20 m große, kreisrunde Öffnung, durch die Licht in den großzügigen Innenraum fällt. Dieses »Opaion« dient auch der Kühlung und Belüftung. Wenn der Wind über die Kuppel weht, wird durch den so entstehenden Unterdruck Luft durch die Öffnung nach außen gesogen und zugleich kann frische Luft durch den Eingang des Pantheon nach innen strömen. Das Opaion besitzt auch heute noch die Originaleinfassung aus Bronze. An der Außenseite war die Kuppel ursprünglich mit vergoldeten Bronzeplatten verkleidet, die später durch Bleiplatten ersetzt wurden.

Die Höhe des Innenraums entspricht exakt dessen Innendurchmesser, sodass man sich im Innenraum eine Kugel denken kann und das gesamte Gebäude damit symbolhaft für den Kosmos steht, wobei ursprünglich Bronzesterne die Kassettendecke zierten und das Opaion für die Sonne im Zentrum des Universums stand.

Die Decke der Kuppel bilden fünf horizontale Bänder aus kassettierten Elementen, deren Größe nach oben hin abnimmt. Die Zierbänder der Kassetten einer jeden Reihe werden immer schmaler, um von unten die Raumwirkung zu erhöhen. Durch die Kassetten wird sowohl das Eigengewicht der Decke reduziert als auch eine schöne Gestaltung möglich. Sie sind mit Marmor und Porphyr verkleidet.

Der Portikus des Pantheon ist 33,50 m breit, 18 m tief und besteht aus 16 monolithischen Granitsäulen aus Ägypten. Jede dieser Säulen besteht aus einem Stück und ist 14 m hoch, der Durchmesser im Bereich des Sockels beträgt 1,50 m, verringert sich aber nach oben bis auf 1,30 m. Jede Säule wiegt geschätzte 60 Tonnen. Die gewaltigen Eingangstüren aus Bronze und das Oberlicht darüber waren ursprünglich vergoldet.

1 Pantheon, Grundriss und Schnitt. In das Innere der Kuppel und den sie tragenden Sockel ist eine Kugel einbeschrieben.
2 Innenansicht

1

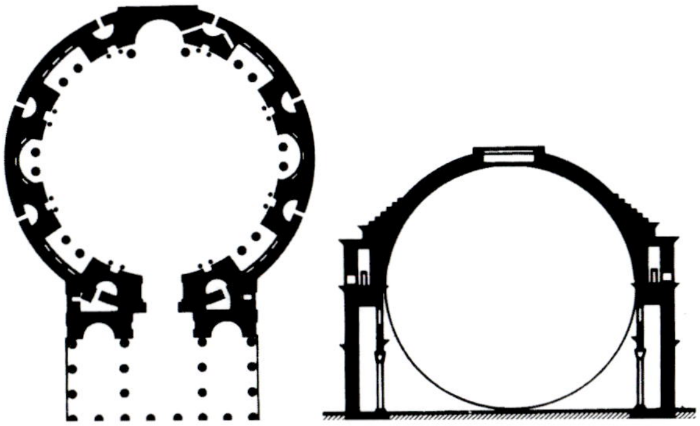

2

Ironbridge

> 44 Profilstahl

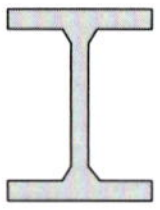

> 46 Fachwerkträger

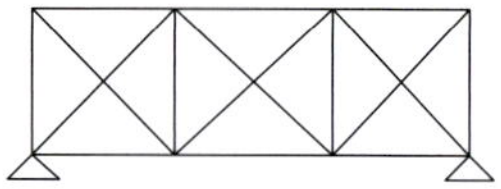

> 60 Tonnengewölbe

Ort: Severn-Schlucht, Coalbrookdale, Großbritannien
Fertigstellung: 1781
Länge: 30 m
Material: Gusseisen
Ingenieure: Abraham Darby III, Thomas Farnolls Pritchard

Die Eisenbrücke in Coalbrookdale im englischen Shropshire war die erste Brücke beziehungsweise die erste ingenieurstechnische Konstruktion überhaupt, die ausschließlich aus Gusseisen gebaut wurde. East Shropshire war aufgrund der nur knapp unter der Erde liegenden Kohle ein wichtiges Industriegebiet, und daher auch der Geburtsort der Industriellen Revolution.

Das Projekt wurde 1775 aufgenommen, als eine Gruppe Interessierter, darunter Abraham Darby III, Thomas Farnolls Pritchard und John Wilkinson, eine befahrbare Verbindung zwischen Coalbrookdale und den Minen, Gießereien und Steinbrüchen südlich des Severn bauen wollte. Thomas Pritchard, ein Architekt, wurde ausgewählt, die Brücke zu planen, und 1777 beschloss man, Darby mit dem Bau der neuen Brücke mit einer Spannweite von 27 m zu beauftragen. Aber Pritchard starb noch im selben Jahr, und nun musste Darby alleine diese außergewöhnliche Konstruktion bauen. 1778 waren die Widerlager der Brücke fertiggestellt und 1779 wurden die riesigen Gusseisenteile hergestellt. Die ersten beiden Bogenelemente mit jeweils 5 Tonnen Gewicht wurden im Juli eingebaut, und im Herbst war der Hauptteil des Überbaus fertig.

Abgeschlossen wurde der gesamte Bau erst 1781, nachdem die Zufahrtsstraßen fertiggestellt waren. Die Brücke hatte weitreichende Folgen: für die Menschen vor Ort und die Wirtschaft, für die Gestaltung von Brücken und für den Einsatz von Gusseisen am Bau.

Der große Bogen überspannt 30,50 m und ist aus fünf bogenförmigen Fachwerkträgern zusammengesetzt, die jeweils in zwei Hälften gegossen wurden. Die Brücke besteht zwar aus Eisen, orientiert sich jedoch stark an traditionellen Holzkonstruktionen, die Darbys Arbeiter üblicherweise verwendeten. Verdeckte Schwalbenschwanzanschlüsse, bei denen nur die Hälfte des Eisenprofils die Form eines Schwalbenschwanzes hat, verbinden die Bogenrippen mit den Radialelementen, während Zapfenverbindungen, die mit Keilen gesichert sind, die Bogenelemente mit den waagrechten und senkrechten Teilen am jeweiligen Ende der Brücke verbinden.

Alle wesentlichen Bauteile wurden unfallfrei innerhalb von drei Monaten zusammengefügt, und auch der Schiffsverkehr auf dem Fluss wurde in keiner Weise beeinträchtigt. Wahrscheinlich hätte ein Holzgerüst, das üblicherweise für den Brückenbau hätte errichtet werden müssen, die Schifffahrt für eine gewisse Zeit behindert.

Bei der großen Überschwemmung des Severn 1795 blieb die Ironbridge als einzige Brücke unbeschädigt, was ihren Status als Wunder der zeitgenössischen Ingenieurkunst und als Sinnbild für die Möglichkeiten von Metallkonstruktionen nur noch mehr untermauerte.

Die Fertigstellung der Ironbridge unterstrich in besonderem Maße die Bedeutung der Region als eine der im Bereich Technologie fortschrittlichsten Gegenden der Welt am Ende des 18. Jahrhunderts. Diese Leistung fand weltweite Anerkennung, als 1986 die Schlucht mit der Brücke als erstes von sieben Bauwerken im Vereinigten Königreich zum Weltkulturerbe der UNESCO erklärt wurde, um auf diese Weise den Beitrag des Gebiets zur Industriegesellschaft zu würdigen.

1 Verdeckte Schwalbenschwanzverbindung zwischen den Bogen- und den Radialelementen.
2 Ansicht der Ironbridge

1

2

Leuchtturm von Bell Rock

> 36 Mauerwerk

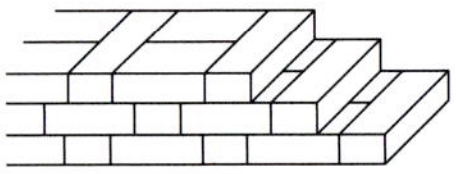

Ort: Schottland
Fertigstellung: 1811
Höhe/Gewicht: 35 m/2083 Tonnen
Materialien: Weißer Sandstein und grauer Granit aus Edinburgh
Ingenieure: Robert Stevenson mit John Rennie

Der Leuchtturm wurde zu einer Zeit errichtet, als durch den zunehmenden weltweiten Handel immer mehr Seeleute in den tückischen Gewässern vor den Küsten Europas verunglückten. Er steht 17,5 km vor der Ostküste Schottlands im nördlichen Teil einer großen Flussmündung, des Firth of Forth, auf einem kleinen Felsen, der nur bei Ebbe sichtbar ist, sonst aber leicht unter Wasser liegt. Beim Bau kamen nur die Kräfte von Menschen und Ponys zum Einsatz.
Für die Planung des Leuchtturms nutzte man das Wissen, das man bei der Errichtung von nicht immer geglückten Vorgängerbauten und anhand von maßstabsgetreuen Modellen gewonnen hatte. John Smeaton hatte 1759 für den Bau des Leuchtturms von Eddystone erstmalig Stein verwendet. Diese Steine wurden ähnlich den Schwalbenschwanzverbindungen ineinandergefügt und darüber hinaus fast wie die Dübel bei einer Verblattung keilförmig gearbeitet. Als ideales Profil, um den gewaltigen Kräften von Wind und Wellen standzuhalten, erwies sich die Parabolform. Der Leuchtturm von Bell Rock erhielt im Vergleich zu ersten Entwürfen einen breiteren Sockel, was den massiven Turm unempfindlich gegen die Kräfte der Wellen machten sollte, denen er ungeschützt ausgesetzt war. Darüber hinaus sollte sich der Turm im unteren Teil zunächst weniger stark verjüngen, um so ebenfalls mehr Standfestigkeit zu erhalten. Die erste Steinlage hat einen Durchmesser von 12,80 m, und jeder einzelne Steinblock wiegt über eine Tonne.
Um mit dem Bau überhaupt beginnen zu können, musste ein Schiff entsprechend ausgerüstet werden, das als »schwimmender Leuchtturm« agieren sollte – eine ganz neue Idee zu dieser Zeit – und dieses Schiff wurde vor dem Felsen festgemacht. Im zweiten Schritt wurde ein Hilfsbau auf dem Felsen errichtet, in dem man während der Arbeiten vorübergehend auch wohnen konnte. Die *Smeaton*, ein weiteres Schiff, das zu Ehren von John Smeaton getauft wurde, diente als Beiboot des schwimmenden Leuchtturms und zum Transport der Steinblöcke vom Hafen zum Felsen. Die Steine wurden dann von der *Smeaton* auf kleinere Schiffe umgeladen und über spezielle Winden auf den Felsen gezogen.
Der Bell Rock steht zweimal täglich bis zu 4,80 m unter Wasser, und man konnte durchschnittlich nur etwa zwei Stunden bei Ebbe arbeiten. Insgesamt besteht der Leuchtturm aus 2835 Steinen, und seit damals waren keine Reparaturarbeiten daran notwendig.

1 Draufsicht auf die ineinandergreifenden Fundamentsteine des Leuchtturms
2 Schnitt durch den Leuchtturm von Bell Rock während des Baus

1

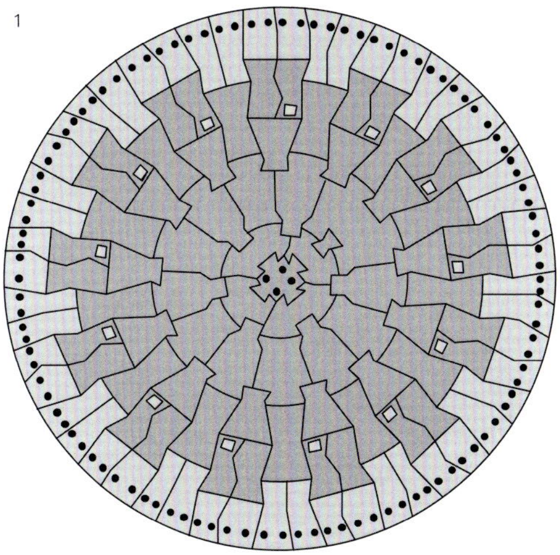

2

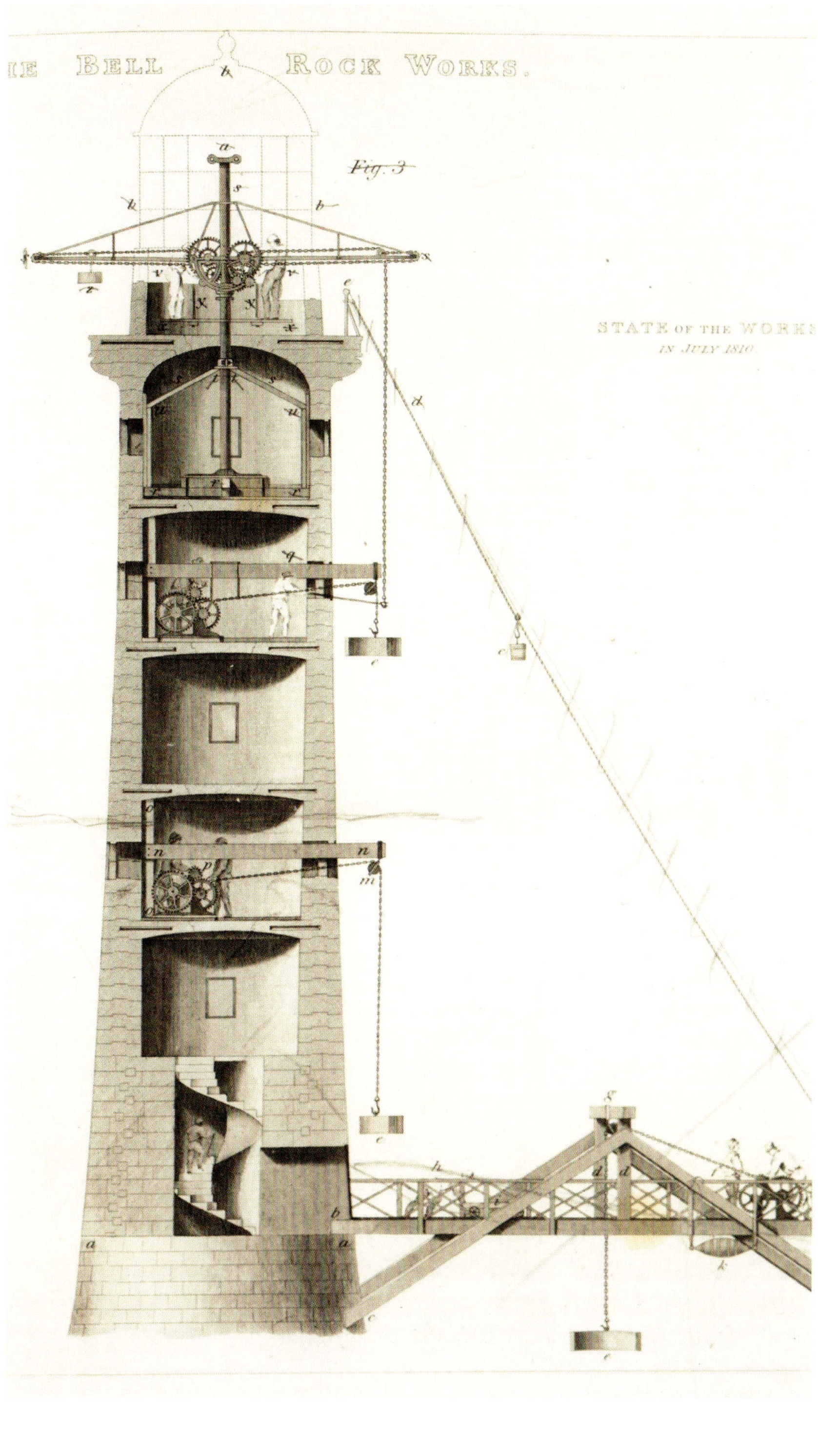

Kristallpalast

> **44** Profilstahl

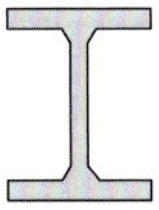

> **46** Fachwerkträger

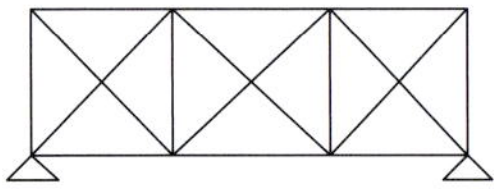

> **60** Tonnengewölbe

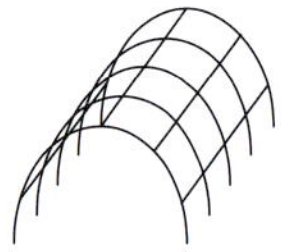

Ort: London
Fertigstellung: 1851
Grundfläche: 550 x 135 m
Materialien: Eisen und Glas
Ingenieur: Joseph Paxton

Der Kristallpalast sollte 100 000 Exponate der Great Exhibition von 1851 beherbergen. Die erste Weltausstellung dieser Art war von Prinz Albert, dem Gemahl der britischen Königin Victoria, konzipiert worden; er wollte damit die technischen Errungenschaften der ganzen Welt auf dem Höhepunkt der Industriellen Revolution feiern.
Für seinen Entwurf griff Joseph Paxton auf seine Erfahrungen mit dem Bau von Gewächshäusern zurück, die wiederum vom Aufbau der Amazonas-Riesenseerose inspiriert waren – radiale Rippen, verstärkt durch schlanke Querrippen. Durch dieses Bauprinzip konnte eine leichte Konstruktion entstehen, die sich auch mit vorgefertigten Bauteilen erreichten ließ – die erste ihrer Art.
Der Kristallpalast ist ein Bau, bei dem ausschließlich Eisen, Holz und Glas verwendet wurde; die Größe der Elemente ergab sich aus der größtmöglichen Glasplatte, die zum damaligen Zeitpunkt hergestellt werden konnte.
Durch Paxtons Entwurf entstand ein äußerst einfaches Gebäude, denn alle wesentlichen Bauteile waren ein Vielfaches oder eine Teilmenge von 7,30 m – ein großer Vorteil. Die Gesamthöhe vom Erdgeschoss bis zum oberen Ende des Tonnendachs des Querschiffs beträgt 37 m. Dieses Querschiff wurde in den Entwurf integriert, um Raum für die Präsentation von etwa 27,40 m hohen Ulmen zu erhalten. Insgesamt wurde eine Fläche von 84 000 m² Glas verwendet. Das gesamte Gebäude wurde nach der Ausstellung im Hyde Park ab- und im Süden Londons wieder aufgebaut. 1936 wurde es durch einen Brand vollkommen zerstört.
Die Höhe der Stützen reichte von 5 m bis 5,60 m, wobei sich die längsten im Erdgeschoss befanden. Jede Stütze bestand aus vier flachen und vier zylindrischen Seiten, und der Außendurchmesser aller Stützen war 20,3 cm auf der quadratischen Seite. Unten war jede Stütze auf einer flachen Platte mit einer Länge von 61 cm und einer Breite von 30,4 cm befestigt. Diese wiederum war an einem 61 cm langen und 91,4 cm breiten Betonsockel mit einer variablen Höhe von 30,4 bis 122 cm verankert.
Für die Träger und Binder gab es neun Varianten, deren Höhe jedoch immer 91,4 cm betrug: 7,30 m lange Gusseisenträger in drei Stärken, 7,30 m lange schmiedeeiserne Binder (Schmiedeeisen für die Zugfestigkeit) in einer Stärke, 14,60 m lange schmiedeeiserne Binder in einer Stärke und 21,90 m lange schmiedeeiserne Binder in drei Stärken.

1 Grundriss des Kristallpalasts
2 Ansicht des Kristallpalasts, um 1930

1

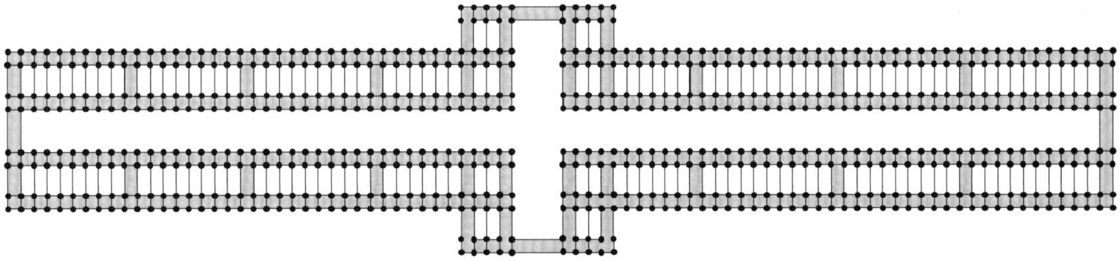

2

Hängebrücke von Clifton

> **46** Hängebrücke

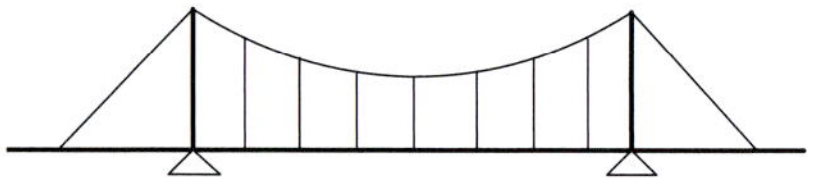

Ort: Bristol, Großbritannien
Fertigstellung: 1864
Länge: 208 m
Materialien: Mauerwerk und Stahl
Ingenieur: Isambard Kingdom Brunel

Als die Hängebrücke von Clifton gebaut wurde, hatte sie weltweit die längste Spannweite. Von der Mitte des einen Brückenkopfes zum anderen führen 208 m über die 75 m tiefe Schlucht des Avon. Brunel war gerade einmal 24 Jahre alt, als er den Wettbewerb für die Gestaltung der Brücke im Jahr 1830 gewann, aber erst fünf Jahre nach seinem Tod im Jahre 1859 wurde sie fertiggestellt. Brunels Kollegen von der Institution of Civil Engineers wollten ihm ein Denkmal setzen, indem sie die Brücke fertigstellten. Brunels Hungerford-Hängebrücke über die Themse wurde 1860 abgerissen, um an gleicher Stelle eine neue Eisenbahnbrücke zu bauen, und deren Ketten wurden aufgekauft, um sie in der Brücke von Clifton wieder zu verwenden.
Brunel arbeitete bereits in den 1820er Jahren mit seinem Vater an den ersten Versuchen des Baus eines Tunnels unter der Themse. 1833 wurde er zum leitenden Ingenieur der neuen Great Western Railway berufen und entwarf weiterhin innovative Pläne für sehr vielfältige Bereiche, von Tunnel, Eisenbahnen und Brücken bis hin zu Häfen, vorgefertigten Gebäuden und Schiffen.
Brunel beschäftigte sich immer mit neuen Techniken, insbesondere wollte er die Verwendung von Eisen ausweiten und revolutionierte die Einstellung seiner Zeit zu Maschinenbau und Bautechnik.
Die beiden Türme an den Brückenköpfen der Hängebrücke von Clifton wurden hauptsächlich aus örtlichem Pennant-Sandstein gebaut. Der 26 m hohe Turm auf der Seite von Leigh Woods steht auf einem Auflager, das man zunächst für massiv hielt. Zwischenzeitlich weiß man, dass es aus zwölf Gewölbekammern besteht, die durch kleine Tunnel miteinander verbunden sind. Die schmiedeeisernen Ketten, an denen die Fahrbahn der Brücke hängt, neigen sich 21 m tief und sind an jeder Seite im Fels verankert. Die Tunnel hierfür reichen 17 m unter die Erde. Im oberen Bereich des jeweiligen Turms laufen die Ketten über walzengestützte »Sättel«; auf diese Weise werden die Kräfte, die durch die Bewegung der Ketten bei Belastung der Brücke entstehen, abgetragen.
Das Fahrdeck der Brücke ruht auf zwei gewaltigen Trägern, die aus Einzelelementen zusammengesetzt sind, welche wiederum mit senkrechten Stäben an den Ketten verankert wurden, und besteht aus 125 mm dicken Schwellen aus Kiefernholz mit 50 mm dicken Bodenplanken. Insgesamt sind in der Brücke 1500 Tonnen Stahl verbaut.
Die Brücke wurde für einen Verkehr mit Pferdewagen geplant, aber heute fahren täglich 11 000 bis 12 000 motorgetriebene Fahrzeuge darüber.

1 Die Hängebrücke von Clifton über der Schlucht des Avon

2 Detail der Verbindungen zwischen dem Fahrdeck und den schmiedeeisernen Ketten. Das Fahrdeck hängt mit 81 schmiedeeisernen Stäben pro Seite an den Ketten, die Länge der Stäbe reicht von 20 m am Beginn der Brücke bis zu 0,90 m in Brückenmitte.

1

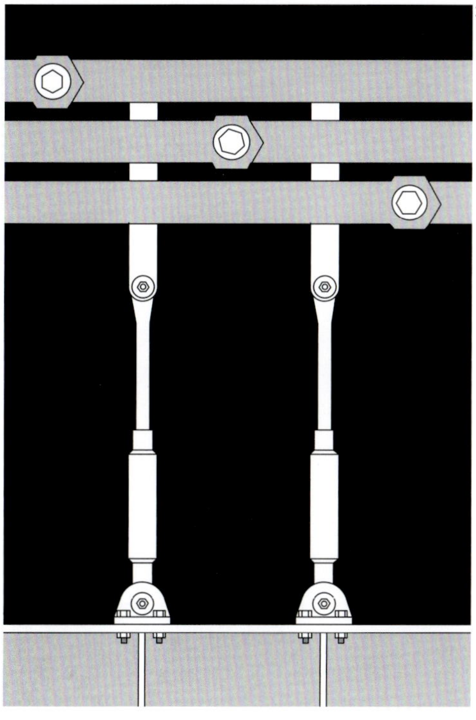
2

Maison Tropicale (zerlegbarer Pavillon)

> 58 Rahmen

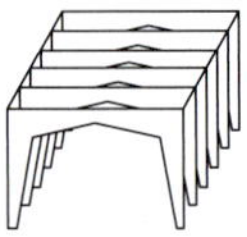

> 72 Thermische Behaglichkeit

> 84 Lüftung

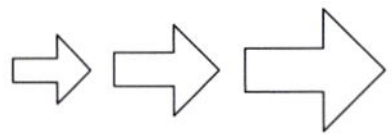

Ort: Brazzaville, Kongo
Fertigstellung: 1951
Grundfläche/Gewicht: 475 m²/10 Tonnen
Materialien: Stahlblech, Aluminium
Ingenieur: Jean Prouvé

Jean Prouvé hatte ursprünglich Schlosser gelernt und brachte viele neue Ideen in die Gestaltung und Herstellung von Möbeln und modularen Bauten ein. Der Prototyp seines Bausystems für Gebäude in Leichtbauweise aus vorgefertigten Metallbauteilen war ein wichtiger Schritt hin zur Industrialisierung des Bauens und der Architektur.

Die Bauteile der beiden modular angelegten Gebäude, die in Prouvés Werkstätten in Frankreich hergestellt und in Zusammenarbeit mit seinem Bruder Henri entwickelt wurden, waren 1951 fertig und wurden dann im Frachtraum eines Flugzeugs nach Afrika geflogen. Die Grundstruktur der Häuser basiert auf einem einfachen Ein-Meter-Raster. Die Konstruktion besteht aus einer Reihe von Bodenträgern, an denen die gabelförmigen Stützen des Rahmens aus Falzblech verankert sind. Durch Prouvés einzigartiges System aus Stahlrahmen wird die gesamte Konstruktion horizontal ausgesteift und es entstehen Verankerungsmöglichkeiten für das Dach und die Wände, sodass die Platten für die Wände äußerst leicht sein können. Bis auf die tragenden Teile sind alle Elemente aus Aluminium und keines ist länger als 4 m – ein Maß, das sich aus den Verarbeitungsmöglichkeiten der Abkantpresse ergibt – oder schwerer als 100 kg, damit es von zwei Männern gut getragen werden kann.

Die Herstellung der Rahmen und anderer tragender Teile stellte und stellt noch immer eine Innovation in der Bauindustrie dar, da Techniken aus der Verarbeitung von Stahlblech wie Abkanten, Pressen oder Formen eingesetzt werden, um einem leichten und flexiblen Grundmaterial eine maximale Festigkeit zu geben.

Mit Techniken, die eher in der Automobil- und Raumfahrtindustrie eingesetzt werden, war Prouvé ein Pionier und wagte einen Ansatz im Bauen mit vorgefertigten Bauteilen, der die Branche bis heute inspiriert und von Vertretern der englischen High-Tech-Bewegung des ausgehenden 20. Jahrhunderts, darunter Norman Foster und Richard Rogers, aufgegriffen wurde. Dabei ist interessant, dass Jean Prouvé ein Mitglied des Preisgerichts beim Wettbewerb für das Centre Pompidou in Paris war, aus dem Renzo Piano und Richard Rogers siegreich hervorgingen.

Das konstruktiv in sich geschlossene System von Prouvé konnte auf einer Reihe vorab errichteter Bodenpfeiler gebaut werden; durch dieses Anheben des Gebäudes wurde eine gute Luftzirkulation um das Haus garantiert, was sowohl für zusätzliche Kühlung sorgte als auch das Ansammeln von Feuchtigkeit verhinderte. Auch in diesem Punkt kommt die Maison Tropicale konstruktiv eher Flugzeugen, Zügen oder Autos nahe und ist damit ähnlich ehrgeizig wie die Dymaxion Dwelling Machine oder das Wichita House von Buckminster Fuller aus dem Jahr 1946.

Als Reaktion auf die extremen klimatischen Verhältnisse der Tropen wurde die äußere, lichtreflektierende Gebäudehaut mit individuell verstellbaren Sonnenblenden zur Verhinderung der direkten Sonneneinstrahlung von der inneren, gedämmten Gebäudehaut aus Schiebetüren und feststehenden Platten getrennt. Das Gebäude gibt sich damit selbst Schatten und sorgt dadurch für eine natürliche Kühlung und Belüftung, wobei das Profil des flügelförmigen Daches den Schornsteineffekt nutzt und zur Kühlung der Gesamtkonstruktion beiträgt.

2001 wurde eines der Gebäude, das bedingt durch den Bürgerkrieg im Kongo sogar Einschusslöcher aufwies, nach Paris zurückgebracht, aufgearbeitet und wieder zusammengebaut. Danach kam es in die USA und wurde bei Christie's auf einer Auktion zeitgenössischer Werke für die nicht unbedeutende Summe von 6 Millionen US Dollar verkauft. Diesen hohen Kaufpreis hat Prouvé sicherlich nicht vorhergesehen, aber der leichte Ab- und Aufbau mit dem entsprechenden Transport war genau das, was er erreichen wollte.

1 Drehbares Sonnenschutzelement der Maison Tropicale
2, 3 Innenansichten der wieder aufgebauten Maison Tropicale

1

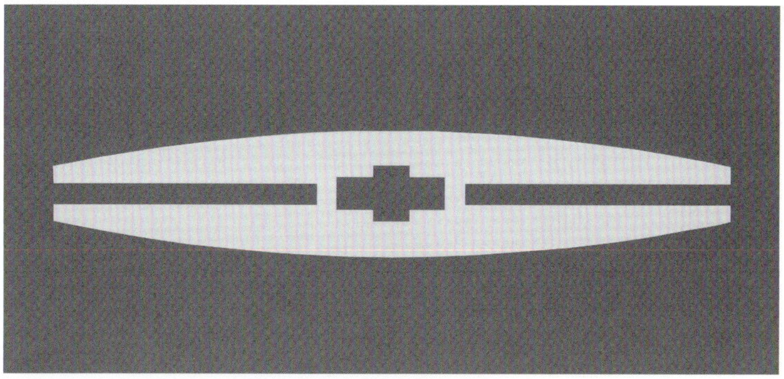

2

3

Kresge Auditorium

> **50** Stahlbetonplatte

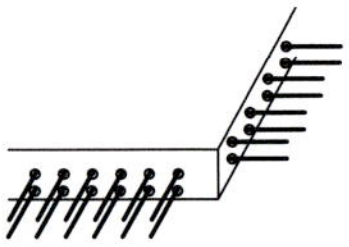

> **98** Akustik

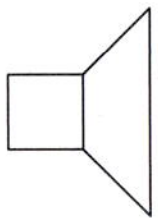

Ort: MIT Campus, Massachusetts
Fertigstellung: 1955
Höhe: 15 m
Spannweite: 49 m
Material: Stahlbeton
Architekt/Ingenieure/Akustikingenieur: Eero Saarinen, Ammann & Whitney, Acentech

Eero Saarinen entwarf das Kresge Auditorium zusammen mit der MIT Kapelle; die beiden Gebäude sind durch eine Rasenfläche voneinander getrennt. Das Ensemble gilt als eines der besten Beispiele für die moderne Architektur in den USA Mitte des 20. Jahrhunderts. Es war Saarinens erstes großes Projekt für einen öffentlichen Raum, aber trotz seines Erfolgs in architektonischer Hinsicht galt es aus stadtplanerischer Sicht nicht als gelungen. Saarinen selbst bemerkte dazu später, die beiden eher introvertierten Bauten seien »zu sehr in sich gekehrt … theoretisch ist es ein sehr elegantes Gebäude. Konstruktiv ist es eher ein rationales Gebäude. Aber wirkt es bei näherer Betrachtung nicht ein wenig zu erdgebunden? … Es scheint nicht zu schweben und strahlt auch nicht jene Leichtigkeit aus, die man sich wünschen würde.«

Die Schalenkonstruktion aus Stahlbeton hat die Form eines Achtelsegments einer Kugel und wird an drei Punkten von Auflagern aus Beton und Stahl getragen. Das dreieckig geformte Dach ist mit Kupfer verkleidet, Glaswände mit Stahlrahmen bilden die vertikale Gebäudehülle. Obwohl die erste zweifach gekrümmte Gitterschale bereits 1897 von Vladimir G. Schuchow aus Stahlprofilen gebaut worden war, besaßen dünne Stahlbetonschalen zum Zeitpunkt der Errichtung des Kresge Auditoriums immer noch einen weitgehend experimentellen Charakter. Das Gebäude war die erste dünne Schalenkonstruktion aus Beton in dieser Größe in den USA, und das Dach wog nur 1200 Tonnen. Die Kuppel berührt den Boden an drei Punkten, die jeweils fast 46 m voneinander entfernt sind, und ist am höchsten Punkt nur 9 cm dick.

Der Bau war als Hörsaal mit 1226 Sitzplätzen konzipiert. Aufgrund des stützenfreien Innenraums stört an keiner Stelle ein bauliches Hindernis den freien Blick auf den Podiumsbereich. Eine gute Akustik entstand durch den innovativen Einsatz freihängender Deckenelemente, die Schall aufnehmen und lenken konnten. 1998 wurde im Zuge einer Generalsanierung die Akustik des Raumes durch neue Akustikplatten weiter verbessert; diese reflektieren einen Teil des Schalls zurück auf das Podium und verteilen den Rest so gleichmäßig wie möglich.

Es wird immer noch darüber spekuliert, ob der auf des Kresge folgende Entwurf Saarinens des TWA Terminals für den Kennedy International Airport in New York von Jørn Utzons siegreichen Entwurf für den Wettbewerb für die Oper von Sydney, in dessen Jury Saarinen Mitglied war (siehe Seite 156), beeinflusst war. Umgekehrt könnte es aber auch sein, dass Utzon selbst wiederum von der 1955 fertiggestellten Schalenkonstruktion des Kresge Auditoriums beeinflusst war.

1 3D-Computer-Modell des Kresge Auditoriums
2 Ansicht des Auditoriums

1

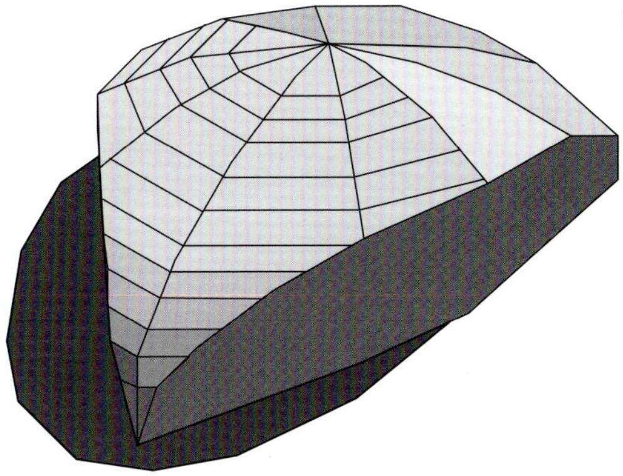

2

Palazzetto dello Sport

> 40 Massive Stütze aus Stahlbeton

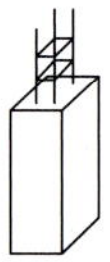

> 48 Rippendecke

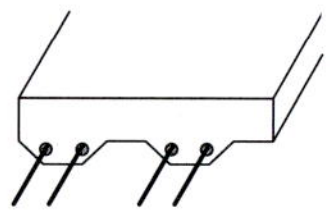

> 62 Lamellenkuppel

Ort: Rom
Fertigstellung: 1959
Material: Stahlbeton – Ferrozement
Maße: Durchmesser 59 m, Höhe 21 m
Ingenieur: Pier Luigi Nervi

Der Palazzetto mit seiner Lamellenkuppel aus Stahlbeton wurde für die Olympischen Spiele 1960 gebaut. Dieser »kleine Sportpalast« fasst 5000 Zuschauer und wurde von Pier Luigi Nervi in Zusammenarbeit mit Annibale Vitelozzi entworfen. Charakteristisch sind die vorgefertigten rautenförmigen Elemente, aus denen die diagonal verlaufenden Spiralrippen entstehen. Die Kuppel liegt an ihren Außenseiten auf offen sichtbaren vorgefertigten, Y-förmigen Stützen auf, die geneigt sind, um die diagonale Drucklast aufzunehmen. Durch diese Stützen erhält man ebenerdig große Öffnungen.
Nervi war Ingenieur und Bauunternehmer, der international bekannt wurde wegen seiner Erfindung des Ferrozements – einem Beton mit hoher Dichte, der stark mit Stahlmatten bewehrt ist. Zwischen 1935 und 1942 entwarf er eine Reihe von Flugzeughangars für die italienische Luftwaffe, deren erster in Orvieto (1938) die Form aller weiteren bestimmte: lange Spitztonnengewölbe aus einem Gitterwerk, aufgesetzt auf komplex geformte, dreieckige seitliche Stützen. Die unterschiedlich großen Rippen waren Fertigteile aus Stahlbeton. Statt der traditionellen Herstellungstechniken von Stahlbetonteilen entwickelte Nervi ein Verbundmaterial, dessen Zusammensetzung ausgewogener war und aus mehreren Lagen Bewehrungsmatten bestand, die mit Beton ausgegossen wurden. Er verwendete auch als erster Betonfertigplatten und sparte damit den teuren und zeitaufwändigen Schalungsbau.

Neben dem Entwurf von Tonnendächern und Kuppeln mit großen Spannweiten gelang es Nervi auch, ein Segelboot zu bauen, dessen Rumpf aus Ferrozement nur 1,25 cm dick war.
Der Palazzetto dello Sport wird auch heute noch genutzt, hauptsächlich für Basketballspiele. Auch der wesentlich größere Palazzo dello Sport in Roms Stadtteil EUR (Esposizione Universale Roma) ist von Nervi.
Pier Luigi Nervi wurde 1960 mit der Gold Medal des Royal Institute of British Architects (RIBA) ausgezeichnet.

1 Querschnitt des Palazzetto dello Sport in Rom
2 Außen- und Innenansicht des Palazzetto dello Sport

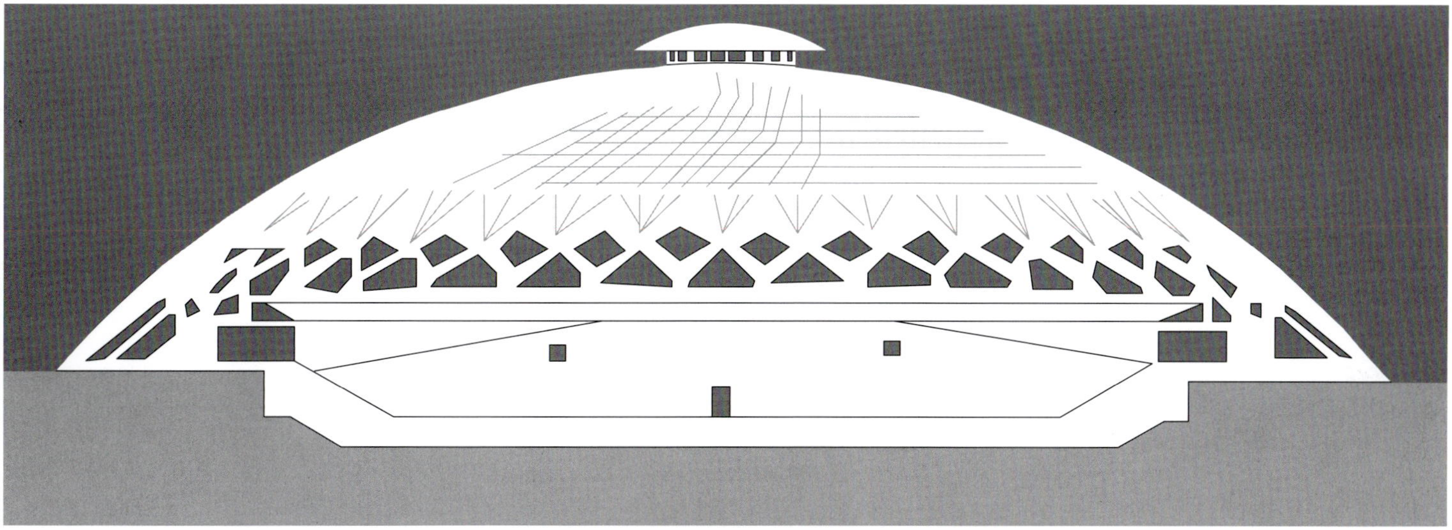
1

2

Houston Astrodome

> **46** Fachwerkträger

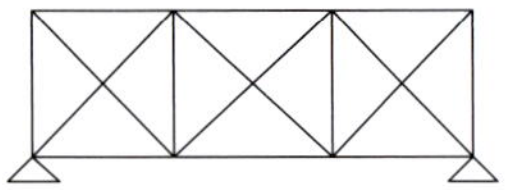

> **62** Diamatische Kuppel

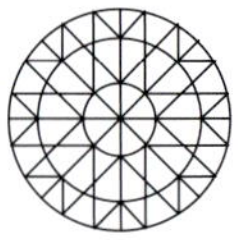

> **84** Lüftung

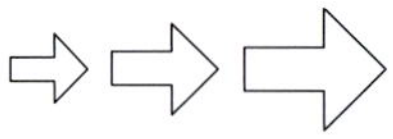

Ort: Houston, Texas
Fertigstellung: 1965
Höhe: 60 m
Gewicht: über 2500 Tonnen
Materialien: Beton und Stahl
Architekten: Hermon Lloyd & W.B. Morgan und Wilson, Morris, Crain & Anderson
Ingenieure: Walter P. Moore Engineering Consultants

Die Kuppel des Astrodome besitzt eine stützenfreie Spannweite von 195 m und besteht aus Meridianrippen mit einer Stärke von 1,50 m. Das Dach über einer Fläche von 104 000 m² wird von einem 376 Tonnen schweren Zugring gehalten. In den Astrodome könnte man ein 18 Stockwerke hohes Gebäude stellen.

In dem Stadion finden 66 000 Zuschauer einen Sitzplatz und die zentrale Klimaanlage wälzt 70 800 m³ Luft pro Minute um. Für den Astrodome wurde auch die gewaltige Zahl von 28 000 Parkplätzen auf einer Fläche von 105 ha vorgesehen.

Der Houston Astrodome steht für die Geburtsstunde der modernen Stadionbauten. Er ist das erste vollständig überdachte Mehrzweckstadion der Welt. Es gibt drei Möglichkeiten der Sitzanordnung; 66 000 Zuschauer bei Konzerten, 52 000 Zuschauer bei American Football und 45 000 Zuschauer bei Baseball.

Als der Astrodome eröffnet wurde, war das Spielfeld ein echter Bermudagrasrasen. In der Kuppel befanden sich halbtransparente Plexiglasplatten. Recht bald beschwerten sich die Spieler, dass die Platten spiegelten und sie daher den Flug der Bälle nicht verfolgen konnten. Also überstrich man die Platten – und löste damit das Blendproblem, aber nun konnte das Gras aufgrund des fehlenden Sonnenlichts nicht mehr wachsen. Dies führte zu der Entwicklung eines neuen künstlichen Spielfeldbelags, für den synthetische, gewobene »Grasmatten« eingesetzt wurden, und dieser wurde nach seinem Ursprungsort Astroturf benannt. Der Astrodome war das erste Stadion in Nordamerika, in dem unterschiedliche Varianten des Astroturf für Baseball und Football verwendet wurden; jeder Belag wurde in einem Stauraum unter der Platzmitte gelagert und auf einem Luftkissen ausgerollt. Interessanterweise erweiterte die Entwicklung dieses künstlichen Belags die Einsatzmöglichkeiten dieser großen Arena als Ausstellungs- und Konferenzort sowie für andere Sportereignisse. Der Astrodome war auch führend in der Entwicklung und im Einsatz von großen elektronischen Anzeigetafeln sowie von gut ausgestatteten Gastronomiebereichen und Toilettenanlagen, die zuvor in solch großen Versammlungsstätten nicht vorhanden waren.

1 Der Houston Astrodome während des Baus

1

Deutscher Pavillon

> **66** Mastgestützte Membran

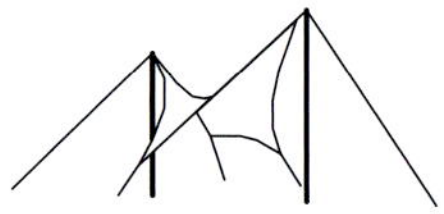

Ort: Montreal
Fertigstellung: für die Expo 1967
Maße: max. Länge 130 m, max. Breite 105 m
Überdachter Bereich: 8000 m²
Masthöhen: 14 bis 38 m
Architekten: Frei Otto, Rolf Gutbrod
Ingenieur: Fritz Leonhardt

Frei Otto gehört zu den führenden Planern leichter Membrankonstruktionen, seine innovativen Überlegungen zu mathematischen Zusammenhängen in der Statik und im Bereich der Baukonstruktion sind wegweisend. Ottos Karriere weist Ähnlichkeiten zur Entwicklung von Buckminster Fuller auf: Beide beschäftigten sich intensiv mit Raumtragwerken und effizienten Konstruktionen und beide experimentierten mit aufblasbaren Gebäuden. In den 1950er Jahren baute Otto Modelle, um die komplexen Formen seiner zugebeanspruchten Konstruktionen nachzubilden und zu prüfen. Als die Größe seiner Projekte zunahm, gehörte er zu den ersten, die computergestützte Methoden zur Berechnung von Form und Verhalten verwendeten.

»Frei Otto und Rolf Gutbrod versuchen mit ihrem siegreichen Entwurf eine von Menschen geschaffene Landschaft zu verwirklichen. In dem geschützten Inneren befanden sich modulare Stahlplattformen auf unterschiedlichen Ebenen. Der gesamte Bereich war mit einer einzigen, unregelmäßig geformten Membran mit unterschiedlichen Höhen überdeckt. Die Hochpunkte wurden bestimmt durch die Spitzen der Masten und die Tiefpunkte von den Stellen, an denen die Membran trichterartig nach unten zum Boden gezogen wurde. Augen aus durchsichtigem Kunststoff betonten diese Punkte und die sattelförmigen Flächen, die durch die Konstruktion entstanden. Die vorgespannte Membran war eine transluzente Kunsthaut, die von einem Stahlseilnetz abgehängt war, das an den Öffnungen, den Firsten und den Randseilen mit den Spitzen der Masten und den Bodenankern verbunden war.«

Aus: Ludwig Glaeser, *The Work of Frei Otto*, Ausstellungskatalog The Museum of Modern Art, New York 1972, S. 109

Die Netzkonstruktion aus Spannseilen bestand aus 12 mm starken gedrehten Stahlseilen, die in einem 500 mm-Raster gespannt waren (sodass man sogar auf ihnen hochklettern konnte), und 54 mm starken Stahlseilen entlang der Ränder und des Firsts. Die transluzente Haut war eine gewebte, flammenbeständige Polyesterfolie. Der Pavillon besaß auch große, geschwungene Vordächer aus Acrylglas, die von Stahlseilen gehalten und in dieser Größe erstmalig eingesetzt wurden.
Ursprünglich sollte der Pavillon nach der Expo wieder abgebaut werden, aber die Stadtverwaltung von Montreal brachte darin ein Jugendzentrum unter. 1976 wurde er dann entfernt.

Unter den Netzkonstruktionen der Expo fanden sich auch zwei Gebäude aus Holzlatten, in denen ein Veranstaltungssaal und das Foyer untergebracht waren. Sie waren frühe Vorgänger der Downland Gridshell von Edward Cullinan (siehe Seite 60).

1 Der Deutsche Pavillon auf der Weltausstellung in Montreal 1967 überdeckte eine 8000 m² große Fläche.

1

Amerikanischer Pavillon

> **62** Geodätische Kuppel

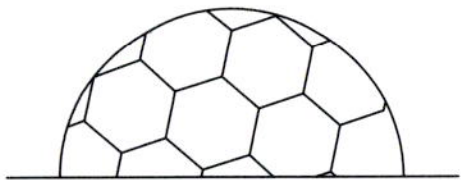

> **72** Thermische Behaglichkeit

Ort: Montreal
Fertigstellung: für die Expo 1967
Höhe: 60 m
Durchmesser: 75 m
Material: Stahlrohr
Architekten: Richard Buckminster Fuller, Shoji Sadao

Buckminster Fuller ist der Erfinder der geodätischen Kuppel; er beschrieb sie in seiner Patentanmeldung von 1954 als einen »sphärischen Mast«, der Zug und Druck auf die gesamte Konstruktion verteilt, bei diesem Bauwerk eine Dreiviertelkugel. Der Pavillon wurde für die Expo in Montreal errichtet und besteht aus einer doppellagigen Stabwerkskonstruktion mit dreidimensionalen Modulen, die außen dreieckig und innen sechseckig sind. Indem sie zu einer Kuppel verbunden werden, verteilt sich das Gewicht der Konstruktion auf die gesamte Oberfläche. Fullers geodätische Kuppel hatte ursprünglich einen Witterungsschutz aus 1900 sechsseitigen Acrylformplatten. In jede Platte waren sechs dreieckige Sonnenblenden eingearbeitet, die entsprechend dem Lauf der Sonne automatisch geöffnet oder geschlossen wurden. Es ist damit ein frühes Beispiel für ein »intelligentes« computergesteuertes Verschattungssystem, das auf Umgebungsbedingungen reagiert.
1976 wurde die Acrylverkleidung bei einem Brand zerstört, aber die bemerkenswerte Konstruktion blieb erhalten und beherbergt heute ein Museum mit Blick über Montreal. Als Fuller 1970 mit der begehrten Goldmedaille des American Institute of Architects (AIA) ausgezeichnet wurde, beschrieb das AIA die Kuppel als »die widerstandsfähigste, leichteste und effizienteste Möglichkeit einen Raum einzuhüllen, die die Menschheit bis heute kennt«.
Dabei ist die Konstruktion keine reine geodätische Kuppel. Wenn man den Äquator (beziehungsweise die die Kugel in der Waagrechten halbierende Linie) sucht, erkennt man, dass die Horizontalen darunter (zum Boden hin) parallel verlaufen und ihr Umfang abnimmt, während die Geometrie der Konstruktion über dem Äquator rein geodätisch ist.
Die geodätische Kuppel von Montreal ist nicht die größte ihrer Art; größer wurde der 1982 von Donald Richter gebaute 126 m große Hangar für das Wasserflugzeug *Spruce Goose* von Howard Hughes. Richter war Schüler und Assistent von Fuller. Vor kurzem erklärte das Buckminster Fuller Institute den Fantasy Entertainment Complex im japanischen Kyosho mit einem Durchmesser von 216 m zur derzeitig größten geodätischen Konstruktion. Fuller schlug 1950 vor, ganz Manhattan mit einer geodätischen Kuppel mit einem Durchmesser von 3,2 km zu umschließen. Das Material dieser Hülle hätte wesentlich weniger gewogen als die darin eingeschlossene Luft.
1997 wurden Harold Kroto, Richard Smalley und Robert Curl für ihre Entdeckung einer neuen Form von Kohlenstoff mit dem Nobelpreis für Chemie ausgezeichnet. Sowohl Kroto als auch Curl sollen sich die Kuppel von Montreal angeschaut haben und daraufhin auf die Benennung Buckminster-Fullerene, beziehungsweise Fullerene in der Kurzform, des neuen Kohlenstoffs bestanden haben.
Neben dem amerikanischen Pavillon wurde für die Expo 1967 auch Frei Ottos Deutscher Pavillon (siehe Seite 150) und Moshe Safdies Habitat gebaut, ein einzigartiges Entwicklungsprojekt mit 158 Wohneinheiten aus 365 Betonfertigteilen.
1990 kaufte Environment Canada das Gelände mit der Kuppel und baute den amerikanischen Pavillon zur Biosphère um, einem Museum, in dessen Mittelpunkt das Ökosystem um den St. Lawrence Strom und die Great Lakes steht.

1 Der amerikanische Pavillon für die Expo 1967 in Montreal war damals die größte geodätische Kuppel der Welt. Aufnahme von 2004
2 Detail der geodätischen Stahlrohrkonstruktion mit Zwölfpunkt- und Sechspunktverbindungsknoten. Aufnahme von 2004

1

2

Selbstbauhaus

> **42** Einzelfundament

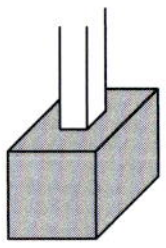

> **58** Träger und Stütze

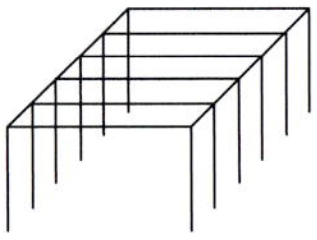

Material: Holz
Architekt: Walter Segal

In den 1970er Jahren entwickelte der Schweizer Architekt Walter Segal ein Bausystem für Häuser mit einer Holzrahmenkonstruktion, die schnell, günstig, effizient und einfach war. Segals Leistung bestand darin, den Bauprozess so zu vereinfachen, dass praktisch jeder nach der Anleitung günstig und schnell bauen konnte. Er selbst betonte immer wieder, dass es sich dabei um einen Ansatz, um eine Methode zu denken, und nicht um ein System handelte, und wollte daher auch kein Patent dafür anmelden. Für ihn war ein Haus nicht ein gleich zu Anfang fertiges Produkt, sondern eine einfache Grundkonstruktion, die mit der Zeit entsprechend den Bedürfnissen, der eingesetzten Arbeit und den zur Verfügung stehenden Mitteln wächst.
Die Konstruktion basiert auf einem modularen Maßsystem, um Änderungen und Erweiterungen zu ermöglichen. Handwerkstechniken, die den Einsatz von Wasser erfordern, wie Verputzen und Mauern, wurden ersetzt durch leichte Außen- und Innenverkleidungen und Dämmstoffe. Segal wollte, dass Menschen mit geringen Kenntnissen über das Bauen nur mit Hilfe einer Anleitung und Elementen, die problemlos bei örtlichen Baugeschäften erhältlich sind, ein Haus errichten können – eine Idee, die heute als Selbstbauhaus bekannt ist.

In den späten 1970er Jahren hielt die Verwaltung des Lewisham Borough in London Segals Methode für eine sehr gute Möglichkeit, eine Reihe steiler Grundstücke mit sehr weichem Boden zu bebauen, die ungeeignet für konventionelle Bauverfahren waren.
Die Grundstücke wurden den auf der Warteliste der Behörde stehenden Bewerbern angeboten, und diese machten sich sofort an den Bau ihrer Wohnhäuser (1977–1982); das Gebiet wurde daraufhin Segal Close genannt. In einer zweiten Bauphase folgte 1985–1987 der Walter's Way.
Das modulare Raster wurde von der Größe von Standardbauteilen bestimmt, um so ein Maximum an Effizienz und ein Minimum an Verschnitt zu erzielen. Ausgewählt wurden solche Materialien, die eine handhabbare Größe hatten, möglichst leicht waren und sich mit einfachen Maschinen bearbeiten ließen. Fundamente und Erdarbeiten wurden auf ein Minimum reduziert, indem mehrere Einzelfundamente gesetzt wurden und »trockene« Verbindungsverfahren in Form von Bolzen und Schrauben gewählt wurden. Die Gebäude sind flexibel und leicht zu erweitern. Es lassen sich ein- und zweigeschossige Bauten mit einem flachen oder geneigten Dach errichten, und innen sind sogar Räume über zwei Geschosse möglich.

1 Das Segal Selbstbauhaus. Schemazeichnung mit den verschiedenen Bauteilen und der Abfolge der Arbeiten
2 Walter's Way, London, 1985–1987

1

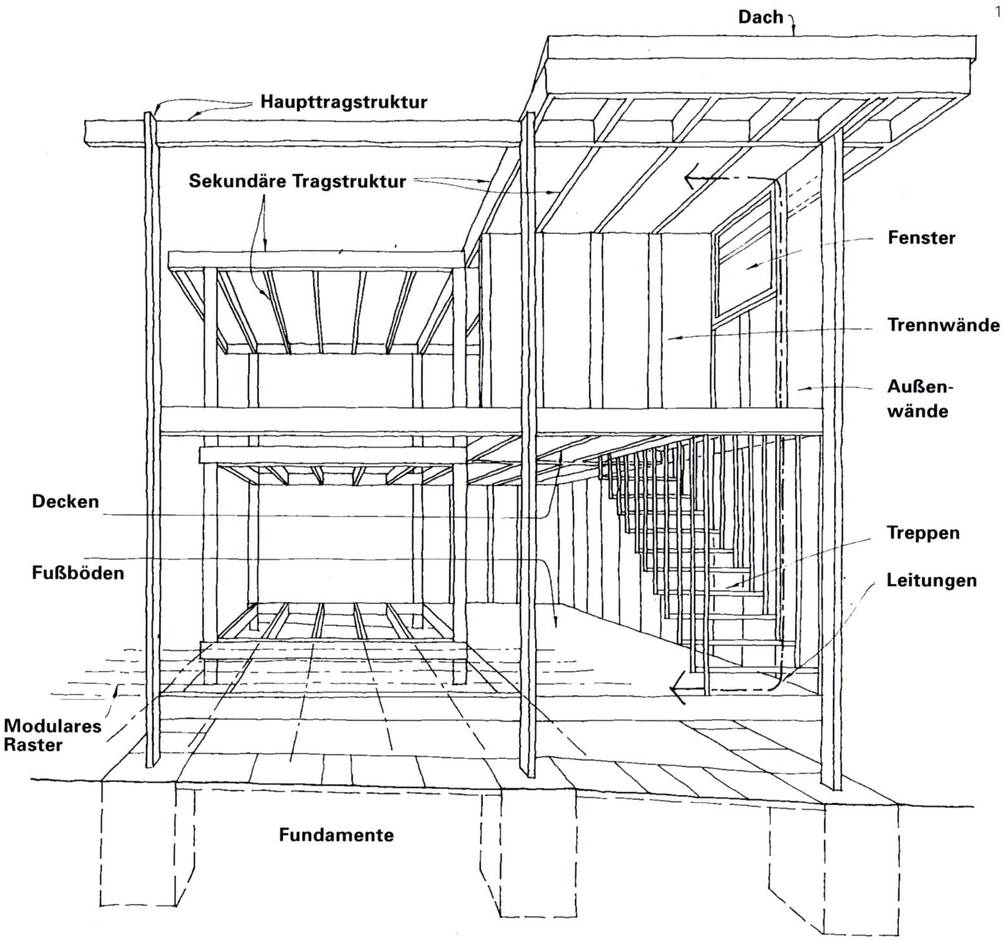

2

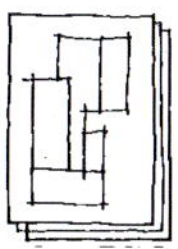

Grundrisse und Ansichten

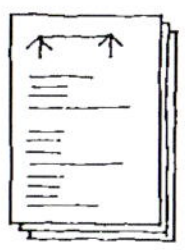

Berechnungen

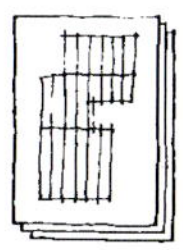

Konstruktionsdetails

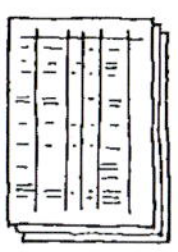

Materialzusammenstellung

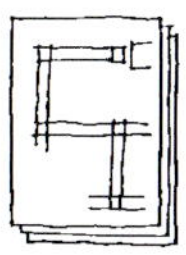

Bauteilekatalog

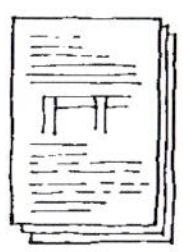

Bauanleitung

Opernhaus Sydney

> **50** Stahlbetonplatte

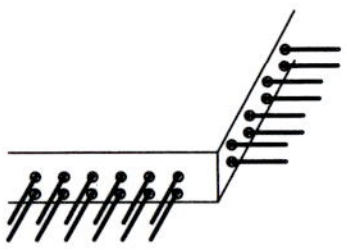

> **60** Spitzbogengewölbe

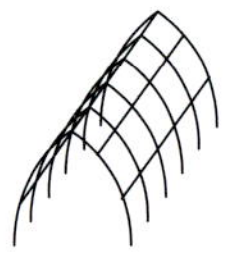

> **98** Akustik

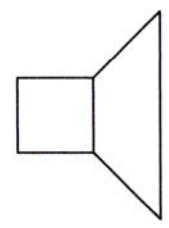

Ort: Sydney, Australien
Fertigstellung: 1973
Größe: 185 x 120 m
Material: Stahlbeton
Architekt: Jørn Utzon
Ingenieur: Ove Arup

Jørn Utzons siegreicher Entwurf für den internationalen Architektenwettbewerb von 1957 soll, so heißt es, vom Fachbeirat ausgeschieden worden, aber später auf Empfehlung eines Preisrichters, des Architekten Eero Saarinen, wieder mit einbezogen worden sein.

Der Bau der Oper von Sydney wurde 1959 begonnen. Geometrisch betrachtet, ist jede Hälfte jeder einzelnen Schale das Segment einer Kugel; ursprünglich waren die »Segel« als Parabeln geplant, was sich jedoch bautechnisch nicht umsetzen ließ. Sie gelten zwar als Stahlbetonschalen, aber jede einzelne besteht aus einer Reihe von Betonrippen, die die insgesamt 2194 Betonfertigplatten des Daches (beziehungsweise die pfeilförmigen Trägerplatten der Deckung) tragen, in die insgesamt über eine Million Fliesen eingearbeitet sind. Die verkleidete Oberfläche ist sehr komplex detailliert, es wurden zwei Fliesentypen – weiße und cremefarbene – mit deutlich sichtbaren Fugen verwendet. Der Architekt wollte, dass das Opernhaus zwar als Gebäude wahrgenommen wird, aber zugleich auch noch einen am Menschen orientierten Maßstab behält. Die Oper steht auf 580 Betonpfeilern, die bis zu 25 m in den Meeresboden eingelassen sind.

Das Bauwerk gilt als eines der ersten Projekte, bei dessen Entwurf Computeranalysen angewendet wurden, um die komplexen Kräfte, denen die Schalen unterworfen sind, zu verstehen. Es dauerte einige Jahre, bis man die Lösung fand – dass nämlich alle Schalen als Segmente einer Kugel gearbeitet werden, deren Kerne Bogenrippen bilden. Bei dieser Lösung mussten keine teuren Schalungen hergestellt werden, da man Fertigbauteile einsetzen konnte, in die vor Ort noch am Boden die Fliesen eingearbeitet wurden. Große Teile der Baustelle dienten während der gesamten Bauzeit als Betonfertigteilfabrik.

Der Entwurfs- und Bauprozess stellte eine große Herausforderung dar und verlief nicht immer reibungslos. Das Opernhaus sollte auf dem Bennelong Point neben der Sydney Harbour Bridge von Jon Bradfield gebaut werden und war damit von allen Seiten sichtbar.

1966 sagte Utzon bei einem Interview des dänischen Fernsehens: »... es war ein ideales Projekt für einen Architekten ..., zum einen, weil es ein wunderschöner Bauplatz mit guten Blickbeziehungen war, und zum anderen, weil es kein detailliertes Bauprogramm gab.«

Der Auftrag erwies sich dennoch als sehr komplex, und dies, obwohl Utzon mit den Ingenieuren von Ove Arup und insbesondere mit Jack Zunz (siehe Hongkong and Shanghai Bank Hauptverwaltung, Seite 158) zusammenarbeiten konnte und den jungen Assistenten Peter Rice (siehe Pavillon der Zukunft, Seite 160) an seiner Seite hatte.

Am 1. März 1966 erklärte Utzon seinen Ausstieg aus dem Projekt; es war ein erzwungener Rückzug, da er ihm zustehende Zahlungen nicht erhalten hatte und es keine Gesprächsebene mehr mit dem Bauherren gab.

Am 20. Oktober 1973 wurde das Opernhaus von Sydney, das die australischen Architekten Hall, Todd and Littlemore fertiggestellt hatten, offiziell von der englichen Königin Elisabeth eingeweiht. Utzon kehrte niemals mehr zu dem Opernhaus zurück, aber 1999 beauftragte man ihn mit der Überarbeitung der Innengestaltung des Gebäudes; unterstützt wurde er dabei von seinem Sohn und Partner Jan, der die Arbeiten leitete. Nach der Renovierung der großen Vorhalle wurde diese in Utzon Room umbenannt.

1 Ansichtszeichnung der fertiggestellten Oper von Sydney
2 Außenaufnahme der gefliesten Verkleidung

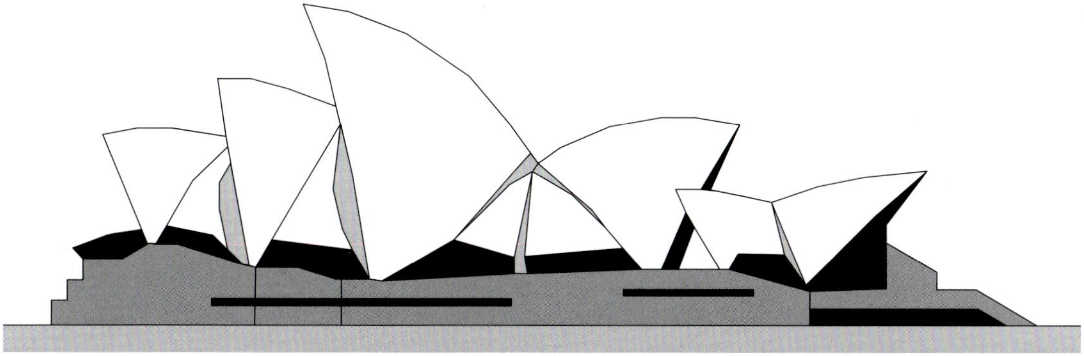

1

2

Hongkong and Shanghai Bank Hauptverwaltung

> **34** Fachwerkstütze

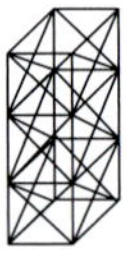

> **46** Unterspannter Träger

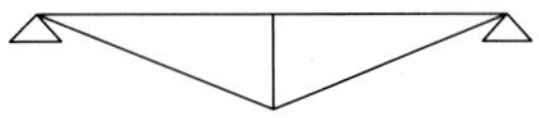

> **72** Thermische Behaglichkeit

Ort: Hong Kong
Fertigstellung: 1985
Höhe/Gewicht: 180 m/
30 000 Tonnen Stahl
Architekt: Foster + Partners
Ingenieur: Ove Arup (Jack Zunz)

Die Hauptverwaltung der Hong Kong and Shanghai Bank ist ein modulares Gebäude mit vielen vorgefertigten Bauteilen. Als Stützen dienen gerade einmal vier senkrechte, wie eine Leiter angelegte Vierendeelträger, an denen eine Reihe von zweifach auskragenden Hängewerken verankert ist, an denen wiederum jeweils sieben Geschosse hängen. Die jeweils über zwei Geschosse reichenden Hängewerke teilen die Konstruktion in fünf Bereiche. In den jeweils zwei Geschossen der Hängewerke sind Empfangsräume, Speise- und Konferenzräume untergebracht. Verbunden sind sie mit offenen Terrassen, die durch einen Rücksprung der Fassade gegenüber dem Tragwerk deutlich sichtbar werden. Die Terrassen dienen als Erholungsraum, sind aber auch Fluchtbereiche für den Brandfall. Die Querverstrebungen auf den Ebenen der Hängewerke sind mit Gelenkbolzen an den Vierendeelträgern verankert, eine Technik, die man eher aus dem Bauingenieurwesen, beispielsweise bei Brücken, kennt und die dem Abtragen sehr großer Lasten dient und keine sperrigen, arbeitsintensiven Schraubverbindungen erfordert.

Durch das einzigartige außenliegende Skelett entstehen große, stützenfreie Innenräume, die eine größtmögliche Flexibilität in der Nutzung der insgesamt 100 000 m² Bürofläche bieten. Das Gebäude besitzt 47 Stockwerke und vier Kellerebenen; es ist mit 4500 Tonnen Aluminium verkleidet.

Natürliches Sonnenlicht wird in die Innenräume der unteren Ebenen über zwei »Sonnenschaufeln« gelenkt, von denen sich eine innen und eine außen befindet. Die äußere Sonnenschaufel besteht aus einer riesigen Anlage beweglicher Spiegel, die auf einer Trägerkonstruktion an der Südseite auf Ebene 12 auf der Höhe des oberen Abschlusses des 52 m hohen Atriums angebracht sind. Diese Heliostaten sind so programmiert, dass sie das ganze Jahr über dem Lauf der Sonne folgen und das Sonnenlicht auf die innenliegende Lichtschaufel aus feststehenden, konvex geformten Aluminiumspiegeln lenken, die das Licht in das Atrium auf die Plaza darunter leiten. Darüber hinaus befinden sich an der Außenfassade Sonnenblenden, damit kein direktes Sonnenlicht in das Gebäude dringt und sich die Innenräume nicht zu stark erwärmen.

Alle Böden bestehen aus leichten, herausnehmbaren Platten, damit die Versorgungsleitungen darunter, wie Belüftung, Elektro- und Telekommunikationsanschlüsse, immer zugänglich sind.

Bis dato hatte Norman Foster noch kein Gebäude mit mehr als vier Geschossen gebaut, aber hier realisierte er erfolgreich eine einzigartige Konstruktion, in der 4000 Bankangestellte einen Arbeitsplatz finden.

Im Verlauf des Entwurfs und Baus des Projekts entstanden 120 000 Zeichnungen, und es ist ein wahrhaft internationales Gebäude, dessen Verkleidung aus den USA, dessen Stahlkonstruktion aus Großbritannien und dessen Zulieferer, Stahlbauer und Bauunternehmer aus Hong Kong und Japan kamen. Zum Zeitpunkt der Fertigstellung im Jahr 1985 war es mit geschätzten 670 Millionen US $ das teuerste jemals realisierte Hochhaus. Mit dem Projekt gewann Norman Foster internationale Anerkennung. Es ermöglichte ihm, aktuellsten Forschungsstand und Architektur zu verbinden: Ausgestattet mit einem großzügigen Budget konnte er bautechnisch bis an die Grenze des damals Möglichen gehen.

1 Die Hauptverwaltung der Hong Kong and Shanghai Bank

1

Pavillon der Zukunft

> **36** Betonsteine

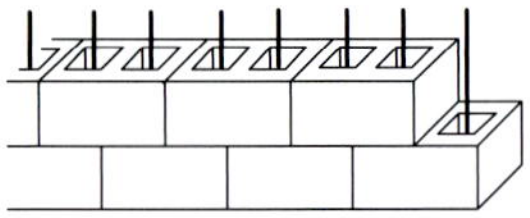

> **46** Unterspannter Träger

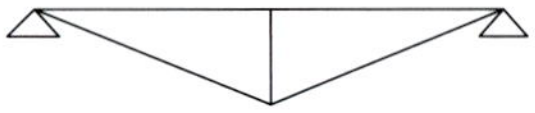

> **60** Tonnengewölbe

Ort: Sevilla
Fertigstellung: für die Expo 1992
Höhe: 39 m
Materialien: Naturstein und Stahl
Architekten: Martorell Bohigas Mackay (MBM)
Ingenieur: Peter Rice

Peter Rice wurde 1935 in Irland geboren. Er kam 1956 zum Büro Arup und arbeitete in der Frühphase seiner Karriere hauptsächlich an der Oper von Sydney, insbesondere an geometrischen Studien und Modellstudien sowie an umfassenden Analysen. Nach seiner Zeit in Australien nahm er sich ein Jahr Auszeit und ging als Gastprofessor an die Cornell University mit dem Ziel, sich »der Anwendung der Mathematik auf ingenieurtechnische Probleme zu widmen. Ich glaube, dass ein umfassenderes Verständnis jener Gleichungen, die zur Lösung konstruktiver Probleme beim Entwerfen angewendet werden, zu geeigneteren Lösungen führt und letztlich die Entscheidung hinsichtlich der Bauteile verbessert.«

Für den Pavillon der Zukunft entwarf Rice eine Reihe ineinandergreifender Bögen, die den aus Stein errichteten Aquädukten der Antike ähneln und bei denen die Druckfestigkeit des Steins und die Zugfestigkeit des Stahls ausgenutzt werden. Im Gegensatz zu Stahlbeton war bei dem Expo-Pavillon der Stahl, der die Konstruktion bewehrt und ihr Stabilität verleiht, jedoch außen sichtbar. Und auch bei den Steinelementen wählte man den für die notwendige Festigkeit geringsten Querschnitt. Der Stein, rosa Porrino-Granit, wurde mit einer CNC-Maschine geschnitten, die extrem geringe Toleranzen von unter einem halben Millimeter ermöglichte. Jedes Teil hatte einen quadratischen Querschnitt von 200 mm und war 1400 mm lang; diese Teile wurden mit Epoxidharz verbunden, sodass vorgefertigte Module von 5 m x 800 mm x 800 mm entstanden. Da das Gewicht dieser wie ein Skelett eingesetzten Steinbögen allein nicht für die notwendige Stabilität ausreichte, wurde jeder Bogen senkrecht mit einem einzigartigen System aus Edelstahlstäben und Zugseilen ausgesteift.

Während des Baus ergab sich die Schwierigkeit, dass die natürliche Spaltebene des Steins (wie die Maserung bei Holz) nicht gleichmäßig oder in einer Richtung einheitlich war und somit die spezifische richtungsbezogene Festigkeit des Materials schwer zu berechnen war.

1 Konstruktion des Pavillons der Zukunft: Bögen aus Naturstein mit Stahlverstrebungen. Foto von 1992

1

Portugiesischer Pavillon

> **46** Hängebrücke

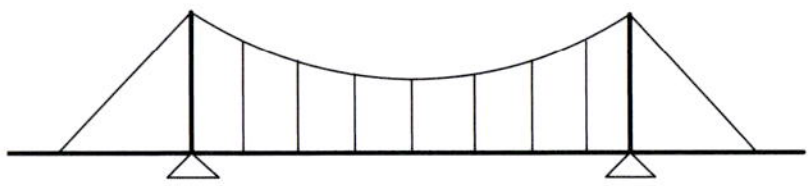

> **50** Stahlbetonplatte

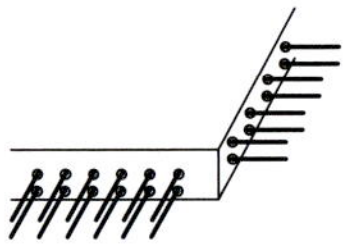

Ort: Lissabon
Fertigstellung: für die Expo 1998
Größe: 50 x 67 m
Gewicht: 1400 Tonnen
Material: Stahlbeton
Architekt: Álvaro Siza Vieira
Ingenieur: Ove Arup

Portugals wohl bekanntester lebender Architekt, Álvaro Siza, baute das Ausstellungsgebäude des gastgebenden Landes der Expo 1998. In der Ausschreibung für den Pavillon war ein Gebäude für eine Multimediapräsentation während der Zeit der Expo gefordert. Darüber hinaus sollte es über einen großen Außenbereich für Staatsempfänge und andere Feierlichkeiten verfügen. Der Architekturkritiker und -theoretiker Kenneth Frampton schreibt in seinem Buch *Álvaro Siza – Das Gesamtwerk*, dass Siza aufgrund dieser vagen Ausschreibung einen »Palast« entwarf und eine monumentale Formensprache entwickelte.

Das geschwungene Stahlbetondach wird von zwei keramikverkleideten Säulenhallen getragen. Die Spannkonstruktion aus Edelstahlseilen ist am jeweiligen Ende offen sichtbar an den tragenden Wänden verankert. Diese Wände befinden sich in derselben Ebene wie die Bewehrungsstäbe und können sehr starke Horizontallasten aufnehmen, wie die Masten und Verankerungen von Hängebrücken. Die konstruktive Betreuung dieses schwebenden Daches übernahm ein Team von Arup unter der Leitung des namhaften Ingenieurs Cecil Balmond. Die Planer trennten wegen der seismischen Aktivität um Lissabon die Tragkonstruktion des Daches von den anderen Elementen des Gebäudes.

Das Dach aus 20 cm starkem Beton fällt über seine gesamte Spannweite von 65 m nur um 3 m. Ohne Beleuchtungs- oder Drainagesysteme ist diese dünne Betonhaut wie ein Segel über eine Plaza von 65 x 50 m gespannt. Regenwasser fließt auf dem zum Hafenbecken leicht geneigten Dach entlang und über die Kante zu Boden.

Dieses riesige, wie eine Kettenlinie geformte Betondach, das zwischen zwei freistehenden Fassaden gespannt ist, besitzt Ähnlichkeit mit der Schwimmhalle des deutschen Ingenieurs Fritz Leonhardt in Wuppertal (1954–1956), deren Betondach auf den oberen Enden zweier 65 m voneinander entfernten Tribünen aufliegt. Leonhardt hatte, das kann hier noch erwähnt werden, zusammen mit Rolf Gutbrod und Frei Otto am deutschen Pavillon für die Expo in Montreal gearbeitet (siehe Seite 150).

1 Portugiesischer Pavillon, aufgenommen während der Expo 1998

1

Lord's Media Centre

> **50** Kassettendecke

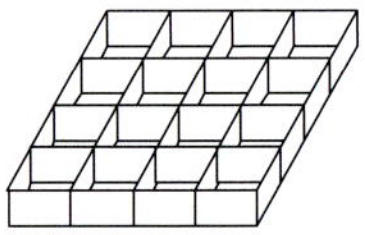

> **60** Rippenkuppel

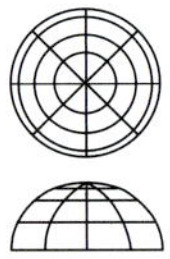

> **72** Thermische Behaglichkeit

Ort: London
Fertigstellung: 1999
Kapazität: 250 Personen
Gewicht: 100 Tonnen
Material: Aluminium
Architekten: Future Systems
Ingenieur: Ove Arup
Bauunternehmer: Pendennis Shipyard

Im Zentrum für die Medienvertreter auf dem Lord's Cricket-Platz im Norden von London sollten 120 Journalisten, 100 Reporter und ein Restaurant mit 50 Sitzplätzen untergebracht werden können. Der Hauptgebäudeteil besteht aus 26 vorgefertigten Elementen in einer Größe von etwa 3 x 20 m, von denen jedes zwischen 4 und 6 Tonnen wiegt. Die Schale wurde außerhalb der Baustelle in einer Schiffswerft vorgefertigt und dann auf dem Gelände von Lord's endgültig fertiggebaut. Keine Baufirma war bereit, diese Leistung anzubieten, und nur eine Schiffswerft nahm die Herausforderung an.

Als die Einladung zur Teilnahme an dem Wettbewerb für das Lord's Media Centre kam, wollte Amanda Levete, eine Direktorin von Future Systems, »alles auf eine Karte setzen«. Der Architekturkritiker Martin Pawley beschrieb 1998 das Media Centre in *The Architects Journal* als »fast wie ein Tier aus einem alten Mythos, halb Schiff, halb starrendes Auge, das schließlich doch wahr geworden ist«.

Derartige Monocque-Schalenkonstruktionen sind leicht und werden in der Regel in der Flugzeug-, Automobil- und Schiffsbauindustrie eingesetzt. Das Media Centre ist das erste Halbschalengebäude der Welt, das vollständig aus Aluminium besteht und eine Aluminiumhaut besitzt, die von einer kassettenartig angelegten
Rahmenkonstruktion aus 6 mm und 12 mm starkem Aluminiumblech getragen wird. Die vorgefertigten Elemente wurden vor Ort zusammengeschweißt, danach die Schweißnähte abgeschliffen und spritzlackiert, sodass eine durchgehend glatte Oberfläche entstand. Aus dem Bau hat man einen ungehinderten Blick über den gesamten Platz.

Das Media Centre ruht auf zwei Betontürmen 15 m über dem Boden. In diesen Türmen befinden sich die Treppenaufgänge und Aufzüge, und die steife Aluminiumkonstruktion der Schale kragt an allen Seiten über diese Türme aus. Eine Seite der Schale wird von einer geneigten, nicht reflektierenden Glasfassade abgeschlossen. Eine Luftkühlung verhindert eine zu starke Erhitzung durch Sonneneinstrahlung.

Auf speziellen Wunsch des Kommentatorenteams von Test Match Special der British Broadcasting Corporation (BBC) gibt es zudem ein öffenbares Fenster in der sonst nahtlosen Glasfassade. Durch dieses Fenster hören die Kommentatoren direkt das Schlagen des Balls und müssen nicht auf eine künstliche Verstärkung vertrauen.

1 Rückwärtige Ansicht des Media Centre mit den beiden Betontürmen, die es tragen.
2 Der Zusammenbau der vorgefertigten Aluminiumelemente vor Ort

1

2

30 St Mary Axe

> **62** Lamellenkuppel

> **72** Thermische Behaglichkeit

> **84** Lüftung

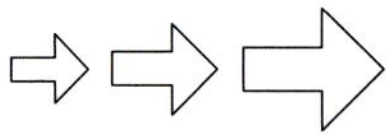

Ort: London
Fertigstellung: 2004
Gewicht: 70 000 Tonnen
Höhe: 180 m
Materialien: Glas und Stahl
Architekten: Foster + Partners
Ingenieur: Ove Arup
Bauunternehmer: Skanska UK
Stahlarbeiten: Hollandia BV, Viktor Buyck Steel Construction NV

Die meisten hohen Gebäude erhalten ihre horizontale Aussteifung durch einen steifen Kern in Gebäudemitte. Dieser Turm besitzt jedoch eine außenliegende Skelettkonstruktion, die es aussteift und auch das Gewicht der Decken abträgt – jedes Stockwerk ist gegenüber dem vorangegangenen um 5 Grad versetzt. Trotz seiner gekrümmten Ganzglashülle gibt es nur ein gekrümmtes Glaselement bei dem Gebäude – die linsenförmige Gebäudespitze, die sich verjüngt und so den Windwiderstand verringert.
In den Lichtschächten gibt es Fenster, die automatisch geöffnet werden können, um die Klimaanlage mit einer natürlichen Belüftung zu unterstützen. Die Atrien sind spiralförmig angeordnet, damit Luft, die durch die Lichtschächte in den Turm eingesogen wird, aufgrund des Luftdruckunterschieds zwischen innen und außen durch das Gebäude zirkuliert. Die Bürobereiche bestehen aus einer äußeren Doppelverglasung und einer einfach verglasten Innenhaut, zwischen denen sich ein belüfteter Zwischenraum mit verstellbaren Sonnenblenden befindet.

Das Gebäude ruht auf 333 Gründungspfählen und besteht aus 35 km Stahlprofilen mit einem Gewicht von 11 000 Tonnen sowie 24 000 m² Glasverkleidung. Die Aufzüge können gleichzeitig bis zu 378 Personen befördern und erreichen eine Geschwindigkeit von 6 m pro Sekunde. Fast alle Maschinenräume befinden sich extern in einem angrenzenden sechsstöckigen Gebäude.
Der 41 Stockwerke hohe Büroblock bietet 76 400 m² Fläche für Büros, eine neuen öffentlich zugänglichen Plaza im Erdgeschoss und einen Clubraum in der Spitze, von dem aus man einen Panoramablick über die ganze Stadt hat. 30 St Mary Axe gilt als Londons erstes nachhaltiges Hochhaus, bei dem bis zu 50 % weniger Energie für Heizung und Kühlung aufgewendet werden muss.
Die Form des Turms wurde seiner direkten Umgebung angepasst und berücksichtigt die Einschränkungen eines relativ kleinen Grundstücks in der City of London. Durch seine strenge Geometrie sollen Spiegelungen verringert werden und der Turm transparenter wirken. Die Form des Turms soll auch die Fallluft, das heißt die Windentwicklung auf Bodenebene, die typisch für Hochhäuser ist, reduzieren, aber zugleich sollen auch notwendige Druckunterschiede an den Versorgungsschächten entstehen, um das einzigartige System der natürlichen Belüftung in Gang zu halten.
2004 wurde das 30 St Mary Axe mit dem Stirling Prize des Royal Institute of British Architects (RIBA) als das Gebäude des Jahres ausgezeichnet. In seiner Dankesrede sagte Norman (Lord) Foster, dass das Gebäude »... die wichtigsten Werte verkörpert, für die wir seit über 30 Jahren eintreten: Werte hinsichtlich der Humanisierung des Arbeitsplatzes, des Energiesparens, der Demokratisierung der Art und Weise, wie Menschen innerhalb eines Gebäudes kommunizieren, und der Art, wie sich ein Gebäude zu seinem urbanen Umfeld in einen Bezug setzt.«
In diesem Projekt wurden Ideen fortgeführt, die für den Bau der Hongkong and Shanghai Bank Hauptverwaltung in Hong Kong (1985), der Commerzbank in Frankfurt am Main (1997) und das nur theoretisch vorliegende Climatroffice, einer frühen Zusammenarbeit von Foster und Richard Buckminster Fuller für eine dynamische Kombination von Natur, Büro und Raumtragwerken als zukünftige Form des Arbeitsplatzes, entwickelt wurden.

1 30 St Mary Axe, bekannt als »the Gherkin« – die Gurke

1

»D« Tower

> **38** Tragende Sandwichkonstruktion > **56** Rahmenkonstruktion (unregelmäßiger Grundriss)

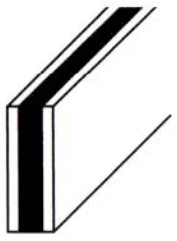

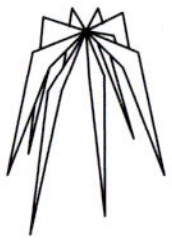

Ort: Doetinchem, Niederlande
Fertigstellung: 2003
Höhe: 12 m
Material: Glasfaserverstärkter Kunststoff (GFK)
Architekten: Nox Architecture

Der »D«Tower besteht aus 19 getrennt hergestellten, laminierten, vor Ort zusammengefügten Platten aus glasfaserverstärktem Epoxid (GFK), das in Formen gegossen wurde. Zuvor wurden diese Formen aus geschäumten Polystyrolblöcken mit CNC-Fräsen bearbeitet, um die komplexen Oberflächen auszuschneiden.
Die Geometrie der Konstruktion ähnelt einem gotischen Gewölbe, bei dem Pfeiler und Fläche ineinander übergehen, aber im Gegensatz zur Gotik wurden die Teile hier miteinander verklebt und verschraubt.
Der Verwendung von Epoxid lag der Wunsch zugrunde, das Gebäude mit Hilfe von verschiedenfarbigen Lampen leuchten zu lassen, wobei die Farbe jeweils für den aktuellen Gemütszustand der Einwohner des Ortes steht. Sie können dem Gebäude über eine Website entsprechende Informationen senden. Die komplexe Form des Turmes soll ein großes, schlagendes Herz eines Menschen nachbilden.

1 Plan, wie die 19 Teile zusammengesetzt werden
2 Fräsen der geschäumten Polystyrolblöcke
3 Jede Form wird aus mehreren Blöcken zusammengesetzt; die Platte wird in der geschichteten Form hergestellt.
4 Versuchsaufbau
5, 6 Ansicht bei Nacht, Farbschattierungen zeigen an, wie sich Stimmungen wandeln.
7 »D« Tower

1

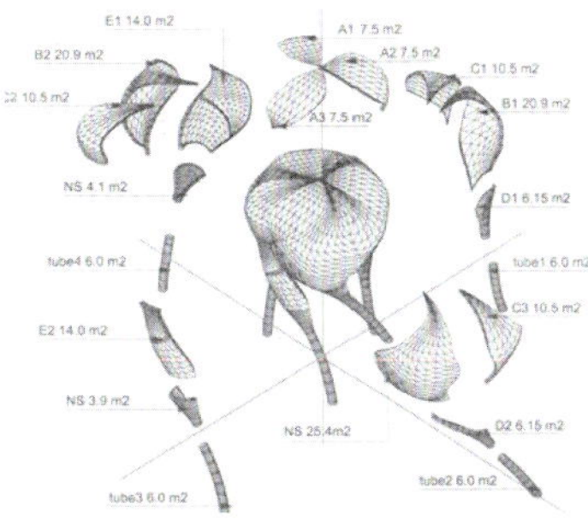

E1 14.0 m2
A1 7.5 m2
B2 20.9 m2
A2 7.5 m2
C1 10.5 m2
B1 20.9 m2
A3 7.5 m2
NS 4.1 m2
D1 6.15 m2
tube4 6.0 m2
tube1 6.0 m2
C3 10.5 m2
E2 14.0 m2
NS 3.9 m2
NS 25.4m2
D2 6.15 m2
tube2 6.0 m2
tube3 6.0 m2

2

3

4

5

6

7

Davies Alpine House

> 60 Tonnengewölbe

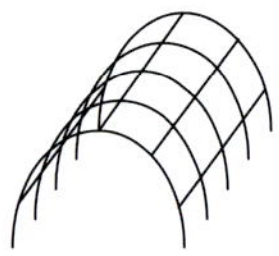

> 72 Thermische Behaglichkeit

> 84 Lüftung

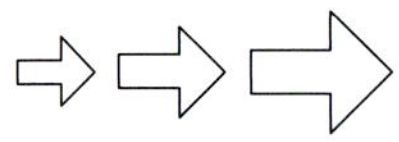

Ort: Royal Botanic Gardens, Kew, London
Fertigstellung: 2005
Höhe/Breite/Spannweite:
10 m/15 m/19 m
Materialien: lackierter Stahl und tragendes Glas
Architekten: Wilkinson Eyre
Ingenieure: Dewhurst MacFarlane (Statik), Atelier 10 (Umwelt)

Jeder Zwillingsbogen der Konstruktion besteht aus einem oberen und unteren Gurt und wird über Zugstäbe gespannt, die an einer Betonstützwand auf Bodenebene verankert sind. Die Bögen wurden aus Stahlplatten in der entsprechenden Form ausgeschnitten und zusammengeschweißt, ihre Profilstärke beträgt 240 x 120 mm. Die Zugstäbe aus Edelstahl tragen auch die facettierten Glasplatten.

Die in dem Bau angesiedelten Pflanzen aus den Alpen müssen trocken und kühl stehen und benötigen eine gute Belüftung und viel Licht. Durch die Höhe des Gewächshauses und Lüftungsöffnungen im oberen und unteren Bereich kann die Luft gut nach oben aufsteigen, und der Betonsockel wirkt als Kühlkörper – ein kleiner Ventilator zieht bei Nacht kühle Luft durch ein Labyrinth im Beton unter dem Boden an und eine Reihe von Lüftungsöffnungen leitet die kühle Luft am Tag nach oben (siehe auch Thermische Masse, Seite 78). Das Gebäude hat eine Nord-Süd-Ausrichtung, sodass nur eine Schmalseite der Sonne zugewandt ist. Durch das verwendete eisenarme Glas entsteht eine Transparenz von fast 90 %, ein Sonnenschutzmechanismus kann wie ein Fächer über die Fassade gespannt werden.

1 Die Explosionszeichnung veranschaulicht den Aufbau von Konstruktion und Verkleidung.
2 Temperaturregelung. Der Querschnitt zeigt die Luftbewegungen und Temperaturverteilung.
3 Ansicht des Davies Alpine House mit dem aufgespannten Sonnenschutz

1

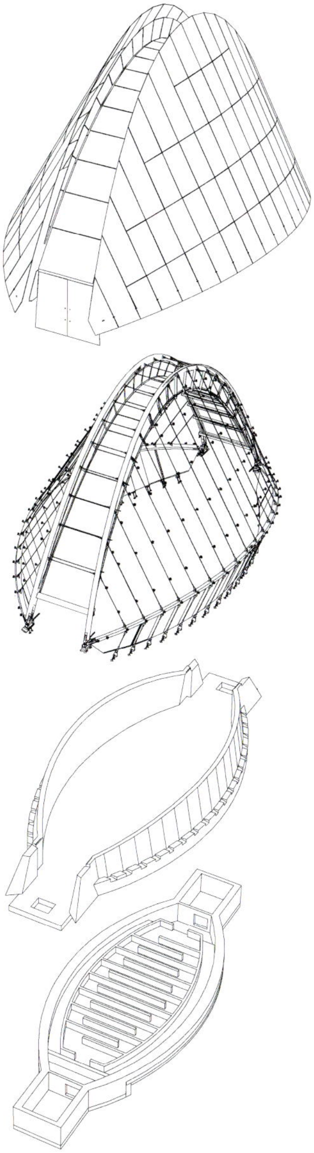

2

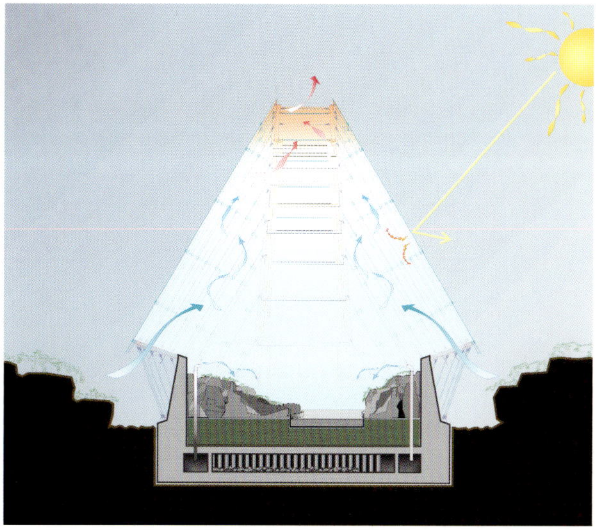

3

Internationale Raumstation

Ort: Stratosphäre
Fertigstellung: seit 1998 im Bau
Gewicht: 213 843 kg*
Bewohnbarer Raum: 424,7527 m³*
Maße: Spannweite der Sonnenkollektoren 73 m*
Länge: 45 m vom Destiny Weltraumlabor zum Swesda; 52 m mit angehängtem Shuttle
Hauptträger: 58 m
Höhe: 27 m
Ingenieure: international

Die Zukunft der Bautechnologie lässt sich vielleicht am besten am modularen System der Internationalen Raumstation ISS darstellen. Vorgefertigte Bauelemente wurden in den Weltraum gebracht und sowohl von Menschenhand als auch mit sehr komplexen Robotern zusammengesetzt. Die Bauelemente selbst sind das Ergebnis einer weit fortgeschrittenen Materialwissenschaft, die immer leichtere Bauelemente bei gleichzeitig immer besserer Widerstandsfähigkeit gegenüber extremen Umweltbedingungen (jedoch nicht Schwerkraft!) produzieren kann. Das Space Shuttle und zwei russische Raumfähren haben bei ihren Missionen bislang insgesamt 45 Mal Bauelemente zur Weltraumstation gebracht.

*Daten vom Dezember 2006

Bildabdruck mit freundlicher Genehmigung der NASA, 2007

1 ISS Assembly Mission 1: Das Sarja Steuerungsmodul wird an Bord einer russischen Protonrakete vom Weltraumbahnhof Baikonur in Kasachstan am 20. November 1998 ins All geschossen. Sarja besitzt einen Batterieblock, Treibstofftanks und eine Andockmöglichkeit für Sojus- und Progress-Raumfähren.
2 ISS Assembly Mission 2A: Die Raumfähre *Endeavour* liefert den Verbindungsknoten *Unity* mit zwei Druckadaptern. Am 6. Dezember 1998 übernahm die Besatzung der STS-88 das Steuerungsmodul Sarja und koppelte es an den Verbindungsknoten in der Ladezone der Raumstation an. Am Sonntag, 13. Dezember, trennte sich die Raumfähre *Endeavour* wieder von der neuen Internationalen Raumstation und kehrte zur Erde zurück.
3 ISS Assembly Mission 2A: Die Besatzung der STS-101 bereitet die Internationale Raumstation für die Ankunft des Swesda Wohnmoduls vor. Vier neue Batterien, zehn neue Rauchdetektoren und vier neue Kühlventilatoren werden in das Steuerungsmodul Sarja eingebaut. Handläufe werden am Verbindungsknoten für zukünftige Weltraumausflüge installiert.
4 ISS Assembly Mission 4A: Die Besatzung der STS-97 liefert und installiert den P6-Träger für das erste große US-amerikanische Solarmodul. Der P6 wurde vorübergehend auf dem Z1-Träger verankert. Der P6 mit Photovoltaikmodul gewinnt mit Solarzellen Energie aus der Sonne und speichert sie in Batterien.
5 ISS Assembly Mission LF1 STS-114, nach der Wiederaufnahme der Weltraummissionen mit der Raumfähre werden Material und Ausrüstungsgegenstände zur Internationalen Raumstation geliefert. Eine außenliegende Ladeplattform wurde mit Hilfe des Roboterarms der Raumfähre *Discovery* von zwei Astronauten bei einem Außeneinsatz angebracht. Ebenfalls in einem Außeneinsatz reparierten Astronauten die Energiezufuhr zu einem defekten Gyroskop und installierten ein neues.
6 ISS Assembly Mission 6A: Die *Endeavour* bringt in einem Mehrzweckladcmodul Einbauteile für das Destiny Weltraumlabor. Canadarm2, der Roboterarm, wird vom Raumschiff zu seinem neuen Bestimmungsort an der Internationalen Weltraumstation gebraucht. Eine Ultrahochfrequenzantenne (UHF) für eine direkte Kommunikation zwischen den Besatzungsmitgliedern in und außerhalb der Weltraumstation wird an der Station installiert.
7 ISS Assembly Mission 11A: Die *Endeavour* bringt das erste Trägerelement P1, das am Hauptträger S0 befestigt wird. Zusätzliche Kühlradiatoren werden gebracht, aber erst von der ISS Assembly Mission 12A, 1 installiert. Ein »Cart«, eine Art Wagen für den Transport von Ausrüstungsgegenständen, wird geliefert, damit bei Außeneinsätzen das Material an der Trägerkonstruktion entlanggefahren werden kann.
8 ISS Assembly Mission 1R: Das Swesda Servicemodul wird an Bord einer russischen Protonrakete am 12. Juli 2000 vom Weltraumbahnhof Baikonur ins All geschickt. Swesda ist das Wohnmodul und übernimmt einige lebenswichtige Versorgungsfunktionen in der Internationalen Raumstation.
9 Blick auf die Internationale Raumstation aus der Raumfähre *Atlantis*, nachdem diese am Dienstag, den 19. Juni 2007 um 10:42 Uhr abgedockt hat.

1

2

3

4

5

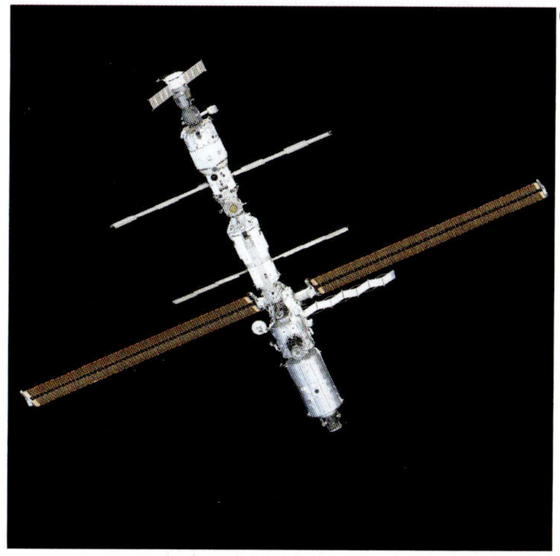
6

7

8

9

Regelwerke zum Bauen

Gesundheit und Sicherheit

Die meisten Richtlinien und gesetzliche Regelungen im Bauwesen haben den Zweck, die Gesundheit und Sicherheit der Bauarbeiter und der Nutzer sicherzustellen. Sie decken alle Aspekte des Planens und Bauens ab, so die Gründung, die Abdichtung gegen Wasser, Tragelemente, die Statik, Wärmedämmung, Energieverbrauch, Lüftung, Heizung, Brandschutz, Rettungswege und Elektroinstallation.

Normalerweise reicht der Architekt, in Zusammenarbeit mit Fachleuten wie zum Beispiel Statikern, seine Planung bei der Behörde zur Genehmigung ein, damit sichergestellt ist, dass alle Vorschriften erfüllt werden. Zu bestimmten Zeitpunkten der Bauphase wird der örtliche Bauprüfer die Baustelle kontrollieren.

Nachhaltigkeit

Die Bauwirtschaft ist verantwortlich für etwa 50 % der Materialentnahme aus der Erdkruste (in Gewicht); 40 % des Weltenergieverbrauchs werden zum Betreiben von Gebäuden benötigt. Das Bauen erschöpft die natürlichen Ressourcen über die Nachhaltigkeit hinaus. Während dies geschrieben wird – und durch einige Schätzungen gestützt –, machen allein die Produktion und der Transport von Baumaterial etwa 45 % des gesamten Kohlendioxids aus, das im Bauprozess erzeugt wird. Etwa 70 % der Kohlendioxidproduktion eines Gebäudes (bezogen auf die gesamte Nutzungsdauer) entstehen schon vor dem Bezug. Während der Lebensdauer des Gebäudes werden 90 % der Energie für thermischen Komfort (Heizung, Kühlung) und Beleuchtung verwandt; in einem typischen Bürogebäude verbrauchen allein Lüftungsgeräte und Pumpen ungefähr 20 % der gesamten Betriebsenergie. Regierungen und Organisationen weltweit bringen die Gesetzgebung in dem Sinne voran, dass die Nachhaltigkeit der gebauten Umwelt sichergestellt ist.

Dieser Abschnitt behandelt die Regelungen in Deutschland und die Richtlinien der Europäischen Union zum nachhaltigen Bauen.

Regelungen in Deutschland

Die Bauregeln sind Deutschland Sache der einzelnen Bundesländer, sie sind allerdings in einer Musterbauordnung (derzeitige Fassung November 2002) vorgegeben, von der es in den Landesbauordnungen einige Abweichungen geben kann. Zudem gibt es eine Reihe von Verordnungen und Richtlinien zu speziellen Themenbereichen.

Die Musterbauordnung ist folgendermaßen strukturiert:

Erster Teil
Behandelt werden allgemeine Vorschriften bezüglich des Anwendungsbereichs, der Begriffe und allgemeiner Anforderungen.

Zweiter Teil
Hier geht es um das Grundstück und seine Bebauung mit Gebäuden, um Zugänge und Zufahrten, Abstandsflächen und Abstände, Teilung von Grundstücken, nicht überbaute Flächen auf Grundstücken und Kinderspielplätze.

Dritter Teil
Dieser Teil behandelt die baulichen Anlagen selbst und ist in sieben Abschnitte unterteilt:
Der **erste Abschnitt** beschäftigt sich mit der Gestaltung, der Außenwerbung und Warenautomaten.
Der **zweite Abschnitt** behandelt allgemeine Anforderungen an die Bauausführung von der Baustelle über die Standsicherheit, den Wärmeschutz, Schallschutz und die Verkehrssicherheit.
Im **dritten Abschnitt** geht es um Bauprodukte und Bauarten.
Der **vierte Abschnitt** behandelt Wände, Decken und Dächer.
Der **fünfte Abschnitt** hat Rettungswege, Öffnungen und Umwehrungen zum Inhalt.
Im **sechsten Abschnitt** geht es um die technische Gebäudeausrüstung wie Aufzüge, Lüftungsanlagen, Feuerungsanlagen, sanitäre Anlagen, oder Blitzschutzanlagen.
Der **siebte Abschnitt** beschäftigt sich mit nutzungsbedingten Anforderungen in Bezug auf Aufenthaltsräume, Wohnungen, Stellplätze und Garagen, ferner mit barrierefreiem Bauen und Sonderbauten.

Vierter Teil
Dieser Teil beschäftigt sich mit den am Bau Beteiligten wie Bauherr, Entwurfsverfasser, Unternehmer und Bauleiter.

Fünfter Teil
Hier geht es um die Bauaufsichtsbehörden und die Verfahren, unterteilt in sechs Abschnitte.
Der **erste Abschnitt** beschreibt den Aufbau, die Zuständigkeiten, Aufgaben und Befugnisse der Bauaufsichtsbehörden.
Der **zweite Abschnitt** befasst sich mit der Genehmigungspflicht oder der Genehmigungsfreiheit.
Der **dritte Abschnitt** beschreibt die Genehmigungsverfahren im Einzelnen, vom vereinfachten Baugenehmigungsverfahren über die Bauvorlageberechtigung, die Bauvorlagen, die Baugenehmigung und den Vorbescheid bis zur Geltungsdauer der Genehmigung.
Der **vierte Abschnitt** behandelt bauaufsichtliche Maßnahmen wie Einstellung von Baumaßnahmen und die Beseitigung von baulichen Anlagen.
Im **fünften Abschnitt** geht es um Bauüberwachung, Bauzustandsanzeigen und die Aufnahme der Nutzung.
Der **sechste Abschnitt** beschäftigt sich mit Baulasten und dem Baulastenverzeichnis,

Regelungen in Deutschland

Sechster Teil
Dieser Teil benennt Ordnungswidrigkeiten, Rechtsvorschriften, Übergangs- und Schlussvorschriften, örtliche Bauvorschriften und das Inkrafttreten.

Zudem existieren folgende Verordnungen:

- Bauvorlagenverordnung
- Feuerungsverordnung
- Garagenverordnung
- Gaststättenbauverordnung
- Krankenhausbauverordnung
- Verkaufsstättenverordnung
- Versammlungsstättenverordnung
- Wochenendplatzverordnung

Darüber hinaus gibt es diverse Richtlinien, wie beispielsweise:

- Bauaufsichtliche Richtlinie für Schulen
- Bauaufsichtliche Richtlinie über die brandschutztechnischen Anforderungen an Lüftungsanlagen
- Richtlinie über brandschutztechnische Anforderungen an Hohlraumestriche und Doppelböden
- Richtlinie über brandschutztechnische Anforderungen an Leitungsanlagen
- Richtlinie über den baulichen Brandschutz im Industriebau
- Richtlinie über die bauaufsichtliche Behandlung von Hochhäusern
- Richtlinie über Flächen für die Feuerwehr auf Grundstücken
- Richtlinien über automatische Schiebetüren in Rettungswegen
- Richtlinien über den Betrieb und Bau von Fliegenden Bauten
- Richtlinien über elektrische Verriegelungssysteme von Türen in Rettungswegen

Europäische Richtlinien für nachhaltiges Bauen

Der Brundtland Report von 1987 definiert Nachhaltigkeit als »Entwicklung zur Befriedigung der Bedürfnisse der Gegenwart, ohne dass dabei die Möglichkeiten der Zukunft zur Befriedigung ihrer Bedürfnisse geopfert werden«.

Um der Europäischen Kommission beratend zur Seite zu stehen, hat die EU-Expertengruppe für Stadtentwicklung eine Reihe von Empfehlungen für die Zukunft nachhaltiger Architektur in Europa ausgesprochen. Dazu gehören:

- Die Erschaffung einer umfassenden Datenbank über nachhaltiges Bauen

- Erleichterter Zugang zu allen Daten und Programmen, die eine Relevanz für nachhaltige Entwürfe haben

- Bewertung und Qualitätskontrollen nach Bezug eines Gebäudes sollten in die Projektplanung eingeschlossen werden, und die Rückmeldungen müssen dem Entwurfsteam mitgeteilt werden

- Die Entwicklung eines Öko-Labels für Entwurfsdienstleistungen

- Alle Preise für Gebäude sollten den Aspekt der Umweltfreundlichkeit berücksichtigen

- Das Energie-Zertifikat zur Beurteilung der Umweltfreundlichkeit eines Gebäudes sollte zu einem Gebäude-Pass erweitert werden, der auch die Qualität der Raumluft, der Baumaterialien und den Wasserverbrauch abdeckt

- Die Erschaffung einer neuen Generation europäischer Regelwerke zum Bauen, die mehr auf der Nützlichkeit als auf anderen Vorschriften basieren

- Die Einigung auf eine universale und anpassungsfähige Methode zur Einschätzung nachhaltigen Bauens

Die EU-Gruppe hat eine Anzahl quantifizierbarer Indikatoren nachhaltiger Architektur definiert; dazu gehören:

- Menschliche Behaglichkeit (thermisch, akustisch und visuell)

- Qualität der Raumluft

- Energiebedarf

- Erneuerbare Energien

- Lokale Kraftwärmekopplung

- CO_2-Emission

- Trinkwasserverbrauch

- Materialkosten in Bezug auf ihre Gesamtlebensdauer

Die folgenden Maßnahmen wurden empfohlen:

Europäische Richtlinien für nachhaltiges Bauen

Passive solare Maßnahmen beim Entwurf von Gebäuden:

- Optimierte Ausrichtung: keine Verschattung der Südfassade – angemessene direkte Aufheizung durch die Sonne
- Anpassung der Fenstergrößen und der Anordnung der Räume in Bezug auf die Ausrichtung
- Feste und flexible Verschattung im Außenbereich
- Doppelverglasung
- Durchgängige und verbesserte Außendämmung
- Thermische Trägheit
- Optimierte natürliche Lüftung und Mischlüftung: Querlüften zur Kühlung von Innenräumen; offener Grundriss, der die Luftzirkulation erleichtert; Spezifizierung von Lüftungssystemen zur Garantie eines adäquaten Luftaustausches; Spezifizierung von Materialien zur Minimierung der Luftverschmutzung

Aktive solare Maßnahmen beim Entwurf von Gebäuden:

- Thermische Solaranlagen für die Produktion von heißem Wasser, unterstützt durch eine zentrale Gastherme
- Integrierte Photovoltaik-Anlagen zur Produktion von Strom
- Energiemanagementsysteme
- Dezentralisierte Energieproduktion

Verantwortungsvoller Umgang mit natürlichen Ressourcen:

- Spezifizierung von Materialien entsprechend ihrer Lebensdauer
- Müllvermeidung (bei Abriss und Bau)
- Reduzierung des Wasserverbrauchs (Wiederaufbereitung von Abwasser und Sammeln von Regenwasser)

Weiterführende Literatur und Internetadressen

Konstruktive Grundlagen

Mike Ashby and Kara Johnson, *Materials and Design: The Art and Science of Material Selection in Product Design.* Butterworth-Heinemann, Oxford 2002

Andrea Deplazes, *Architektur konstruieren: Vom Rohmaterial zum Bauwerk.* Birkhäuser, Basel, Berlin, Boston 2005

Eugene S. Ferguson, *Das innere Auge. Von der Kunst des Ingenieurs.* Birkhäuser, Basel, Berlin, Boston 1993

James Edward Gordon, *Strukturen unter Stress. Mechanische Belastbarkeit in Natur und Technik.* Verlag Spektrum der Wissenschaft, Heidelberg 1989

James Edward Gordon, *Structures, or, Why Things Don't Fall Down.* Da Capo Press, New York 2003

Manfred Hegger u.a., *Baustoffatlas.* Birkhäuser, Basel, Boston, Berlin 2005

Tony Hunt, *Tony Hunt's Structures Notebook* (2. Auflage). Architectural Press, Oxford 2003

Peter Rice, *An Engineer Imagines.* Artemis, London 1993

Konstruktive Elemente

Jack Bowyer (Hg.), *Handbook of Building Crafts in Conservation. A Commentary on Peter Nicholson's The New Practical Builder and Workman's Companion, 1823.* Hutchinson, London 1981

Francis D.K. Ching und Cassandra Adams, *Building Construction Illustrated.* Wiley, New York 2001

Edward R. Ford, *Das Detail in der Architektur der Moderne.* Birkhäuser Basel, Berlin, Boston 1994

Dietrich Neumann u.a., *Frick/Knöll, Baukonstruktionslehre,* Band 1. 34. Auflage. Vieweg + Teubner, Wiesbaden 2006

Dietrich Neumann u.a., *Frick/Knöll, Baukonstruktionslehre,* Band 2. 33. Auflage. Vieweg + Teubner, Wiesbaden 2008

Rudolf Rybicki und Frank Prietz, *Faustformeln und Faustwerte für Tragwerke im Hochbau.* Werner Verlag 2007

Peter Sulzer, *Jean Prouvé, Complete Works, vols 1, 2, 3 and 4.* Birkhäuser, Basel 1999–2008

Richard Weston, *Material, Form und Architektur.* Kohlhammer, Stuttgart 2003

Konstruktive Logik

Kurt Ackermann, *Tragwerke in der konstruktiven Architektur.* DVA, Stuttgart 1988

William Addis, *Creativity and Innovation: The Structural Engineer's Contribution to Design.* Architectural Press, Oxford 2001

Bella Bathurst, *Leuchtfeuer. Die außergewöhnliche Geschichte vom Bau der schottischen Leuchttürme durch Vorfahren Robert Louis Stevensons.* Schneekluth, München 2001

John Chilton, *Heinz Isler,* in der Reihe *The Engineer's Contribution to Contemporary Architecture.* Thomas Telford Ltd, London 2000

Keith Critchlow, *Order in Space. A Design Source Book.* Viking Press, New York 1970

Heino Engel, *Tragsysteme.* Hatje Cantz, Ostfildern 2007

Richard Buckminster Fuller, *Your Private Sky. Design als Kunst einer Wissenschaft.* Hg: Joachim Krausse und Claude Lichtenstein, Lars Müller, Baden 1999

Tony Hunt, *Tony Hunt´s Second Sketchbook.* Architectural Press, Oxford 2003

Frei Otto und Bodo Rasch, *Gestalt finden. Auf dem Weg zu einer Baukunst des Minimalen.* Edition Axel Menges, Stuttgart 1992

Frei Otto (Hg.), *Zugbeanspruchte Konstruktionen. Gestalt, Struktur und Berechnung von Bauten aus Seilen, Netzne und Membranen.* Ullstein, Berlin, Frankfurt 1962/1966

Weiterführende Literatur und Internetadressen

Ulrich Pfammatter, *In die Zukunft gebaut. Bautechnik- und Kulturgeschichte von der Industriellen Revolution bis heute.* Prestel, München u. a., 2005

Tony Robbin, *Engineering a New Architecture.* Yale University Press, London 1996

Peter Sulzer, *Lernen durch Selberbauen: ein Beitrag zur praxisorientierten Architektenausbildung.* Müller, Karlsruhe 1983

Lyall Sutherland, *Ingenieur-Bau-Kunst: Die Konstruktion der neuen Form.* Kohlhammer, Stuttgart 2002

Matthew Wells, *30 Brücken.* Callwey, München 2002

Gebäudeeigenschaften

Peter Burberry, *Environment and Services,* in der Reihe *Mitchell's Building Construction.* Batsford, London 1977

Manfred Hegger u. a., *Energieatlas.* Birkhäuser, Basel, Berlin, Boston 2008

Bruno Keller und Stephan Rutz, *Pinpoint. Fakten der Bauphysik zu nachhaltigem Bauen.* Vdf Hochschulverlag AG an der ETH Zürich, Zürich 2007

Peter Lord und Duncan Templeton, *The Architecture of Sound: Designing Places of Assembly.* Architectural Press, London 1986

Eckhard Mommertz und Müller-BBM, *Akustik und Schallschutz.* Edition Detail, München 2008

Clemens Richartz, Christina Schulz, Friedemann Zeitler, *Energetische Sanierung.* Edition Detail, München 2006

Edwin Wellpott, *Technischer Ausbau von Gebäuden*, 9. Auflage. Kohlhammer, Stuttgart 2006

Fritz Winckel, *Phänomene des musikalischen Hörens.* Hesse, Berlin 1960

Computer, Programme, Modelle

Jan Krebs, *CAD.* Birkhäuser, Basel, Berlin, Boston 2007

B. Maurin, und R. Motro, »Concrete Shells Form-Finding with Surface Stress Density Method«, in: *Journal of Structural Engineering*, vol. 130, issue 6 (Juni 2004), S. 961–68

Pete Silver, Will McLean, Samantha Hardingham und Simon Veglio, *Fabrication. The Designer's Guide.* Architectural Press, London 2006

James Steele, *Architektur und Computer. Planung und Konstruktion im digitalen Zeitalter.* Callwey, München 2001

Weiterführende Literatur und Internetadressen

Fallbeispiele

The Bartlett Technical Handbook. The Bartlett: Faculty of the Built Environment, University College London, London 2001

Dirk Bühler, *Brückenbau*. DVA, München 2004

Neil Cossons und Harry Sowden, *Ironbridge, Landscape of Industry*. Cassell and Co. Ltd., London 1977

Cees De Jong und Erik Mattie, *Architekturwettbewerbe. Bd. 1 1792–1949*. Taschen, Köln 1997

Marcus Field, *Future Systems*. Phaidon, London 1999

Kenneth Frampton, *Álvaro Siza. Das Gesamtwerk*. DVA, Stuttgart/München 2000

Michael John Gorman, *Buckminster Fuller. Designing for Mobility*. Skira, Mailand 2005

Geraint John, Rod Sheard und Ben Vickery, *Stadia. A Design and Development Guide* (4. Auflage). Architectural Press, Oxford 2007

Carsten Kron, *Buckminster Fuller und die Architekten*. Reimer, Berlin 2004

John Morrison, *Approximate Methods of Analysis*. Buro Happold Limited, Bath 2002

Winfried Nerdinger (Hg.), *Architektur und Sport. Vom antiken Stadion zur modernen Arena*. Edition Minerva, Wolfratshausen 2006

Nils Peters, *Jean Prouvé 1901–1984. Die Dynamik der Schöpfung*. Taschen, Köln 2006

Antonio Roman, *Eero Saarinen. An Architecture of Multiplicity*. Princeton Architectural Press, New York 2003

Pierluigi Serrino, *Eero Saarinen 1910–1961*. Ein funktionaler Expressionist. Taschen, Köln 2005

Rod Sheard, *Sports Architecture*. Spon Press, London 2001

Wim Swaan, *Die gotische Kathedrale*. Dumont, Köln 1979

Allan Temko, *Eero Saarinen*. Maier, Ravensburg 1962

Rolf Toman (Hg.), *Die Kunst der Romanik: Architektur, Skulptur, Malerei*. Könemann, Köln 2004

Internetseiten

www.acoustics.com
www.arcguide.de
www.archinform.de
www.archinoah.de
www.architektur.tu-darmstadt.de/powerhouse/db/
www.ballparks.com
www.bauwerk-verlag.de/baulexikon
www.baunetz.de
www.bellrock.org.uk
www.bfi.org
(Buckminster Fuller Institut)
www.buckminster.info
www.building-regs.org.uk
www.clifton-suspension-bridge.org.uk
www.communityselfbuildagency.org.uk
www.defra.gov.uk/environment/noise
www.expo2000.de
www.greatbuildings.com
www.nextroom.de
www.ironbridge.org.uk
www.oikos.com/esb/51/passivecooling.html
www.pgacoustics.org
www.segalselfbuild.co.uk
www.skyscrapernews.com/index1.php
www.spline.nl
(Programm von Delft Spline Systems für den architektonischen Entwurf)
www.steelbuildinghelp.com

Register

Kursiv gesetzte Seitenzahlen verweisen auf Abbildungen.

Register

Register

Bildnachweis

Alle Fotos und Zeichnungen stammen von Pete Silver und Will McLean, mit Ausnahme der unten aufgeführten. Verlag und Autoren danken den Personen und Institutionen, die freundlicherweise Bildmaterial zur Verfügung gestellt haben. Fett gesetzte Ziffern beziehen sich auf Seitenzahlen, während Ziffern in Klammern auf die Abbildungsnummern verweisen.

Verlag und Autoren haben sich intensiv bemüht, alle Bildrechte zu klären. Falls doch ein Urheber versehentlich nicht genannt sein sollte, möchten wir uns entschuldigen. Die Urheberrechte bleiben gewahrt und der entsprechende Bildnachweis wird selbstverständlich in späteren Auflagen ergänzt.

8 Preston Schlebusch/Getty Images.
14 Gavin Hellier/Getty Images.
17 (1) Mike Powell/Getty Images; (3) David Davies/Getty Images.
19 (2) Mike Ashby/Granta Design.
28 (2) Mit freundlicher Genehmigung von HIGOAL FRP, China.
33 (4) Malcom Fife/Getty Images; (6) Mit freundlicher Genehmigung von HOK Architects.
37 (7) Medioimages/Photodisc/Getty Images.
39 (2) Mit freundlicher Genehmigung von LaFarge Readymix; (5) Leslie Garland Picture Library/Alamy.
41 (3) Anastasia Georgouli; (4) James Madge; (6) Mit freundlicher Genehmigung von Architectenbureau Micha de Haas. Foto: Willem Franken Architectuurfotografie; (7) James Madge; (6) Mit freundlicher Genehmigung von HOK Architects.
43 (5) Peter Griffin/Alamy; (6) G.P. Bowater/Alamy.
45 (3) Anastasia Georgouli; (5) Mit freundlicher Genehmigung von Lamisell Ltd.; (6) Matthew Noble/Alamy.
47 (6) Claretta Pierantozzi; (12) Rob Cousins/Getty Images.
51 (3) Arni Katz/Alamy; (5) Reena Gogna; (9) Mit freundlicher Genehmigung von Cellbond Ltd; (10) Anthony Willis.
59 (5) James Madge; (7) Mit freundlicher Genehmigung von Lamisell Ltd; (9, 10) Mit freundlicher Genehmigung von Lars Spuybroek, Nox Architects.
61 (4) Tim Tomlinson; (6) Mit freundlicher Genehmigung von Edward Cullinan Architects, Foto: Richard Learoyd; (7) Richard Weston; (8) Adolphe Giraudon, Alamy. (9) Anthony Willis; (10) Mit freundlicher Genehmigung von Eva Jiricna Architects.
63 (3) Houston Chronicle; (4) James Madge; (5) Michael Blann/Getty Images; (9) Peter Cook/VIEW Pictures.
65 (1) Mit freundlicher Genehmigung von Air Force Center, Dübendorf; (2) Arcaid/Alamy; (3) Richard Davies; (4) Mit freundlicher Genehmigung von Temple Expiatori SAGRADA FAMÍLIA; (5) Allan Williams/Arcaid.
67 (2) Victoria Pearson/Getty Images; (3) Michael Hodges/Riba Library Photographs Collection; (4) Michael Snell/Alamy; (5) Mit freundlicher Genehmigung von Lamisell Ltd; (6, 7) Grant Smith/VIEW Pictures; (9, 10) Mit freundlicher Genehmigung von Birds Portchmouth Russum Architects; (11, 13) © Kenneth Snelson.
70 Art Wolfe/Getty Images.
75 (3) Tom Walker/Getty Images.
79 (3, 4) Mit freundlicher Genehmigung von LAB Architecture Studio/Atelier Ten.
81 (2) Scientifica/Getty Images.
83 (1) Hal Savas; (2) ©NASA.
87 (3) Amanda Hall/Getty Images; (4) Atlantis Verlag, Zurich; (6) Reena Gogna.
89 (8) Zeichnung: Manit Rostogi.
95 (1) Michael Snell/Alamy; (2) Boban Basic/Alamy.
97 (1) Allan Williams/Arcaid.

Bildnachweis

103 (3) Mit freundlicher Genehmigung von High Precision Devices inc; (4, 5) Mit freundlicher Genehmigung von Welsh School of Architecture, Cardiff University.
112 Zeichnungen: Robin Base.
115 (1,2) Cambridge Engineering Selector, Granta Design, Cambridge, 2004.
117 (1, 6, 7) Bandstand, De la Warr Pavilion, Bexhill, Sussex, Großbritannien. Architekt: Niall Mclaughin Architects/ Statiker: Tim Lucas, Price & Myers 3D Engineering; (2) Sanierung eines des Napoleonic Martello tower, Suffolk, Großbritannien. Architekt: Piercy Conner Architects/ Statiker: Tim Lucas, Price & Myers 3D Engineering; (3–5) Membrane software – Grafiken: Natalie Savva.
119 (1–6) Ecotect environmental analysis software.
121 (1) Mit freundlicher Genehmigung von Mark Taylor, Allies und Morrison; (2, 3) Ecotectenvironmental analysis software.
122 © 2007 Salma Samar Damluji; John Kelly/Getty Images; Mit freundlicher Genehmigung von Darren Wolf, Arup Associates; Chris Mellor/Getty Images, Petr Svarc/Getty Images; © Vincenzo Pirozzi, Rom; Paul Thompson/Getty Images; National Library of Scotland; FR Yerbury/Architectural Association Photo Library; Rob Cousins/Getty Images; Courtesy of Hammer Museum, Los Angeles; Joe Kerr/Architectural Association Photo Library; James Madge; Houston Chronicle; Michael Hodges/Riba Library Photographs Collection; Walter's Way, Lewisham, London. Mit freundlicher Genehmigung von Chris Moxey; Allan Williams/Arcaid; Ian Lambot; Courtesy of MBM Arquitectes; Greg Elms/Getty Images; Richard Davies; Michael Blann/Getty Images; mit freundlicher Genehmigung von Lars Spuybroek, Nox/Delft Spline Systems; mit freundlicher Genehmigung von Wilkinson Eyre/Atelier Ten; ©NASA.
125 © 2007 Salma Samar Damluji.
127 John Kelly/Getty Images.
129 (2) Mit freundlicher Genehmigung von Darren Wolf, Arup Associates.
131 Chris Mellor/Getty Images, Petr Svarc/Getty Images.
133 (2) © Vincenzo Pirozzi, Rom.
135 (2) Paul Thompson/Getty Images.
137 (2) National Library of Scotland.
139 (2) FR Yerbury/Architectural Association Photo Library.
141 (1) Rob Cousins/Getty Images.
143 (2, 3) Mit freundlicher Genehmigung von Hammer Museum, Los Angeles.
145 (2) Joe Kerr/Architectural Association Photo Library.
147 (2) James Madge.
149 Houston Chronicle.
151 Michael Hodges/Riba Library Photographs Collection.
155 (2) Walter's Way, Lewisham, London. Mit freundlicher Genehmigung von Chris Moxey.
157 (2) Allan Williams/Arcaid.
159 Ian Lambot.
161 Mit freundlicher Genehmigung von MBM Arquitectes.
163 Greg Elms/Getty Images.
165 (1) Richard Davies.
167 Michael Blann/Getty Images.
169 (1–7) Mit freundlicher Genehmigung von Lars Spuybroek, Nox/Delft Spline Systems.
170 (1–3) Mit freundlicher Genehmigung von Wilkinson Eyre/Atelier Ten.
173 (1–9) © NASA.

Die Autoren / Dank

Pete Silver und Will McLean lehren an der School of Architecture der University of Westminster in London.

Die Autoren danken:

Lamis Bayer
Philip Cooper
Donald Dinwiddie
John-Paul Frazer
Colin Gleeson
Maria Hajitheodosi
Samantha Hardingham
Henrietta Lynch
Annalaura Palma (Bildredaktion)
Hamish Muir (Grafikdesign)
Laura Sacha
Mark Taylor
Livia Tirone
Victoria Watson
Darren Williams

Besonders danken wir Sam und Louie Silver, die die metrischen Maßangaben in das englische Maßsystem übertragen haben.